Studien zum Internationalen Wirtschaftsrecht/
Studies on International Economic Law



Band 8

Ralph Nikol/Thomas Bernhard/Nina Schniederjahn (Hrsg.)

# Transnationale Unternehmen und Nichtregierungsorganisationen im Völkerrecht

Nomos

Die Deutsche Nationalbibliothek verzeichnet diese Publikation in der Deutschen Nationalbibliografie; detaillierte bibliografische Daten sind im Internet über http://dnb.d-nb.de abrufbar.

ISBN 978-3-8487-0081-3

1. Auflage 2013

# Vorwort

Mit einem enger gefassten Thema als in den Vorjahren, das jedoch, wie sich herausstellte, genügend Raum für vielschichtige Abhandlungen bot, befasste sich der fünfte Workshop des Arbeitskreises junger VölkerrechtswissenschaftlerInnen (AjV).

## 1. Transnationale Unternehmen und Nichtregierungsorganisationen im Völkerrecht – Die Beiträge des Workshops

Bewusst wählten wir zwei Akteure, die nicht zu den klassischen zählen. Unbestritten ist ihr Einfluss auf Völkerrechtssubjekte, auf die Herausbildung völkerrechtlicher Normen sowie deren Umsetzung gewachsen, die Evaluation und gegebenenfalls Revision der rechtlichen Rahmenbedingungen daher angezeigt.

Eine gewisse Grunddynamik ist jedem Rechtsgebiet immanent. Im Vergleich zu nationalen Rechtsmaterien scheint dies besonders für das Völkerrecht zuzutreffen, da ein stetiger Wechsel und Zuwachs der Akteure zu verzeichnen ist. Allein deren begriffliche Erfassung kann mitunter eine Herausforderung darstellen. *Christian Djeffal* nähert sich dem Workshopthema auf elementarer Ebene, indem er den begriffsgeschichtlichen Wandel der Völkerrechtsbegriffe anhand des Wandels der jeweiligen Akteure aufzeigt. Unter diesem Aspekt beleuchtet der Beitrag sowohl die ursprünglichen Begriffe des *ius genitum* und den Begriff des „*International Law*" als auch Alternativbegriffe wie z.B. „*Transnational Law*" oder „*Global Administrative Law*".

Die folgenden drei Beiträge widmen sich dem Problemkreis der Menschenrechtsverletzungen durch transnationale Unternehmen. Als Denkanstoß wiesen wir bereits in der Workshopankündigung darauf hin, dass widerstreitende Interessen transnationaler Unternehmen zu einem Spannungsverhältnis führen, in dem der Allgemeinheit und dem humanen Individuum dienende Schutzbestimmungen, insbesondere Menschenrechte, nicht selten hinter unternehmerische Interessen zurücktreten. Angesichts dieser Entwicklungen wurden in den vergangenen Jahren auf internationaler Ebene zunehmend rechtliche Steuerungsmechanismen etabliert, um sowohl die Pflichten transnationaler Unternehmen, wie auch deren Rechte und entsprechende Durchsetzungsmechanismen zu bestimmen.

*Sofia Massoud* befasst sich in ihrem Beitrag mit der Wirksamkeit progressiver Steuerungsmöglichkeiten, nämlich der Steuerung transnationaler Unternehmen durch transnationale Rechtsstreitigkeiten vor Gerichten der Heimatstaaten oder der Unterwerfung unter extraterritoriale Schutzpflichten. Zudem wird die fehlende Effektivität der Steuerungsmöglichkeiten in den Kontext der globalen Wirtschaftsordnung eingeordnet und bewertet.

Gaststaaten transnationaler Unternehmen sind häufig nicht nur aufgrund struktureller und personeller Defizite an der Durchsetzung geltender Normen gehindert. Ob und gegebenenfalls welche Rechtsschutzmöglichkeiten vor deutschen Gerichten bei Menschenrechtsverletzungen transnationaler Unternehmen zur Verfügung stehen, prüft *Robert Grabosch*. Kern des Beitrags sind die Prüfung der zivilrechtlichen Verantwortlichkeit transnationaler Unternehmen, insbesondere die Frage nach der Zuständigkeit von deutschen Zivilgerichten, und die kollisionsrechtliche Beurteilung der Anwendbarkeit des materiellen Rechts. Abschließend werden sowohl völkerrechtliche als auch *soft-law*-Einwirkungen beleuchtet.

In diese Themenkomplexe reiht sich der Beitrag *Nina Schniederjahns* nahtlos ein, die in allgemeiner Art einen zusammenfassenden Überblick über die Rechtsschutzmöglichkeiten Privater bei der Verletzung von Menschenrechten durch Unternehmen liefert. Es werden gerichtliche und außergerichtliche Wege aufgezeigt Schadensersatz zu erlangen und Implikationen des *Ruggie*-Reports dargelegt.

Im Gegensatz zu den teils nicht existenten, zumindest aber mit nur erheblichem Aufwand und geringen Erfolgsaussichten zu betreibenden Rechtsschutzmöglichkeiten von Individuen bei der Verletzung von Menschenrechten durch transnationale Unternehmen hält das Völkerrecht durchaus Teilgebiete bereit, die Verfahren zur Durchsetzung individueller Interessen vorsehen und sogar institutionalisieren. So gewähren moderne bilaterale Investitionsschutzverträge Investoren Rechte, die diese in schiedsgerichtlichen Verfahren, wie etwa vor dem *International Centre for Settlement of Investment Disputes* (ICSID), selbständig durchsetzen können. Umstritten ist zum einen die Rechtsnatur der dem Investor gewährten Rechte, zum anderen das Verhältnis dieser völkervertraglichen Investorenrechte zu den völkerrechtlichen Beziehungen zwischen Heimat- und Gaststaat.

*Tillmann Rudolf Braun* untersucht Rolle und Rechtsstellung des Investors in Investitionsstreitigkeiten und insbesondere die Frage, ob dem Investor partielle Völkerrechtssubjektivität durch Gewährung eigener Rechte zuteilwird. Er analysiert das Verhältnis zwischen internationalem Investitionsrecht und dem Recht der Staatenverantwortlichkeit und leistet einen Beitrag für die stärkere dogmatische Verortung des Charakters der durch bilaterale Investitionsschutzverträge ermöglichten Rechte.

Eine immer größere Rolle in internationalen Beziehungen nehmen auch Nichtregierungsorganisationen (NGOs) ein. Hier zeichnet sich der Trend zur Einbeziehung in die Entscheidungsprozesse internationaler Organisationen und deren Spruchkörper ab, der bis zur Unterhaltung formaler Beziehungen reicht. Praktische Entwicklungen und neuere Kodifikationsansätze stehen dabei im Spannungsverhältnis zum klassischen Völkerrechtsverständnis. Grundsätzliche völkerrechtliche Überlegungen sind daher angezeigt.

*Thomas Bernhard* untersucht zunächst die Beteiligung von NGOs am Rechtssetzungsprozess der UN, um sodann auf deren demokratisches Legitimationsdefizit hinzuweisen. *In concreto* wird am Entstehungsprozess der Behindertenrechtskonvention das tatsächliche Ausmaß der Beteiligung von NGOs illustriert, das nach Ansicht des Verfassers eine „neue Dimension" erreicht hat. Mit Lösungsansätzen zur Behebung dieses Defizits schließt der Beitrag.

## 2. Der Workshop des Arbeitskreises junger VölkerrechtswissenschaftlerInnen

Vom 7. – 9. Oktober 2011 fand der fünfte AjV-Workshop an der Friedrich-Alexander-Universität Erlangen-Nürnberg statt. Das Konzept des AjV und der Ablauf des Workshops werden im Folgenden skizziert.

Der AjV ist eine lose Gruppierung von im Völkerrecht Tätigen und am Völkerrecht Interessierten im deutschsprachigen Raum, deren Hauptgruppe von wissenschaftlichen MitarbeiterInnen völkerrechtlicher Lehrstühle gestellt wird. In regelmäßigen, meist jährlichen Abständen finden Workshops statt, die durch weitere Treffen und Kooperationsveranstaltungen mit anderen Institutionen ergänzt werden. In Berlin bildete sich eine enger getaktete Austauschplattform heraus, die annähernd im Monatsrhythmus eine Zusammenkunft organisiert.

Als Kommunikationskanal fungiert der regelmäßig erscheinende Newsletter, der neben einer einleitenden Abhandlung zu einem aktuellen Thema auf Vorträge, Konferenzen, Summerschools, Stellenangebote, etc. hinweist.[1] Ergänzend steht ein Wiki zur Verfügung.[2]

Neben dem fachlichen Diskurs dienen die Workshops auch abseits des Veranstaltungsprogramms dem Erfahrungsaustausch und werden durch ein abwechslungsreiches Rahmenprogramm flankiert. Mit einem Besuch im Memorium Nürnberger Prozesse, das die Geschichte und den Verlauf der Verfahren aufbereitet, und einem Referat hierzu von *Dr. Rainer Huhle*, der an der Gestaltung des Memoriums maßgeblich beteiligt war und auf Anmerkungen und Nachfragen der Teilnehmer weiter einging, wurde der Workshop abgerundet.

An dieser Stelle sei noch ein herzlicher Dank an alle ReferentInnen und TeilnehmerInnen ausgesprochen sowie an alle Helfer, besonders den StudentInnen der el§a Erlangen-Nürnberg e.V., die zum Gelingen der Veranstaltung und des Rahmenprogramms beigetragen haben. Herzlich danken möchten wir Professor *Dr. Markus Krajewski*, der uns in der heißen Phase der Planungen die nötige Flexibilität gewährte und uns beratend zur Seite stand. Unser besonderer Dank gilt dem Fachbereich Rechts-

1 Eine Anmeldung zum Newsletter ist möglich unter: https://dlist.server.uni frankfurt.de/mailman/listinfo/ajv. Die Newsletterredaktion ist unter ajvnewsletterredaktion@gmail.com erreichbar.
2 http://www.ajv.jura.uni-frankfurt.de.

wissenschaften sowie dem Alumniverein der juristischen Fakultät Erlangen (a*jfe), die durch ihre finanzielle Unterstützung die Durchführung der Veranstaltung und die Veröffentlichung des Tagungsbandes ermöglichten. Schließlich danken wir den Herausgebern der Studien zum Internationalen Wirtschaftsrecht für die Aufnahme der Workshopbeiträge.

Erlangen, im Oktober 2012
Ralph Nikol im Namen der Herausgeber

# Inhalt

# Neue Akteure und das Völkerrecht: eine begriffsgeschichtliche Reflexion

*Christian Djeffal, Berlin**

## *I. Von neuem Wein in alten Schläuchen*

Im Jahre 1991 richtete *Mark Janis* einen Appell an seine US-amerikanischen Kollegen, in Zukunft auf den Begriff *international law* zu verzichten und stattdessen den Ausdruck *law of nations* zu gebrauchen.[1] Auf ihrer Kölner Tagung im Frühjahr 2011 benannte sich die Deutsche Gesellschaft für Völkerrecht in Deutsche Gesellschaft für Internationales Recht um.[2] Wenn auch nicht öffentlich geworden ist, was für die Umbenennung ausschlaggebend war, so lässt es doch aufhorchen, wenn die zentrale deutschsprachige Vereinigung ihren Namen ändert. Auch ist verwunderlich, dass sich in den Vereinigten Staaten die Stimmen mehren, die den Begriff *international law* durch *law of nations* oder *ius gentium* ersetzen wollen.[3] Wie kommt es zu diesen scheinbar gegensätzlichen Bewegungen und was steckt hinter diesen Begriffen? Dieser Beitrag sucht die Frage vor dem Hintergrund einer aktuellen Rechtsentwicklung zu beantworten.

Eine wissenschaftliche Disziplin sieht sich im Laufe der Zeit zwangsläufig mit neuen Phänomenen konfrontiert, auf welche sie reagieren muss: neue Sachverhalte, neue Problemlagen, neue Erkenntnisse der Nachbarwissenschaften oder der eigenen Wissenschaft. Das trifft besonders auf die Rechtswissenschaft zu, denn sowohl Normen als Erkenntnisobjekte als auch die Methoden der Normanalyse sind einem ständigen Wandel unterworfen. Oft stellt sich die Frage im Prozess der Subsumtion, ob ein Sachverhalt noch unter die Begriffe des Rechts gefasst werden kann oder ob es einer Rechtsfortbildung bedarf. Da heute wohl niemand mehr das Recht in seiner Ganzheit überblicken kann, wird die Gesamtheit der Normen gegliedert, um diese der genaueren Befassung zugänglich zu machen. Herkömmlicherweise wird das Recht dabei in Gebiete aufgeteilt. Diese Gebiete oder Materien firmieren unter einem bestimmten Na-

* Der Autor ist wissenschaftlicher Mitarbeiter an der Humboldt Universität zu Berlin. Für die hilfreichen Hinweise und Anregungen dankt er Herrn Martin Wählisch.

1 *Mark W. Janis*, „International Law“, *Harvard International Law Journal* 32 (1991), S. 371.

2 http://www.dgfir.de, zuletzt besucht am 9. Januar 2013.

3 So neben *Janis* auch *Jeremy Waldron*, „Foreign Law and the Modern Ius Gentium“, *Harvard Law Review* 119 (2005), S. 132 ff. und *Benedict Kingsbury*, „Omnilateralism and Partial International Communities: Contributions of the Emerging Global Administrative Law“, *Journal of International Law and Diplomacy* 104 (2005), S. 108 ff. Von einem „revival of the law of nations“ spricht *Ruti G. Teitel*, *Humanity's Law*, Oxford 2011, S. 175.

men, der sie kennzeichnet und charakterisiert.[4] Nun kann es zu neuen Entwicklungen kommen, die keinem der bisherigen Rechtsgebiete zugeordnet werden können. Es kommt vor, dass die Phänomene oder Materien ein solches Gewicht oder eine solche Signifikanz haben, dass dafür die alten Begrifflichkeiten nicht mehr ausreichen und neue Begriffe eingeführt werden, um Forschungsfelder bzw. Rechtsgebiete abzustecken. So findet man Versuche der Etablierung neuer Rechtsgebiete in der jüngeren Lehre des Verwaltungsrechts: Hier wurden neue Referenzgebiete wie „Entwicklungsverwaltungsrecht"[5] „Migrationsverwaltung"[6] bzw. „Migrationsverwaltungsrecht"[7] vorgeschlagen. Andere Entwicklungen führen wiederum nicht zu einer neuen Begriffsbildung sondern werden den etablierten Rechtsgebieten zugeordnet. Wie neue Entwicklungen die Gliederung des Rechts prägen, kann also durchaus unterschiedlich ausfallen.

Wie die anderen Beiträge dieses Bandes zeigen, zeichnet sich auf internationaler Ebene ein erheblicher Bedeutungsgewinn von Akteuren ab, die ins Zentrum der Aufmerksamkeit der Völkerrechtswissenschaft und der Völkerrechtspraxis rücken.[8] Transnationale Unternehmen erfüllen hoheitliche Aufgaben wie die Aufrechterhaltung der öffentlichen Ordnung oder die Intervention in Krisengebieten. Sie werden regulierend in grenzüberschreitenden Fragen tätig oder stehen in Investitionsschiedsgerichtsverfahren Staaten als Parteien gegenüber. Nichtregierungsorganisationen (NGOs) partizipieren in zunehmendem Maße an internationalen Prozessen auf formeller und informeller Ebene. Sie haben besondere Statusrechte bei Vertragskonferenzen, werden in compliance-Prozesse miteinbezogen und beeinflussen durch *amicus curiae briefs* sogar völkerrechtliche Gerichts- und Schiedsverfahren. Kann man unter Zugrundelegung dieser und der weiteren in diesem Band und anderswo aufgezeigten Entwicklungen überhaupt noch von Völkerrecht sprechen, wenn dieser Begriff einmal exklusiv für das von Staaten gesetzte und auf Staaten anwendbare Recht gedacht war? In einem Gleichnis aus dem Matthäusevangelium heißt es, man gieße neuen Wein nicht in alte Schläuche, sonst zerreißen sie.[9] Wenn alte Schläuche neuen Wein nicht fassen

4 Herkömmlicherweise wird innerhalb der deutschen Rechtsordnung zwischen öffentlichem Recht und Privatrecht unterschieden. Beide Rechtbereiche gliedern sich dann wieder in verschiedene Unterrechtsgebiete, wie zum Beispiel das Verfassungsrecht, das Verwaltungsrecht und das Strafrecht oder das bürgerliche Recht und das Handelsrecht.

5 *Phillipp Dann*, „Grundfragen eines Entwicklungsverwaltungsrechts", in: *Internationales Verwaltungsrecht. Eine Analyse anhand von Referenzgebieten*, hrsg. von Christoph Möllers u. a., Tübingen 2007.

6 *Jürgen Bast*, „Internationalisierung und De-Internationalisierung der Migrationsverwaltung", in: *Internationales Verwaltungsrecht. Eine Analyse anhand von Referenzgebieten*, hrsg. von Christoph Möllers u. a., Tübingen 2007.

7 *Daniel Thym*, *Migrationsverwaltungsrecht*, Tübingen 2010.

8 Siehe dazu auch die verschiedenen Perspektiven in Andrea Bianchi (Hrsg.), *Non-State Actors and International Law*, Aldershot 2009 und Jean D'Aspremont (Hrsg.), *Participants in the International Legal System*, Abingdon 2011.

9 Matthäus Evangelium 9, 17.

können, kann dann der alte Begriff des Völkerrechts neue Akteure wie etwa Nicht-Regierungsorganisationen und transnationale Unternehmen begrifflich fassen? Dieser Frage möchte der vorliegende Beitrag nachgehen. Dazu ist es im ersten Schritt nötig zu überlegen, wie man das Wort "Völkerrecht" begrifflich fassen und wie man sich ihm methodisch nähern kann. In einem zweiten Schritt soll der inhaltliche Wandel des Völkerrechtsbegriffs im Bezug auf seine Subjekte verfolgt werden. Abschließend sollen begriffliche Alternativen jüngeren Datums im Bezug auf die neuen Akteure untersucht werden um herauszufinden, wie sie sich in dieser Hinsicht vom Begriff des Völkerrechts abgrenzen. Damit sucht der Beitrag nicht ein bestimmtes Ergebnis nahezulegen oder gar einen neuen Begriff zu schöpfen, sondern vielmehr Tendenzen des Begriffswandels aber auch des Wandels des Völkerrechts aufzeigen.

## *II. Begriffsgeschichte und Grundlagen der Rechtsgebietsbegriffe*

### 1. Rechtsgebiete

Der Begriff Völkerrecht bezeichnet ein Rechtsgebiet. Das Wort Rechtsgebiet ist eine Metapher, die für einen bestimmten Bestand an Normen, die als zusammenhängend betrachtet werden, steht.[10] Im Falle von kodifiziertem Recht kann sich ein Rechtsgebiet ganz oder in weiten Teilen mit einem Gesetz oder für den Fall des Völkerrechts mit einem völkerrechtlichen Vertrag decken. Ein Rechtsgebiet kann aber auch ganz unterschiedliche Normen zusammenfassen, etwa Normen auf hierarchisch verschiedenen Ebenen im nationalen Recht wie etwa auf der Ebene der Verfassung, von Gesetzen, Rechtsverordnungen und Satzungen, oder aus verschiedenen Rechtsquellen des Völkerrechts, also etwa aus Vertrags- und Gewohnheitsrecht, oder aus verschiedenen Normen auf der gleichen Ebene, also etwa in verschiedenen Gesetzen oder verschiedenen völkerrechtlichen Verträgen. So umfasst etwa das Staatshaftungsrecht Normen aus der Verfassung und dem BGB, das Steuerrecht Normen aus dem Grundgesetz, Gesetzen und Rechtsverordnungen. Der Begriff des Rechtsgebiets ist regelmäßig selbst kein Rechtsbegriff, das heißt er wird nicht rechtlich definiert sondern durch die Rechtswissenschaft; allerdings werden Begriffe die Rechtsgebiete bezeichnen auch in rechtlichem Kontext verwandt. So findet sich der Begriff des Völkerrechts etwa im Grundgesetz,[11] aber auch in Gesetzen[12] und in Rechtsverordnungen.[13] Daher können

10 Nach einer älteren Wortbedeutung bezeichnet das Rechtsgebiet den räumlichen Geltungsbereich einer Norm oder eines Rechtsgebiets im übertragenen Sinne oder einer Rechtsordnung. Diese Bedeutung soll in dem vorliegenden Zusammenhang aber gerade nicht zugrunde gelegt werden.

11 Art. 16a Abs. 5, Art. 59 Abs. 1 S. 1, Art. 79 Abs. 1, Art. 104 Abs. 1 S. 6, Art. 105 Abs. 5.

12 Siehe z.B. § 47 AufenthG, § 6 Bundespolizeigesetz, § 1 Nr. 3 Seeaufgabengesetz.

13 Siehe z. B. § 70 Abs. 5v Verordnung zur Durchführung des Außenwirtschaftsgesetzes, § 206 Bundesrechtsanwaltsordnung.

diese Begriffe durchaus rechtliche Konsequenzen haben: Das liegt zum Beispiel auf der Hand, wenn ein Gesetz direkt auf ein Rechtsgebiet verweist, wie § 40 I 1 VwGO, der von „öffentlich-rechtlichen Streitigkeiten“ spricht und sich mithin auf den Begriff des öffentlichen Rechts bezieht, wobei im Hinblick auf den Begriffsinhalt verschiedene Deutungen referiert werden.[14] Ein Rechtsgebietsbegriff kann das geltende Recht aber auch auf indirekte Weise beeinflussen, da er den rechtlichen Diskurs und das Denken über Normen und ihren systematischen Zusammenhang prägt.[15]

Wie werden nun aber Rechtsgebietsbegriffe gebildet und was charakterisiert sie? Entscheidend ist, dass Rechtsgebietsbegriffe sich in einem Spannungsfeld bewegen: Sie werden willkürlich gesetzt aber dennoch daran gemessen, wie gut sie den Zusammenhang der Normen, die sie bezeichnen, beschreiben können. Was die Willkürlichkeit der Setzung angeht, fügt sich diese in die allgemeine Erkenntnis der Sprachphilosophie, dass der Inhalt der Begriffe von ihrer Verwendung abhängig ist und nicht objektiv deduziert werden kann. In diesem Sinne obliegt es also der Gemeinschaft derer, die den Begriff prägen, welche Normen zu einem Rechtsgebiet zusammengefasst werden und wie dieses bezeichnet wird. Auch die Feststellung, dass ein bestimmtes Problem einem bestimmten Rechtsgebiet angehört, ist kontingent, bestimmt sich aber nach dem Interesse bzw. der Präferenz mit der man das Problem angeht.[16] Diese Feststellung verdient aber trotzdem auch deshalb Aufmerksamkeit, weil sich gerade in neuerer Zeit um manche Rechtsgebietsbegriffe semantische Kämpfe ausbreiten, deren Ausgang den rechtlichen Diskurs prägt. So könnte man beispielsweise fragen, ob das Investitionsschutzrecht zum Bereich der Menschenrechte zählt. Hier gibt es gewisse Parallelen, wie etwa die gerichtliche Geltendmachung von Rechten durch Private gegen den Staat, aber auch Unterschiede, weil dem Investitionsschutz die grundlegende Bedeutung der Menschenrechte abgesprochen wird oder weil sich Verfahren und Stellung des Investors von der des Individuums vor einem Menschenrechtsgericht unterscheidet.[17] Es könnte sich also eine Diskussion um die Frage entwickeln, ob und inwiefern das Investitionsschutzrecht mit dem Menschenrechtsschutz vergleichbar ist.

Es kann jedoch auch zu konkurrierenden Benennungen für ein Rechtsgebiet kommen. So werden Genfer und Haager Recht etwa sowohl als *ius in bello* bzw. Kriegs-

14 Siehe dazu nur *Dirk Ehlers*, § 20, in: *Verwaltungsgerichtsordnung. Kommentar*, Friedrich Schoch u. a. (Hrsg.), 22. Auflage, München 1996, S. 71 ff.

15 *Susan Marks*, „Naming Global Administrative Law“, *New York University Journal of International Law and Politics* 37 (2004), S. 995; *Ines Härtel*, „Energieeffizienzrecht - ein neues Rechtsgebiet?“, *Natur und Recht : Zeitschrift für das gesamte Recht zum Schutze der natürlichen Lebensgrundlagen und der Umwelt* 33 (2011), S. 826 ff.

16 *Martti Koskenniemi*, „The Fate of Public International Law: Between Technique and Politics“, *The Modern Law Review* 70 (2007), S. 8.

17 *Karl-Heinz Böckstiegel*, „Enterprise v. State: The New David and Goliath?–The Clayton Utz Lecture“, *Arbitration International* 23 (2007), S. 103 f.; *Anthea Roberts*, „Clash of Paradigms: Actors and Analogies Shaping the Investment Treaty System“, *American Journal of International Law, 2013*, S. 4 f.

recht,[18] als Humanitäres Völkerrecht[19] als auch als Recht im bewaffneten Konflikt[20] bezeichnet. In jüngerer Zeit ist darauf hingewiesen worden, dass diese Ausdrücke unterschiedliche Konzepte und Ansichten über die Rechtsmaterie ausdrücken, die sich durchaus unterscheiden.[21]

Jedoch ist anderseits festzustellen, dass die Benennung eines Rechtsgebiets gerade das Ziel hat, einen bestimmten Zusammenhang zwischen Normen deutlich zu machen. Es gab verschiedene Versuche diesen Zusammenhang abstrakt zu beschreiben.[22] Wichtig für diese Untersuchung ist jedoch, dass die Subjekte des Völkerrechts zu jeder Zeit eine zentrale Rolle für den Völkerrechtsbegriff spielten. Das wird schon daran deutlich, dass die „Völker“ als Akteure und potentielle Subjekte angesehen werden können und mithin ein Kreis von Akteuren bzw. potentiellen Subjekten das begriffsbildende Merkmal bilden. Eine Begriffsgeschichte des Völkerrechts muss sich also auch immer mit dem enger oder weiter verstandenen Begriff der Völker auseinandersetzen.

## 2. Begriffsgeschichte

Was kennzeichnet nun aber die Begriffsgeschichte und wie geht sie methodisch vor? Obwohl dies nicht der Ort für eine vertiefte Auseinandersetzung mit dieser Methode

18 Siehe z. B. *William Gerald Downey, JR.* „The Law of War and Military Necessity“, *American Journal of International Law* 47 (1953).

19 Siehe zum Beispiel *Jean-Marie Henckaerts, Louise Doswald-Beck, Customary International Humanitarian Law*, Cambridge 2005, *Curtis F J Doebbler, Introduction to International Humanitarian Law*, Washington 2005. Eine ausführliche Diskussion der humanitären Haltung findet sich bei *David P. Forsythe, The Humanitarians: The International Committee of the Red Cross*, Cambridge 2005, S. 172 ff. Interessanterweise hat der IGH selbst zur Begriffsbildung Stellung genommen. Nach einer Beschreibung des Genfer und des Haager Rechts führt der Gerichtshof aus: *„These two branches of the law applicable in armed conflict have become so closely interrelated that they are considered to have gradually formed one single complex system, known today as international humanitarian law.*“ siehe Legality of the Threat or Use of Nuclear Weapons, Advisory Opinion, I.C.J. Reports 1996, S. 226, 256. Kritisch *Yoram Dinstein, The Conduct of Hostilities Under the Law of International Armed Conflict*, 2004, S. 13 f.

20 So ausdrücklich *Dinstein*, (Fn. 19) S. 13 f.

21 *Eyal Benvenisti*, „Human Dignity in Combat: The Duty to Spare Enemy Civilians“, *Israel Law Review* 39 (2006), S. 83; *David Luban, Military Lawyers and the Two Cultures Problem*, http://scholarship.law.georgetown.edu/cgi, zuletzt besucht am 04. Mai 2012.

22 *Schladebach* beispielsweise verlangt eine „bereichsspezifische Zielsetzung, gemeinsame Prinzipien und eine Systematik“, siehe *Marcus Schladebach, Luftrecht*, Tübingen 2007, *Beater* hingegen spricht von *„Prinzipien, Wertungen und Strukturen, die speziell für die rechtliche Behandlung*“ einer bestimmten Tätigkeit gelten und sich von anderen Rechtsgebieten unetrscheiden, siehe *Axel Beater*, „Medienrecht als eigenständiges Rechtsgebiet“, *Juristenzeitung* 60 (2005), S. 822. Für *Sieber* gibt ein Rechtsgebietsbegriff mit seinem Normbestand Antworten auf vertiefte „Fragen, vor allem nach Gegenstand, konstituierenden Sachfragen, Leitprinzipien und Zielen“, *Ulrich Sieber*, „Informationsrecht und Recht der Informationstechnik : Die Konstituierung eines Rechtsgebietes in Gegenstand, Grundfragen und Zielen“, *Neue Juristische Wochenschrift* 42 (1989), S. 2571.

der Geschichtswissenschaft ist, sollen einige Überlegungen angestellt werden, die zum Verständnis der Darstellung beitragen.[23] Begriffsgeschichte kann als allgemeine Methode der Geschichtswissenschaft verstanden werden, die aufgrund ihrer theoretischen Begründung geeignet ist, verschiedene begrenzte historische Zusammenhänge zu verdeutlichen.[24] Diese ist auf verschiedene geschichtliche Bereiche, also Spezialgeschichten, die etwa zeitlich,[25] örtlich[26] oder sachlich[27] eingegrenzt sind, anwendbar. Wesensmerkmal der Begriffsgeschichte ist, dass sie Sprache selbst zum Gegenstand der geschichtswissenschaftlichen Betrachtung macht.[28]

Vor dem Hintergrund repetitiver semantischer und pragmatischer Strukturen beschreibt sie das Verhältnis von Begriff und Sachverhalt.[29] Im Fall der vorliegenden Studie also das Verhältnis des Völkerrechtsbegriffs zu den von ihm bezeichneten Subjekten. Die Begriffsgeschichte zeichnet nun den Wandel des Verhältnisses von Begriff und Sachverhalt nach. Dieser Wandel kann in vier Konstellationen auftreten:[30] Zum einen können Bedeutung und Sachverhalt konstant bleiben. Zweitens kann sich der Sachverhalt ändern, während die Bedeutung des Begriffs gleichbleibt. In diesem Fall kann der Begriffsinhalt die Lebenswirklichkeit nicht mehr abbilden und muss in seiner Bedeutung gewandelt, ergänzt oder ersetzt werden. Drittens kann sich die Bedeutung des Begriffs ändern, während der dem Begriff zugrundeliegende Sachverhalt beständig bleibt. Auch hier ist dann eine Anpassung der Semantik an die Wirklichkeit von Nöten. Viertens können sich sowohl Begriff als auch der Sachverhalt weiterentwickeln. Entwickeln sie sich zusammen, verhält es sich im Prinzip wie im ersten Fall. Entwickeln sich jedoch Begriff und Sachverhalt auseinander, dann ist die Zuordnung beider nur noch schwer möglich.

23 Einen wisschenschaftshistorischen Abriss über die Begriffsgeschichte bietet *Hans Ulrich Gumbrecht, Dimensionen und Grenzen der Begriffsgeschichte,* München 2006, S. 7 ff. Von einer Begriffsgeschichte des Völkerechts spricht *Wolfgang Graf Vitzthum*, „Begriff, Geschichte und Rechtsquellen des Völkerrechts", in: *Völkerrecht*, hrsg. von Wolfgang Vitzthum, Berlin [u.a.] 2010, S. 9. Eine grundlegende Untersuchung im Hinblick auf den Völkerrechtsbegriff findet sich bei *Heinhard Steiger*, „Völkerrecht", in: *Geschichtliche Grundbegriffe: Verw - Z. Historisches Lexikon zur politisch-sozialen Sprache in Deutschland*, hrsg. von Otto Brunner u. a., Stuttgart 1992 (1972-1997).

24 *Reinhart Koselleck*, „Sozialgeschichte und Begriffsgeschichte", in: *Begriffsgeschichten. Studien zur Semantik und Pragmatik der politischen und sozialen Sprache*, hrsg. von Reinhart Koselleck, Frankfurt am Main 2010, S. 9.

25 Wie die Geschichte des 19. Jahrhunderts.

26 Wie etwa die Geschichte Englands.

27 Wie etwa die Geschichte der Gewerkschaften.

28 *Angelika Linke*, „Begriffsgeschichte - Diskursgeschichte - Sprachgebrauchsgeschichte", in: *Herausforderungen der Begriffsgeschichte*, hrsg. von Carsten Dutt, Heidelberg 2003, S. 39.

29 Kritisiert wird die Begriffsgeschichte u.a. deshalb, weil sie Begriffe aus ihrem Kontext, etwa aus Texten herauslöst und so konstruiert, siehe *Ulrich Johannes Schneider*, „Über das Stottern in Gedanken: gegen die Begriffsgeschichte", in: *Eine Typologie der Formen der Begriffsgeschichte*, hrsg. von Ricardo Pozzo, Marco Sgarbi, Hamburg 2010.

30 *Reinhart Koselleck*, „Die Geschichte der Begriffe und Begriffe der Geschichte", in: *Begriffsgeschichten. Studien zur Semantik und Pragmatik der politischen und sozialen Sprache*, hrsg. von Reinhart Koselleck, Frankfurt am Main 2010, S. 62 f.

Die Begriffsgeschichte legt ein Sprachverständnis zugrunde, das die Prägung von Begriffen nicht nur rezeptiv sondern auch produktiv kennzeichnet.[31] Es geht also nicht um eine abstrakte Geschichte der mit der Bedeutung zusammenhängenden Ideen[32] sondern vielmehr um *„eine Typologie von Begriffen als Movens, als Agenten des historischen Prozesses"*.[33] *Kosellek* spricht davon, dass Begriffe *„zugleich als Faktoren wie Indikatoren geschichtlicher Bewegung"* zu betrachten sind. Sprache ist also immer noch Mittlerin von historischer Bedeutung, gleichzeitig aber auch Ausprägung der Geschichte.[34] Voraussetzung ist allerdings, dass es sich um geschichtliche Begriffe handelt, also Begriffe, die im Laufe der Zeit tatsächlich verwandt wurden.[35] Für *Kosellek* scheint aber nicht jeder Begriff für eine begriffsgeschichtliche Analyse in Betracht zu kommen. Er spricht von Grundbegriffen, denen folglich ein gewisses Gewicht in ihrem rezeptiven und in ihrem produktiven Element zukommt. Nun lässt sich allgemein sagen, dass Rechtsgebietsbegriffe sowohl ein rezeptives als auch ein produktives Element haben. Sie rezipieren einen bestimmten Bestand an Normen und fassen diesen aber auch produktiv unter einen bestimmten Begriff, mit dem man wiederum einen bestimmten Inhalt verbindet. Der Begriff des Völkerrechts hat über eine sehr lange Zeit und in seinen verschiedenen sprachlichen Ausprägungen auch in verschiedenen Ländern u.a. das Recht der internationalen Beziehungen bezeichnet. Seine Wichtigkeit lässt sich u.a. daran ablesen, dass er Eingang in das Lexikon Geschichtliche Grundbegriffe gefunden hat, das die wichtigen Begriffe der politisch-sozialen Sprache in Deutschland zusammengestellt und begriffsgeschichtlich erläutert hat.[36] Anders als die Bearbeitung durch *Heinhard Steiger* widmet sich aber der vorliegende Beitrag nicht der ganzen Breite des Begriffs sondern versucht die Akteure in den Blick zu nehmen, die mit dem Begriff verbunden sind und den darauf bezogenen Bedeutungswandel im Laufe der Zeit kenntlich zu machen.

31 Ebd., S. 61 ff.

32 Zur Unterscheidung von Begriff und Idee siehe *Reiner Wiehl*, „Begriffsgeschichte zwischen theoretischem Mangel und theoretischem Überschuss", in: *Herausforderungen der Begriffsgeschichte*, Carsten Dutt (Hrsg.), Heidelberg 2003, S. 81 ff.

33 *Dietrich Busse*, „Begriffsgeschichte oder Diskursgeschichte?", in: *Herausforderungen der Begriffsgeschichte*, Carsten Dutt (Hrsg.), Heidelberg 2003, S. 22.

34 *Linke*, (Fn. 28) S. 9.

35 *Wiehl*, (Fn. 32) S. 84.

36 *Steiger* (Fn. 23).

## *III. Der Begriff des Völkerrechts und seine Subjekte im Wandel der Zeit*

### 1. Das römische ius gentium

Die Wurzel des Völkerrechtsbegriffs wird allgemein im römischen Begriff des *ius gentium* gesehen.[37] Das *ius gentium* selbst hat eine vorrömische Wurzel aus der Zeit italischer Stämme, zu welcher es vom *ius gentilicum* und vom *ius gentilitatis* unterschieden wurde. Während das *ius gentilitatis* das Recht zwischen der gesellschaftlichen Klasse der *gentiles* betraf, regelte das *ius gentilicum* die Rechtsbeziehungen zwischen Individuen aus den gesellschaftlichen Klassen der *gentilis* und der *gentilicii*.[38] Hier bezeichnete das *ius gentium* das Recht, welches zwischen den verschiedenen Stämmen galt.[39] Bei der Betrachtung der neuzeitlichen Wissenschaft mit dem römischen *ius gentium* fällt die völlig unterschiedliche Deutung des Begriffs in der Neuzeit ins Auge.[40] Das deutet darauf hin, dass es auch historisch verschiedene Bedeutungen gab.

Der Begriff wurde in unterschiedlichen Kontexten, so etwa in Rechtstexten, Geschichtserzählungen oder philosophischen Abhandlungen gebraucht und so überrascht es nicht, dass die damaligen Verwendungen von inhaltlichen Unterschieden zeugten.[41] Allen diesen Bedeutungen gemein war, dass sie vom *ius civile*, also dem Recht, das zwischen römischen Bürgern galt, unterschieden werden konnten.

So wurde z. B. das vom *praetor perigrinus* entwickelte Recht als *ius gentium* bezeichnet.[42] Es zeichnete sich dadurch aus, die Rechtsbeziehungen zwischen Nicht-Römern und zwischen Nicht-Römern und Römern zu regeln. Dem *ius gentium* wurde aber teilweise auch eine weitere Bedeutung zugemessen, nämlich als *ius commune*, also als Recht, das allen Rechtsordnungen gemeinsam ist.[43] In diesem Sinne wurde es sowohl als Zusammenfassung des tatsächlich geltenden Rechts, also vergleichend deskriptiv, als auch als Anforderung an die Rechtssysteme, also normativ verstanden. Im ersteren Sinne beschrieb das *ius gentium* die römischen Rechtsinstitute, die auch Ausländern zugänglich waren. Im letzteren Sinne wurde das *ius gentium* mit dem Natur-

37 Siehe z. B. *Vitzthum*, (Fn. 23) S. 9.

38 *Coleman Phillipson, The International Law and Custom of Ancient Greece and Rome* (Band 1), London 1911, S. 91; siehe auch *George Mousourakis, The Historical and Institutional Context of Roman Law*, Burlington 2003, S. 41 sowie *Wilhelm Rein, Das Privatrecht und der Civilprocess der Römer: von der ältesten Zeit bis auf Justinianus. Ein Hülfsbuch zur Erklärung der Classiker und der Rechtsquellen für Philologen und angehende Juristen*, Leipzig 1858, S. 509 ff.

39 *Phillipson*, (Fn. 38) S. 90 f.

40 Für einen Überblick siehe ebd., S. 70 ff. und *Henry Nettleship*, „Ius Gentium“, *Journal of Philology* 6 (1885), 169 ff.

41 Heinrich Honsell, Theo Mayer-Maly, Walter Selb, Paul Jörs, *Römisches Recht*, Berlin, New York 1987, S. 57.

42 Siehe dazu *Max Kaser, Ius gentium*, Köln 1993, S. 7.

43 *Alan Watson*, „Ius naturale, ius gentium, ius civile“, in: *Status familiae. Festschrift für Andreas Wacke zum 65. Geburtstag am 28. April 2001*, Andreas Wacke u. a. (Hrsg.), München 2001.

recht gleichgesetzt.[44] In den unterschiedlichen Bedeutungen adressierte der Begriff des *ius gentium* unterschiedliche Subjekte. So konnten sowohl Nicht-Römer, Römer, die ganze Menschheit oder Staaten – sofern man in der Antike von Staaten sprechen möchte[45] – gemeint sein. Die Vielfalt möglicher Adressaten soll anhand einiger Beispiele illustriert werden.[46]

Die früheste Verwendung des Begriffs lässt sich heute bei *Cicero* nachweisen, wenn dieser sich auch selbst auf frühere Verwendungen bezieht.[47] Nachdem er feststellt, dass es jenseits der Moral und des *ius civile* noch eine *lex naturae* gibt, definiert er drei Rechtskreise, nämlich den Kreis Aller, den Kreis des Gentilverbands und der Kreis jeder einzelnen Bürgerschaft. Danach stellt *Cicero* fest: „*Itaque maiores aliud ius gentium, aliud ius civile esse voluerunt, quod civile, non idem continuo gentium, quod autem gentium, idem civile esse debet.*"[48] Das *ius gentium* ist hier also als Recht zwischen Individuen konzipiert, das weiter verstanden werden kann als das *ius civile*. Im Codex Iustitianus ist das Völkerrecht folgendermaßen definiert: „*quod vero naturalis ratio inter omnes homines constituit, id apud omnes populos peraeque custoditur vocaturque ius gentium, quasi quo iure omnes gentes utumur.*"[49] Dies schließt durchaus eine Verwendung als Recht zwischen den Staaten mit ein,[50] wobei dieser Sinn dem Begriff eher durch römische Historiker beigemessen wurde.[51] Eine interessante Unterscheidung zwischen *ius gentium* und *ius naturae* trifft *Ulpian*, die sowohl in die Digesten[52] als auch in Codex Iustitianus[53] übernommen wurde. Während das *ius naturae* auf Menschen und Tiere anwendbar sei, seien vom *ius gentium* nur Menschen erfasst.[54] *Isidore de Sevilla* verlieh dem Völkerrechtsbegriff ein zwischenstaatliches Gepräge, als Beispiele für das *ius gentium* führte er die Okkupation von Land, Kriege

44 Siehe *Gaius* Institutiones 1,1.

45 Siehe dazu: *Alexander Demandt*, „Staatsformen in der Antike", in: *Staatsformen von der Antike bis zur Gegenwart. Ein Handbuch*, Alexander Gallus, Eckhard Jesse, (Hrsg.), Köln [u.a.] 2007.

46 Umfassende Darstellungen finden sich bei *Kaser* (Fn. 42) und Nettleship (Fn. 40).

47 *Kaser*, (Fn. 42) S. 12.

48 *Marcus Tullius Cicero*, De officiis, 3.17.69, *Kaser* übersetzt die Stelle folgendermaßen: „*Danach haben schon unsere Vorfahren gewollt, daß das ‚Recht der Völker' (...) etwas anderes sei als das ‚Recht der Bürger': Das Recht der Bürger soll nicht einfach dasselbe sein wie das Recht der Völker; was aber das Recht der Völker ist, das soll (auch) Recht der Bürger sein.*", ebd., S. 14 f.

49 Codex Iustianus, 1.2.1 „*Aber was die natürliche Vernunft unter allen Menschen geschaffen hat und was von allen Menschen befolgt wird, nennen wir Recht der Völker oder Recht aller Völker.*".

50 *Watson*, (Fn. 43) S. 538 f.

51 *Gaius Sallustius Crispus*, Bellum Iugurthinum, 22.4; *Titus Livius*, Ab Urbe Condita, 1.14.1, 2.4.7, 8.5.2, 21.10.6. Zu weiteren Quellen siehe *Kaser*, (Fn. 42) S. 25.

52 Digesten 1.1.1 § 3-4.

53 Codex Iustianus 1.2.

54 Siehe zusammenfassend *Phillipson*, (Fn. 38) S. 83.

und Friedensverträge, aber auch das Verbot von Ehen mit Fremden.[55] Abschließend erklärt *Isidore*, dass das *ius gentium* so heiße, weil fast alle Nationen es nutzen.[56]

Interessanterweise hat *Jeremy Waldron* kürzlich auf die vielfältigen Bedeutungen des Begriffs des Völkerrechts (law of nations) hingewiesen.[57] Ihm ging es darum gerade die Bedeutungsebenen des Begriffs aufzugreifen die im Rahmen der Jahrhunderte ausgeschlossen wurden und den Begriff wieder als *common law of mankind* zu etablieren, welches sowohl für Staaten als auch für Individuen gilt.[58] Dies zeigt aber auch, dass der Begriff im Laufe der Jahrhunderte eine Einschränkung erfahren haben muss. Diese soll nun nachgezeichnet werden.

## 2. Ius gentium in neuzeitlicher Verwendung

*Steiger* weist die stufenweise Verengung des Begriffs im Mittelalter nach. Im praktischen Gebrauch, der ab dem 11. Jahrhundert einsetzte, kam es nicht zu einer einheitlichen Verwendung,[59] während die etwas später einsetzende theoretische Diskussion sich insbesondere auf das Verhältnis zum Naturrecht konzentrierte.[60] In der Tendenz begann sich der Begriff schon vom Naturrecht zu lösen, bei *Ockham* zum Beispiel findet sich die erstmalige Begründung des *ius gentium* im Staatenkonsens.[61] Das *ius gentium* wird zunehmend auch im Zusammenhang mit Rechtsfragen erörtert, die auf eine engere, zwischenstaatliche Verwendung hinweisen, so z.B. im Kontext von Grenzen, dem Recht zum Krieg und dem Repressalienrecht. *Vitoria*, *Suarez* und *Grotius* haben den Begriff des Völkerrechts dann vom Naturrecht gelöst.[62] Auch im Hinblick auf die Subjekte des Völkerrechts findet die Konzentration hier ihren eindeutigen Ausdruck. Auch hier wird *Vitoria*, der den Begriff des Völkerrechts wesentlich entwickelte, ein fortschrittliches Denken attestiert, weil er die Definition von *Ulpian* auf-

55 „*Jus gentium est sedium occupatio, aedificatio, munitio, bella, captivitates, servitutes, postliminia, foedera pacis, indutiae, legatorum non violandorum religio, conubia inter alienigenas prohibita.*“, siehe *Isidor von Sevilla* Etymologiarum sive Originum, 5.6.

56 „*Et inde ius gentium, quia eo iure omnes fere gentes utuntur.*“. Ebd. 5.6. Grundsätzlich grenzt er das *ius gentium* vom *ius naturale* und vom *ius civile* ab.

57 *Waldron*, (Fn. 3) S. 132 ff.

58 Ebd., S. 132.

59 *Steiger*, (Fn. 23) S. 103 f., siehe zum *ius gentium* im Mittelalter auch *Rafael Domingo*, *The new global law*, Cambridge 2010, S. 12 f.

60 *Steiger*, (Fn. 23) S. 104 ff.

61 *Wilhelm von Ockham*, Dialogus 2.2.28, siehe ebd., S. 106.

62 Siehe dazu im Überblick *Paul Guggenheim*, „Les Origines de la Notion autonome du Droit du Gens“, in: *Symbolae Verzijl*, hrsg. von Jan Hendrik Willem Verzijl, La Haye 1958, S. 177 ff.; *Steiger*, (Fn. 23) S. 111.

greift und das Wort *homines* durch *inter gentes* ersetzt hat.[63] Der Fortschritt liege darin, dass das *ius gentium* nicht zwischen allen Menschen errichtet (*inter omnes homines*) werde sondern zwischen allen Völkern (*inter omnes gentes*).[64] Es ist daran gezweifelt worden, ob hierin wirklich die zentrale Bedeutungsverschiebung liegt oder ob es sich lediglich um einen Schreibfehler handelt.[65] Es ist jedoch signifikant, dass es im Rahmen der erwähnten Textstelle gar nicht um die Geltung des Völkerrechts geht. *Schätzel* übersetzt sie folgendermaßen: „*Das, was die natürliche Anschauung bei allen Völkern darstellt, wird Recht der Völker genannt.*“[66] Es geht also nicht um das Recht zwischen Menschen oder Staaten (*ius*)[67] sondern die Anschauung oder Vernunft (*ratio*) bei allen Völkern. Insgesamt rekurriert diese Stelle mehr auf ein *common law of mankind* als auf ein Recht zwischen Staaten. Das wird auch durch die beispielhaft angeführten Rechtsbereiche verdeutlicht, *Vitoria* spricht – ähnlich wie *Kant* später – von einem Fremdenrecht, das also dem Einzelnen in fremden Staaten zusteht.[68] Auch dies deutet darauf hin, dass hier eine eindeutige Verschiebung in Richtung eines zwischenstaatlichen Rechts noch nicht stattgefunden hat. *Vasquez* behält die Ambivalenz bei und fasst darunter zum einen die rechtlichen Beziehungen zwischen Staaten, sei es dass sie monarchisch oder republikanisch (populi liberi) regiert werden.[69] Jedoch fasst er unter den Begriff des Völkerrechts auch die Rechtsbeziehungen zwischen Fürsten und Privaten eines anderen Staates.

Die interessante Bedeutungsverschiebung findet bei *Suarez* statt. Er erkennt ausdrücklich den doppelten Sinn des *ius gentium* an. So könne sich der Begriff auf das Recht beziehen, dass zwischen Staaten gilt (populi et gentes) oder aber innerhalb eines Staates (singula civitas).[70] Dann ergreift er jedoch Partei für die erste Bedeutung des Begriffs des *ius gentium*. Diese Stelle kann als kritischer Punkt in der Begriffsgeschichte des Völkerrechts beschrieben werden, nicht zuletzt deshalb, weil *Suarez* hier bewusst die verschiedenen Bedeutungen reflektiert und sich dann für eine der Bedeu-

63 Siehe *Gaius* Institutiones 1.1: "*Quod vero naturalis ratio* ***inter omnes homines*** *constituit, id apud omnes populos peraeque custoditur vocaturque ius gentium, quasi quo iure omnes gentes utuntur.*“ Verlgeiche *Francisco de Vitoria*, De Indis, 1.3.2b: „*quod naturalis ratiointer omnes gentes constituit, vocatur ius gentium*“. [Markierung jeweils durch den Autor].

64 Vergleiche *James Brown Scott*, *The Spanish Origin of International Law: Francisco de Vitoria and His Law of Nations*, Washington 1934, S. 18, *Domingo*, (Fn. 59) S. 22.

65 Kritisch im Hinblick auf die Originalität der Begriffsbestimmung ist *Arthur Nussbaum*, *A Concise History of the Law of Nations*, New York 1958, S. 82 f. Er behandelt aber gerade nicht die nun folgende Unterscheidung sondern nur die von *Gaius* entlehnte Stelle.

66 *Francisco de Vitoria, [Übersetzer] Walter Schätzel, De Indis recenter inventis et de jure belli Hispanorum in barbaros relectiones,* Tübingen 1952, S. 93.

67 Es sprengt den Rahmen dieser Untersuchung, den Begriff des ius näher zu beleuchten, siehe aber instruktiv: *Steiger*, (Fn. 23) S. 108 ff.

68 *Francisco de Vitoria*, De Indis, 1.3.2.

69 *Fernando Vázquez de Menchaca*, Controversarium Illustrum libri sex 2, 51 § 31 f.

70 „*uno modo quia est ius, quod omnes populi et gentes variae inter se servare debent; alio modo quia est ius, quod singulae civitates vel regna intra se observant*“ siehe *Francisco Suárez*, De legibus 2.19.8.

tungen entscheidet. Auch die Referenzgebiete, wie etwa das Gesandschaftsrecht, stimmen mit der Definition überein. Somit werden die Rechte und Pflichten Einzelner aus dem Bereich des *ius gentium* ausgeschieden.[71]

*Hugo Grotius* macht schon in der Einleitung zu seiner großen Abhandlung klar, dass es ihm um das Recht zwischen Staaten und nicht zwischen Menschen geht.[72]

Für beide ist das *ius gentium* ein Recht zwischen Staaten. Diesen Bedeutungswandel mit einem Begriffswandel nachzuvollziehen versuchte *Richard Zouche*, der von einem *ius inter gentes* spricht.[73] Diese Formel war anders als der Begriff des *ius gentium* eindeutig im Hinblick auf die Akteure gewählt. Diese Neubildung setzte sich aber nicht durch, es blieb beim Begriff des *ius gentium*, der nun auch in verschiedene Sprachen übersetzt wurde und als *Völkerrecht*,[74] *law of nations*,[75] oder *droit des gens*[76] geführt wurde. Von wenigen Ausnahmen abgesehen blieb die Verwendung im Hinblick auf die Akteure konstant.[77] Im 18.,[78] im 19.[79] und im beginnenden 20. Jahrhundert[80] verstand man unter Völkerrecht ein Recht zwischen Staaten. Eine Verschiebung in der Definition lässt sich daran festmachen, dass im Laufe der Zeit weniger vom Recht zwischen Fürsten („principes") als vom Recht zwischen abstrakteren Entitäten wie Staaten oder Bürgerschaften („civitates") gesprochen wurde.[81]

Frühe Konzeptionen des *ius gentium* bzw. des Völkerrechts kannten das Naturrecht als universelles und allgemeines Recht im Hinblick auf Raum, Zeit und Art der Akteure. Mit der fortschreitenden Positivierung des Völkerrechts wurde das Naturrecht als eigenständige Rechtsquelle sowie als Rechtsquelle des Völkerrechts zunehmend

71 So auch ebd. 2.19.5.

72 *Hugo Grotius*, De Iure Belli ac Pacis Libri Tres, Prolegomena, 1, 17. *Grotius* bleibt freilich in seiner Begriffsbildung nicht ganz konsistent. Zu seinen früheren Konzepten siehe *Peter Haggenmacher*, „Genèse et signification du concept de "ius gentium" chez Grotius", in: *Grotius*, hrsg. von John Dunn, Ian Harris, Cheltenham 1997, S. 12 ff.

73 *Richard Zouche*, Iuris et Iudicii Fecialis Sive Iuris Gentes, 1.1.

74 Siehe z. B. *Carl Gottlob Günther*, *Europäisches Völkerrecht in Friedenszeiten nach Vernunft, Verträgen und Herkommen, mit Anwendung auf die teutschen Reichsstände,* Altenburg 1787; *Herman Friedrich Kahrel*, *Völkerrecht,* Hehrborn 1750.

75 Siehe z. B. *Richard Ward*, *An enquiry into the foundation and history of the law of nations in Europe: from the time of the Greeks and Romans, to the age of Grotius,* London 1795; *William Oak Manning*, *Commentaries on the law of nations,* London 1839.

76 *Emmerich Vattel*, *Droit des Gens ou Principes de la Loi Naturelle,* London 1758; *Essai sur le Droit des Gens;* 1795.

77 Siehe *Steiger*, (Fn. 23) S. 111; *Roland Portmann*, *Legal Personality in International Law,* Cambridge; New York 2010, S. 41.

78 Siehe z. B. *Kahrel*, (Fn. 74) S. 4, wobei hier noch auf die Regenten als solche abgestellt wird. *Emmerich Vattel*, *Droit des Gens ou Principes de la Loi Naturelle,* London 1758; *Essai sur le Droit des Gens;* 1795.

79 Siehe z. B. *Manning*, (Fn. 75) S. 1 ff.; *Archer Polson*, *Principles of the law of nations: with practical notes and supplementary essays on the law of blockade and on contraband of war,* Philadelphia 1853.

80 Siehe nur *Lassa Oppenheim*, *International Law: a Treatise,* London; New York 1912, S. 4.

81 *Steiger*, (Fn. 23) S. 113.

abgelehnt.[82] Mit der zunehmenden Orietierung auf den Staatenwillen als konstitutives Element der Rechtsquellenlehre gerieten die Staaten in den Mittelpunkt der Aufmerksamkeit. Das ging so weit, dass die Bindung eines Rechtssubjekts von seiner Zustimmung abhängig sein sollte. Nimmt man dies an, so kommen Individuen grundsätzlich nicht als Verpflichtete in Betracht, da sie dem Vertrag auch nicht als Individuen zustimmen. Diese prononcierte Stellung des Staates im Völkerrecht wurde noch stärker von einer Strömung der völkerrechtlichen Lehre betont, die später als dualistische Theorie des Völkerrechts bezeichnet wurde. Sie zeichnete sich durch die strikte Trennung von Völkerrecht und innerstaatlichem Recht aus, diese sollten als zwei getrennte Rechtskreise verstanden werden. Was die Rechtspersönlichkeit im Völkerrecht angeht, ordnete der Dualismus Individuen dem nationalen Recht zu während Staaten die exklusiven Subjekte des Völkerrechts sein sollten.[83] Diese strikte Trennung der verschiedenen Rechtskreise wurde jedoch von verschiedenen Seiten bestritten, besonders die Rechtsstellung des Individuums wurde von verschiedenen Seiten behauptet und eingefordert.[84] So schreibt etwa *Caspar David Bluntschli:*

> „Daneben ordnet das Völkerrecht aber auch die überall gleichmäßig wirksamen und unter den Schutz der civilisirten Welt gestellten Rechtsverhältnisse der Privatpersonen, und heißt insofern „internationales Recht" im engern Sinn. Diese zweite Bedeutung des Völkerrechts ist aber noch weniger entwickelt als die erste und gewährt *nur einen mittelbaren Schutz, durch Vermittlung der Staaten*“[85]

Auch entwickelte sich eine radikale Gegenposition, vertreten etwa von *Georges Scelle* und *Hans Nawiasky*, die die Völkerrechtssubjektivität des Staates völlig verneinten, da der Staat nur eine Fiktion und somit das Individuum das eigentliche legitime Subjekt des Völkerrechts sei.[86] Auch andere Subjekte wie etwa der Heilige Stuhl, der Malteser Orden, Internationale Organisationen und Aufständische, die zwar keine Staaten, aber dennoch innerhalb des Bereichs völkerrechtlicher Regulierung waren, wurden zunehmend in den Kreis der Subjekte einbezogen.[87] Im 20. Jahrhundert variierte die Verwendung des Völkerrechtsbegriffs und oszillierte zwischen Exklusivität von Staaten, einem weiteren Kreis und der Exklusivität von Individuen.

82 Siehe nur *Nussbaum*, (Fn. 65) S. 175 ff.
83 Siehe z. B. *Heinrich Triepel, Völkerrecht und Landesrecht,* Aalen 1899 [1958], S. 20 f.
84 Siehe unter vielen anderen *Johann Caspar Bluntschli, Das moderne Völkerrecht der civilisirten Staten als Rechtsbuch dargestellt,* Nördlingen 1868, S. 53.
85 Ebd., S. 53.
86 *Georges Scelle, Precis de droit des gens. Principes et systématique*, Paris 1932, S. 42; *Hans Nawiasky, Allgemeine Staatslehre, Dritter Teil: Staatsrechtslehre,* Einsiedeln 1956, S. 24 f.
87 So z. B. *Verdross*, (Fn. 2) S. 1.

### 3. Die Prägung des Begriffs international law

Die einflussreichste Neuschöpfung war der Begriff *international law*. Er soll im Abschnitt über das Völkerrecht behandelt werden, weil das internationale Recht in vielen Ländern synonym für Völkerrecht verwandt wird.[88] Dieser Begriff wurde von *Jeremy Bentham* eingeführt. Aus seiner Feder stammen auch andere Neologismen wie z. B. „codification" oder „maximisation".[89] Seine Ansichten über den Begriff des Völkerrechts waren geprägt von der Auseinandersetzung mit den *Commentaries* von *William Blackstone*, bei dem er damals in Oxford studierte.[90]

So findet sich die früheste Kritik des Völkerrechtsbegriffs in seinem *Comment on the Commentaries*, der allerdings erst posthum veröffentlicht wurde. Hier kritisiert er die Definition *Blackstones* als irreführend, da sein Begriff des *law of nations* sich zum einen auf Naturrecht beziehe, zum anderen auf Sachverhalte, die gar nicht als Recht einzustufen seien.[91] Insofern brandmarkt er die falsche Verwendung des Begriffs. Es ist zu Recht bemerkt worden, dass *Bentham* hierbei selektiv vorging, da er sich nicht auf die Definition in der eigentlichen Untersuchung als vielmehr auf die Einleitung stützt.[92] *Blackstone* hat das *law of nations* folgendermaßen definiert:

> "The law of nations is a system of rules, deducible by natural reason, and established by universal consent among the civilized inhabitants of the world a; in order to decide all disputes, to regulate all ceremonies and civilities, and to infure the observance of justice and good faith, in that intercourse which must frequently occur between two or more independent states, and the individuals belonging to each."[93]

Blackstone behandelte das *law of nations* im Kontext von Verbrechen und gesetzlichen Verboten, die sich sowohl an den Staat als ganzen als auch an Individuen richteten. Der Abschnitt, in welchem *Bentham* den Begriff *international law* entwickelte, befasst

88 Im Englischen wird das Völkerrecht als *international law* oder *public international law* bezeichnet, siehe nur folgende Titel: *Ian Brownlie, Principles of Public International Law,* Oxford 2008, *Anthony Aust, Handbook of International Law,* Cambridge 2010. Im Französischen hat sich die Bezeichnung *droit international public* eingebürgert, siehe etwa den Titel von *Patrick Daillier, Mathias Forteau, Alain Pellet, Droit International Public. Formation du droit, sujets, relations diplomatiques et consulaires, responsabilité, règlement des différends, maintien de la paix, espaces internationaux, relations économiques, environnement,* Paris 2009 und *Jean Combacau, Serge Sur, Droit International Public,* Paris 2004. Im Italienischen *dritto internazionale,* siehe *Benedetto Conforti, Diritto internazionale,* Napoli 2010. Im Spanischen *derecho internacional,* siehe *María Paz de Andrés Sáenz Santa María, Sistema de derecho internacional público,* Pamplona 2011.

89 Siehe die Angaben mit Fundstellen und weiteren Beispielen: http://www.ucl.ac.uk/Bentham-Project/tools/neologisms, zuletzt besucht am 04. Mai 2012.

90 Zu dem ambivalenten Verhältnis von *Bentham* zu *Blackstone* und seinem Werk siehe *Mary Peter Mack, Jeremy Bentham: an odyssey of ideas, 1748-1792,* New York 1963, S. 74 ff.

91 *Jeremy Bentham, A Comment on the Commentaries and A Fragment on Government,* Oxford 1832 [2009], S. 36.

92 *Mark Weston Janis,* „Jeremy Bentham and the Fashioning of "International Law"", *American Journal of International Law* 78 (1984), S. 407.

93 *William Blackstone, Commentaries on the Law of England* 1765-1769, Buch 4, Kapitel 5.

sich mit der Rechtswissenschaft und den Möglichkeiten sie in Kategorien einzuteilen.[94] In diesem Kontext stellt Bentham fest, dass sich das Recht auch nach den Personen kategorisieren lässt, deren Verhalten Gegenstand der Normen ist.[95] Er unterscheidet zwischen *internal* und *international law*, wobei er *international law* in einer Fußnote wie folgt definiert:

> "The word international, it must be acknowledged, is a new one; though, it is hoped, sufficiently analogous and intelligible. It is calculated to express, in a more significant way, the branch of law which goes commonly under the name of the law of nations: an appellation so uncharacteristic, that, were it not for the force of custom, it would seem rather to refer to internal jurisprudence. The chancellor D'Aguesseau has already made, I find, a similar remark: he says that what is commonly called droit des gens, ought rather to be termed droit entre les gens."[96]

Bentham bezieht den Begriff auf das Recht zwischen Souveränen, während das Recht zwischen Individuen und dem Souverän bzw. zwischen Individuen dem *internal law* unterfalle. Im Falle eines Rechtsstreits zwischen Individuen verschiedener Staaten nimmt Bentham an, dass diese vor den Gerichten und nach den Gesetzen eines Staates beurteilt werden.[97] Der Vergleich zu der Definition *Blackstones* zeigt, dass Bentham seinen Begriff des *law of nations* enger fasst, in dieser restriktiven Fassung scheint der Begriff *international law* eine bessere Beschreibung der durch den Begriff gekennzeichneten Normen. Mit der Umbenennung führt *Bentham* also gleichzeitig eine inhaltliche Konzentration ein, die im Wesentlichen darauf fußt, die Staaten zu den einzigen Subjekten dieses Rechtsgebiets zu kennzeichnen. Diese Begriffsschöpfung, die von *D'Aguesseau* und vielleicht auch indirekt von *Zouche* beeinflusst war, war noch zu Lebzeiten Benthams äußerst erfolgreich.[98] Obwohl hier schon von einem alternativen Begriff gesprochen werden kann, überschneidet er sich inhaltlich jedenfalls für einen großen Zeitraum mit dem Begriff des Völkerrechts.

### *IV. Alternative Begriffe*

Im Folgenden sollen alternative Begriffe zu dem des Völkerrechts untersucht werden. Dabei können diese Konzepte nicht in allen ihren Aspekten diskutiert werden. Es geht vielmehr darum, die Beschreibung des Begriffs und die Gründe für seine Einführung wiederzugeben und zu untersuchen, wie die Begriffe sich auf das Verhältnis des Rechts

94 *Jeremy Bentham, An introduction to the principles of morals and legislation*, Oxford, New York 1828 [1996], S. 293.
95 Ebd., S. 294.
96 Ebd., S. 296.
97 Ebd., S. 296.
98 Siehe dazu *Janis*, (Fn. 92) S. 415.

zu seinen Akteuren auswirken. Ein Beispiel, das sich zur Veranschaulichung eignet, ist die Kritik des Völkerrechtsbegriffs bei *Kant*:

> „Das Recht der Staaten in Verhältniß zu einander [welches nicht ganz richtig im Deutschen das Völkerrecht genannt wird, sondern vielmehr das Staatenrecht (ius publicum civitatum) heißen sollte] ist nun dasjenige, was wir unter dem Namen des Völkerrechts zu bezeichnen haben."[99]

Diese Kritik bezieht sich auf die falsche Bezeichnung der tragenden Akteure des Rechts, die *Kant* richtig als Staaten identifiziert. Er selbst verwendet aber im Folgenden den Begriff Völkerrecht. Dennoch haben manche den Begriff Staatenrecht aufgegriffen, insbesondere dann, wenn dies der Bezeichnung Menschenrecht oder Menschenrechte gegenübergestellt werden sollte.[100]

### 1. Transnationales Recht

Der Begriff transnationales Recht (*transnational law*) wurde von *Philip Jessup* in einer Reihe von Vorlesungen entwickelt, die als Monographie veröffentlicht wurden.[101] *Jessups* Werk enthält zwar nicht die erste Verwendung des Begriffs, dennoch hat er den Begriff als erster in einer Art und Weise ausgestaltet und geprägt, die ein Konzept oder eine Idee erkennen lässt.[102] Der Begriff hat eine breite Rezeption erfahren, es widmeten sich nicht nur zahlreiche Publikationen dem Thema und dem Begriff des

99 Metaphysik der Sitten, Zweiter Theil: Das öffentliche Recht, Zweiter Abschnitt: Das Völkerrecht, § 53.

100 *Karl Heinrich Ludwig Pölitz, Praktisches (europäisches) Völkerrecht. Diplomatie und Staatspraxis,* Leipzig 1828, S. 4 f.; *Heinrich Bernhard Oppenheim, Philosophie des Rechts und der Gesellschaft und das öffentliche Recht Deutschlands,* Stuttgart 1850, S. 199. Ein Versuch den Völkerrechtsbegriff auf das Volk selbst zu beziehen hat aus nationalsozialistischer und völkischer Perspektive unternommen: *Norbert Gürke, Volk und Völkerrecht,* Tübingen 1935.

101 *Peer Zumbansen*, „Transnational Law", in: *Elgar encyclopedia of comparative law*, hrsg. von Jan M. Smits, Cheltenham [u.a.] 2006, S. 738.

102 Sie mit weiteren Hinweisen zur Verwendung und Prägung des Begriffs *Christian Tietje*, *Karsten Nowrot*, „Laying Conceptual Ghosts of the Past to Rest: The Rise of Philip C. Jessup's 'Transnational Law' in the Regulatory Governance of the International Economic System", in: *Philip C. Jessup's transnational law revisited. On the occasion of the 50th anniversary of its publication*, hrsg. von Christian Tietje u. a., Halle (Saale) 2006, S. 27.

transnationalen Rechts,[103] vielmehr hat er die Benennung von Zeitschriften,[104] Instituten,[105] Fakultäten,[106] Fachbereichen,[107] Vorlesungen[108] und Lehrstühlen[109] geprägt. Dies hat bisweilen auch zur Frage geführt, ob der Begriff des transnationalen Rechts den des internationalen Rechts in den Schatten stellen wird.[110] Da der Begriff des transnationalen Rechts heute sehr weit verbreitet ist, verschiedene Deutungen erfahren hat,[111] und teilweise auch in Disziplinen außerhalb der Rechtswissenschaften diskutiert wird,[112] konzentriert sich dieser Beitrag der Übersichtlichkeit halber auf die Konzeption von *Jessup*. Dieser hatte 1948 ein Buch mit dem Titel *A Modern Law of Nations* veröffentlicht, das Einführung in das Völkerrecht und Kritik des Völkerrechts zugleich sein sollte.[113] Dabei wollte er anhand von zwei Thesen das Völkerrecht neu denken: zum einen sollte das Völkerrecht direkt auf Individuen anwendbar sein, zum anderen sollten die Interessen der internationalen Gemeinschaft anerkannt werden.[114]

Systematisch entwickelt und begrifflich verankert hat er seine Ansicht aber erst in einer Reihe von Vorträgen, die 1956 unter dem Titel „Transnational Law" veröffentlicht wurden. Er leitet seine Überlegung mit dem Gedanken ein, dass die Probleme,

103 Siehe nur Wolfgang Friedmann, Louis Henkin, Oliver James Lissitzyn, Philip C. Jessup (Hrsg.), *Transnational law in a changing society, Essays in honor of Philip C. Jessup,* New York 1972, *Henry J. Steiner, Detlev F. Vagts, Harold Hongju Koh, Transnational legal problems. Materials and text,* Westbury, N.Y. 1994, Peter H. F. Bekker, Rudolf Dolzer, Michael Waibel, Detlev F. Vagts (Hrsg.), *Making Transnational Law Work in the Global Economy. Essays in honour of Detlev Vagts,* Cambridge 2010.

104 Columbia Journal of Transnational Law, siehe hier zur Umbenennung des Journals: *Philip C. Jessup*, „The Concept of Transnational Law: An Introduction, The", *Columbia Journal of Transnational Law.* 3 (1963), Journale die das Wort transnational im Titel führen sind u.a.: Journal of Transnational Law and Policy, Studies in Transnational Economic Law, Suffolk Transnational Law Review, The Transnational Lawyer, Touro Journal of Transnational Law, Transnational Law and Contemporary Problems, Transnational Legal Theory, Vanderbilt Journal of Transnational Law.

105 So z. B. CENTRAL - Center for Transnational Law der Universität zu Köln; Transnational Law Institute, Washington and Lee University School of Law; Institute for Transnational Law, School of Law of Texas at Austin; Center for Transnational Litigation and Commercial Law, New York University Law School.

106 So z. B. International and Transnational Law Faculty, Penn State University, The Dickinson School of Law; Peking University School of Transnational Law.

107 So z. B. Department of transnational legal studies, Freie Universität Amsterdam.

108 So z. B. ein Kurs an der Michigan Law School, siehe http://web.law.umich.edu/_ClassSchedule/aboutClass.asp?term=1810&classnbr=46590, zuletzt besucht am 04. Mai 2012.

109 Professor of Law and Canada Research Chair in Transnational Economic Governance and Legal Theory, Osgoode Hall Law School, Lehrstuhlinhaber: *Peer Zumbansen.*

110 *Daniel Kalderimis*, „Is transnational law eclipsing international law?", in: *Making Transnational Law Work in the Global Economy. Essays in Honour of Detlev Vagts*, Peter H. F. Bekker u. a. (Hrsg.), Cambridge 2010.

111 Eine Übersicht bieten *Zumbansen* (Fn. 103) und *Felix Hannschmann*, „Theorie transnationaler Rechtsprozesse", in: *Neue Theorien des Rechts*, Sonja Buckel u. a. (Hrsg.), Stuttgart 2009, S. 347.

112 Roger Cotterrell, „What Is Transnational Law?", *Law & Social Inquiry* (2012), 347 ff.

113 *Philip C. Jessup, A Modern Law of Nations: an introduction,* New York 1948, S. vii.

114 Ebd., S. 2.

mit denen sich die Zunft beschäftigen sollte, nicht immer mit den Beziehungen zwischen Staaten zu tun haben.[115] *Jessup* geht es also um problemorientiertes Denken, er hofft mit einem weiteren Begriff den Gesichtskreis der Völkerrechtswissenschaft zu erweitern. Deshalb führt er den Begriff des transnationalen Rechts ein, den er wie folgt definiert:

> „[T]o include all law which regulates actions or events that transcend national frontiers. Both public and private international law are included, as are other rules which do not wholly fit into such standard categories."[116]

Unmittelbar am Anfang seiner Ausführungen steht die Beobachtung, dass das transnationale Recht eine Vielzahl an Akteuren, nämlich Individuen, Unternehmen, Staaten, Internationale Organisationen und andere Gruppen in den Blick nehme.[117] Auch die Regeln (*rules*), die von den Akteuren jenseits des Staates gemacht werden, könnten in den Gesichtskreis des Rechts fallen. *Jessup* weist also die zentralen Unterscheidungen von öffentlichem und Privatrecht, ebenso wie von Völkerrecht und Landesrecht (*international and national law*) zurück. Letztere Unterscheidung findet sich zwar in *Jessups* Konzeption, da auch sie anerkennt, dass es Sachverhalte ohne transnationalen Bezug gibt.[118] Dass das transnationale Recht aber alle Rechtsgebiete, also das Zivilrecht, das öffentliche Recht und das Strafrecht umfasse, ergebe sich schon aus dem gemeinsamen Kollisionsrecht.[119] *Jessup* möchte sicherstellen, dass es eine effektive Lösung transnationaler Probleme gibt. Es sollen Entitäten handeln, die zum einen akzeptable Lösungen finden, die Gemeinschaftswerte befördern und von den anderen Staaten akzeptiert werden.[120] Entsprechend seiner Analyse entkoppelte *Jessup* das jeweilige Rechtsgebiet völlig von den Akteuren.[121] So könne staatliches Handeln an internationalem Recht, Kollisionsrecht, fremdem oder eigenem nationalen Recht gemessen werden. Ebendiese Rechtsquellen könnten auch zur Beurteilung des Handelns von Unternehmen oder Individuen herangezogen werden. Dementsprechend könne jedes Forum auch jede Form des Rechts anwenden, wenn es dazu ermächtigt ist.[122]

Zusammenfassend lässt *Jessup* anders als noch in seinem Lehrbuch den Völkerrechtsbegriff intakt, prägt jedoch den Begriff des transnationalen Rechts, der auch das Völkerrecht umfasst. Mit diesem Begriff sucht er das Recht zu erfassen, das sich grenzüberschreitenden Problemen widmet. Dabei erfasste er alle Akteure sowohl als Rechtsunterworfene als auch als Rechtssetzende und führt so eine flexible Kategorie ein, die nicht mehr vom Subjekt, sondern vom grenzüberschreitenden Bezug her denkt.

115 *Philip C. Jessup, Transnational law,* New Haven 1956, S. 1.
116 Ebd., S. 1.
117 Ebd., S. 3.
118 Allerdings konstatiert er, dass diese Unterscheidung durchaus schwierig ist.
119 Ebd., S. 64.
120 Ebd., S. 70 f.
121 Ebd., S. 102.
122 Ebd., S. 102.

## 2. Weltinnenrecht / world law

Der Begriff *Weltinnenrecht* und seine englische Ausprägung *world law* werden verschiedentlich verwandt um den Begriff des Völkerrechts zu ersetzen. Besonders eingehend haben sich *Jost Delbrück*[123] und *Harold Berman*[124] mit dem Begriff beschäftigt. Von einer breiten Rezeption des Begriffs kann man bisher noch nicht sprechen.[125]

*Delbrück* entwickelte den Begriff des Weltinnenrechts analog zum Begriff der Weltinnenpolitik.[126] Auf begrifflicher Ebene stellt er klar, dass dies keinen Weltstaat voraussetze. Vielmehr geht es ihm lediglich um eine Erweiterung des Völkerrechtsbegriffs. Mithin definiert er den Begriff des Weltinnenrechts als

> „ein Recht ..., das den Begriff es ausschließlich zwischenstaatlichen Rechts transzendiert, in seiner Reichweite, in seiner Geltung und Anwendung staatliche und nichtstaatliche Akteure und Sachverhalte unterschiedlichster Art jenseits der staatlichen Ebene erfaßt und damit das Ergebnis einer teilweisen Transformation des zwischenstaatlichen Völkerrechts, ergänzt durch weitere Rechtskomponenten, ist.“[127]

123 Siehe *Jost Delbrück*, „More Effective International Law or a New World Law - Some Aspects of the Development of International Law in a Changing International System“, *Indiana Law Journal* 68 (1992), S. 705 ff.; *Jost Delbrück*, „Wirksameres Völkerrecht oder neues "Weltinnenrecht"? Perspektiven der Völkerrechtsentwicklung in einem sich wandelnden internationalen System“, in: *Blauhelme in einer turbulenten Welt : Beiträge internationaler Experten zur Fortentwicklung des Völkerrechts und der Vereinten Nationen*, hrsg. von Winrich Kühne, Hans L. Merkle, Baden-Baden 1993, S. 101 ff.; *Jost Delbrück*, „Wirksameres Völkerrecht oder neues" Weltinnenrecht"? Perspektiven der Rechtsentwicklung in einem sich wandelnden internationalen System“, in: *Frieden machen*, hrsg. von Dieter Senghaas, Frankfurt 1997, S. 482 ff.; *Jost Delbrück, Perspektiven für ein „Weltinnenrecht“? Rechtsentwicklungen in einem sich wandelnden Internationalen System*, Vortrag zum SEF Politik-Forum, Bonn 20. - 21. September 2001, http://www.sef-bonn.org/download/veranstaltungen/2001/2001_ws-eroeffnung_rede_delbrueck_de.pdf, zuletzt besucht am 10. Mai 2012; *Jost Delbrück*, „Prospects for a "World (Internal) Law?" Legal Developments in a Changing International System“, *Indiana Journal of Global Legal Studies* 9 (2002), S. 401 ff.; *Jost Delbrück*, „Perspektiven für ein "Weltinnenrecht"? Rechtsentwicklungen in einem sich wandelnden Internationalen System“, in: *Gedächtnisschrift für Jürgen Sonnenschein. 22. Januar 1938 bis 6. Dezember 2000*, hrsg. von Jürgen Sonnenschein u. a., Berlin 2003, S. 793.

124 *Harold J. Berman*, „World Law“, *Fordham International Law Journal* 18 (1994), S. 1617 ff.; *Harold J. Berman*, „Introduction to the World Law Institute“, *Emory Int'l L. Rev* 22 (2008), S. 1 ff. Eine kritische Würdigung erfährt dieses Konzept durch *David J. Bederman*, „World Law Transcendent“, *Emory L.J.* 54 (2005), S. 53 ff.

125 Siehe aber *Bardo Fassbender*, „Der Internationale Strafgerichtshof: auf dem Weg zu einem "Weltinnenrecht"?“, *Aus Politik und Zeitgeschichte* 52 (2002), S. 32 ff., *Walter Schmitt-Glaeser, Der freiheitliche Staat des Grundgesetzes. Grundzüge*, Tübingen 2008, S. 24 ff. und *Domingo* (Fn. 59) sowie die Beiträge in: Klaus Dicke, Jost Delbrück (Hrsg.), *Weltinnenrecht : Liber amicorum Jost Delbrück*, Berlin 2005.

126 *Carl Friedrich von Weizsäcker*, „Das ethische Problem der modernen Strategie“, *Europa-Archiv : Zeitschrift für internationale Politik* 24 (1969).

127 *Delbrück, Perspektiven für ein „Weltinnenrecht“? Rechtsentwicklungen in einem sich wandelnden Internationalen System,* (Fn. 123) S. 1.

Kontextualisiert wird der neue Begriff mit dem Phänomen der Globalisierung im 20. Jahrhundert, insbesondere mit dem Ende der bipolaren Weltordnung und dem Auftreten globaler Problemlagen wie dem Klimawandel, neuer Kommunikationstechnologien sowie einer weltweiten wirtschaftlichen Vernetzung.[128] Diesem Prozess stellt er das Phänomen der Entstaatlichung gegenüber, welches sich in der Übertragung der staatlichen Aufgaben auf Private, dem Verlust der staatlichen Steuerungsfähigkeit und dem Bedeutungsgewinn von nicht-staatlichen Akteuren und Gruppen ausdrückt.[129] Der Wandel auf Akteursebene steht also im Zentrum der Argumentation. Dementsprechend sind die Veränderungen auf der Ebene der Subjekte des Völkerrechts auch eine zentrale Kategorie der Beschreibung des Wandels des Völkerrechts. Als Völkerrechtssubjekte anerkannt sieht *Delbrück* supranationale Organisationen, internationale Organisationen und Individuen. Im Falle von Gruppen wie indigenen Völkern, transnationalen Unternehmen und NGOs habe die Völkerrechtslehre die neuen Entwicklungen noch nicht erfasst. Diese Veränderungen schlagen sich auch auf die anderen zentralen Kategorien des Wandels der Völkerrechtsordnung, nämlich den Wandel der Rechtssetzung und den Wandel der Rechtsdurchsetzung nieder. Mit der Erweiterung des Rechtskreises einher geht auch die Durchsetzung des Rechts gegenüber dem Individuum. Dies exemplifiziert Delbrück am Beispiel des Terrorismus.[130] Was die Rechtssetzung angeht, konstatiert *Delbrück* zum einen die Beteiligung von nicht-staatlichen Akteuren an staatlichen Rechtssetzungsprozessen, zum anderen aber auch die Entstehung autonomer Rechtsordnungen durch Rechtssetzung nicht-staatlicher Akteure.[131] Fernerhin beschreibt er die Internationalisierung staatlicher Verwaltungsprozesse, insbesondere im Rahmen von sogenannten Rahmenverträgen.[132]

*Berman* begründet die Einführung des Begriffs des Weltrechts mit einem Strukturwandel im 20. Jahrhundert. Zum ersten Mal in der Geschichte der Menschheit sei die Mehrheit der Völker in mehr oder weniger stabile Beziehungen zueinander getreten.[133] Viele Bereiche der Gesellschaft seinen mit dem Attribut „Welt" versehen[134] und müsse nun auch auf das Recht angewandt werden. Dabei stellt sich *Berman* bewusst in die Tradition des *ius gentium*[135] und grenzt sich von den Begriffen *interna-*

128 *Delbrück*, „Prospects for a" World (Internal) Law?" Legal Developments in a Changing International System", (Fn. 123) S. 403 ff.

129 Ebd., S. 409 f.

130 *Delbrück, Perspektiven für ein „Weltinnenrecht"? Rechtsentwicklungen in einem sich wandelnden Internationalen System,* (Fn. 123) S. 9.

131 Darüber hinaus stellt er auch eine Objektivierung des inernationalen Rechts fest.

132 *Delbrück*, „Prospects for a "World (Internal) Law?" Legal Developments in a Changing International System", (Fn. 123) S. 418 f.

133 *Berman*, „World Law", (Fn. 124) S. 1617.

134 Er erwähnt "world economy, a world technology, world-wide communications, world organizations, world science, world literature, world scholarship, world travel, world sports", siehe ebd., S. 1617.

135 *Berman*, „Introduction to the World Law Institute", (Fn. 124) S. 1.

*tional law* und *transnational law* ab.[136] Zwar soll der Begriff des *world law* auch den bisherigen Bereich des *international law* umfassen, jedoch ist letzterer Begriff weiter. Er umfasse nicht nur staatliche Rechtssetzung sondern auch jede Form von privater Rechtssetzung in menschlichen Gemeinschaften wie Religionsgemeinschaften, Familien, Schulen und berufsständischen Organisationen.[137] Darunter fällt für *Berman* die *lex mercatoria,* aber auch jede andere Form von Rechtssetzung, die er rechtsanthropologisch weit versteht.[138] Ferner erwähnt er als Referenzgebiete das Weltgesundheitsrecht, das Weltsportrecht und das wiederum weit verstandene Weltwirtschaftsrecht.[139] Die Verwendung des Begriffs ist aber auch deshalb sehr lehrreich, weil sich hierdurch nachweisen lässt, wie neue Begriffe aktiv beworben werden und wie man versucht, diese durch feste Strukturen wie Institute,[140] Konferenzen und Sommerschulen zu etablieren.[141]

### 3. Globales Verwaltungsrecht / global administrative law

Ein Versuch das Völkerrecht neu auf den Begriff zu bringen ging vom *Institute for International Law and Justice* der *New York University School of Law* aus.[142] Dabei soll der Begriff des globalen Verwaltungsrechts bzw. des *global administrative law* ein Rechtsgebiet zwischen den Gebieten des Völkerrechts, des internationalen Verwaltungsrechts, des Verwaltungskollisionsrechts sein.[143] Dieser Ansatz wird vor dem Hintergrund eines zunehmenden Regulierungsbedarfs gewählt, der zum einen globales Handeln nationaler Verwaltungsbehörden aber auch regionales Handeln globaler Ver-

136 *Berman,* „World Law", (Fn. 124) S. 1617 ff.

137 *Berman,* „Introduction to the World Law Institute", (Fn. 124) S. 2 f.

138 *Berman,* „World Law", (Fn. 124) S. 1621, *Berman,* „Introduction to the World Law Institute", (Fn. 124) S. 2 f.

139 *Berman,* „Introduction to the World Law Institute", (Fn. 124) S. 1 f.

140 http://www.law.emory.edu/centers-clinics/world-law-institute-of-emory-university/about-the-world-law-institute.html, zuletzt besucht am 04. Mai 2012.

141 Siehe *Berman,* „Introduction to the World Law Institute", (Fn. 124) S. 2 f.

142 Viele Informationen, inbesondere zur Literatur und zu den in Zeitschriften veröffentlichen Symposien findet sich unter http://www.iilj.org/GAL/GALNetwork.asp, zuletzt besucht am 04. Mai 2012.

143 *Benedict Kingsbury, Nico Krisch, Richard B. Stewart,* „The Emergence of Global Administrative Law", *Law and Contemporary Problems* 68 (2005), S. 28, *Kingsbury* bezeichnet dies auch als *inter-public law,* siehe *Benedict Kingsbury,* „The Concept of 'Law' in Global Administrative Law", *European Journal of International Law* 20 (2009), S. 55 ff. Er macht damit deutlich, dass es sich um Recht zwischen Akteuren des öffentlichen Rechts handeln muss. Zu wichtigen Aspekten der genannten Rechtsgebiete siehe *Christian Tietje, Internationalisiertes Verwaltungshandeln,* Berlin 2001, Christoph Möllers, Andreas Voßkuhle, Christian Walter (Hrsg.), *Internationales Verwaltungsrecht. Eine Analyse anhand von Referenzgebieten,* Tübingen 2007, *Markus A. Glaser, Internationale Verwaltungsbeziehungen,* Tübingen 2010, Armin von Bogdandy u. a. (Hrsg.) *The Exercise of Public Authority by International Institutions: Advancing International Institutional Law,* Heidelberg, Dodrecht, London, New York 2009.

waltungsakteure provoziert.[144] Zugrunde gelegt wird dabei ein weiter Verwaltungsbegriff, der sich mit *global governance* gleichsetzen lässt und auch legislative und judikative Elemente umfassen kann.[145] Kennzeichnend ist dabei eine Abschwächung des Gegensatzes zwischen international und national.[146] Metaphorisch sprechen die Verfechter von einem *global administrative space*, der sich vor dem Hintergrund der Regulierung über Landesgrenzen und verschiedene Ebenen hinaus auftut.[147] Dieser soll unterschiedliche Formen von Regulierung erfassen, insbesondere auch Formen, denen eine formelle Rechtsverbindlichkeit fehlt.[148] Dementsprechend nimmt der Begriff auch unterschiedliche Akteure in den Blick. Dabei wird grundsätzlich unterschieden zwischen Akteuren, die regulierend tätig sind, und Akteuren, die Adressaten der Regulierung sind oder auf die sich die regulierenden Tätigkeiten auswirken. Im Hinblick auf regulierende Akteure werden fünf Akteurskonstellationen unterschieden:[149]

- Verwaltung durch Internationale Organisationen
- kollektive Verwaltung durch transnationale Netzwerke nationaler Verwaltungsbehörden
- Verwaltung durch einzelne nationale Verwaltungsbehörden
- hybride Verwaltung durch staatliche und private Akteure
- Verwaltung lediglich durch private Akteure

Wie bereits erwähnt, ist der Rechtsbegriff *global administrative law* weit und informell. So können auch Normsetzungsaktivitäten privater Akteure und die sog. hybriden Normsetzungen vom Begriff erfasst werden. Wenn nicht-staatlichen Akteuren schon Normsetzungskompetenz zugesprochen wird, erstaunt es nicht, dass nicht-staatliche Akteure wie Individuen, NGOs und transnationale Unternehmen auch Rechtssubjekte sein können.[150] Dabei wird die direkte Regulierung des Verhaltens nicht-staatlicher Akteure durch völkerrechtliche Verträge oder kollektives Verwaltungshandeln von indirekten Formen der Regulierung unterschieden. Beispiele für diese indirekten Formen sind etwa die Formulierung von Standards, die sich an nicht-staatliche Akteure richten und mehr oder weniger wortgleich ins nationale Recht übernommen werden oder von abstrakten Standards, deren Umsetzung im nationalen Recht wiederum durch

144 *Kingsbury, Krisch, Stewart*, (Fn. 143) S. 16.
145 Ebd., S. 17.
146 *Nico Krisch, Benedict Kingsbury*, „Introduction: Global governance and global administrative law in the international legal order“, *European Journal of International Law* 17 (2006), S. 11.
147 Ebd., S. 1, *Kingsbury, Krisch, Stewart*, (Fn. 143) S. 18 ff.
148 Siehe hierzu detailliert *Kingsbury*, „The Concept of 'Law' in Global Administrative Law“ (Fn. 143).
149 *Kingsbury, Krisch, Stewart*, (Fn. 143) S. 20 ff., siehe ähnlich *Kingsbury*, „Omnilateralism and Partial International Communities: Contributions of the Emerging Global Administrative Law“, (Fn. 3) S. 108 ff.
150 *Kingsbury, Krisch, Stewart*, (Fn. 143) S. 24.

globale Akteure überwacht wird.[151] In diesem Konzept der *multi-level governance* tauchen nicht-staatliche Akteure auf allen Ebenen und sowohl auf der Seite der Normschöpfer als auch der Normadressaten auf. Zwischen diesen beiden Perspektiven liegen die Transparenz- und Partizipationsgebote, die Adressaten gezielt in den Normschöpfungsprozess miteinbeziehen.[152] Interessanterweise diskutieren *Kingsburry*, *Krisch* und *Stewart*, ob man begrifflich nicht am *ius gentium* anknüpfen könnte, welches sie dem *ius inter gentes* gegenüberstellen.[153] Dies lehnen sie aber aufgrund der unklaren bzw. unpraktikablen Quellensituation ab.

### 4. Postnationales Recht / postnational law

Im Rahmen seiner grundsätzlichen Auseinandersetzung mit Konstitutionalismus und Pluralismus kommt *Nico Krisch* auf den Begriff des postnationalen Rechts zu sprechen.[154] Er schließt sich dem Befund von *Jürgen Habermas* an und sieht eine postnationale Konstellation, in der sich der politische Prozess vom Nationalstaat abkoppelt.[155] Der Staat sei nicht mehr länger der einzige Ort für Normativität und Autorität.[156] Diese Entwicklung müsse im Rahmen des Rechts eigens beurteilt werden, doch werden die hergebrachten Strukturen zunehmend in Frage gestellt. Gestützt auf Entwicklungen im Regime der Europäischen Menschenrechtskonvention, von Sicherheitsratsresolutionen und im Welthandelsrecht konstatiert *Krisch* eine „Normalisierung" des internationalen Rechts im innerstaatlichen Recht, was zu einem Verschwimmen der Grenzen von Innen und Außen führe.[157] Dabei will *Krisch* die Dichotomie zwischen Innen und Außen nicht auflösen, sondern die wachsenden und unterschiedlichen Effekte von Normen aufeinander auch jenseits ihrer Verbindlichkeit einfangen. Während der Begriff des postnationalen Rechts ein Zusammenwachsen von Innen und

151 Ebd., S. 24. Ferner ist interessant, dass teilweise verschiedene staatlich Organe und Verbände durch die Regulierung adressiert werden, teilweise auch direkt die jeweiligen Verwaltungsbehörden, siehe *Sabino Cassese*, „Global Standards for National Administrative Procedure", *Law and Contemporary Problems* 68 (2005), S. 118 ff.

152 *Kingsbury, Krisch, Stewart,* (Fn. 143) S. 37.

153 Ebd., S. 29 f. Eine detailierte Diskussion zu dieser Frage bietet *Kingsburry*, der im Ergebnis einer Verwendung des Begriffs *ius gentium* gewogen ist, siehe Kingsbury, „Omnilateralism and Partial International Communities: Contributions of the Emerging Global Administrative Law", (Fn. 3) S. 108 ff.

154 Dass der Begriff des *postnational law* den Begriff *international law* ablösen solle, fordert schon *Peter J. Spiro*, „Gobalization, International Law, and the Academy", *New York University Journal of International Law and Politcs* 32 (1999), S. 568 ff.

155 *Jürgen Habermas*, *Postnationale Konstellation,* Frankfurt am Main 1998.

156 *Krisch* zitiert *Micahel Zürn*, *The State in the Post-national Constellation: Societal Denationaliztion and Multi-level Governance,* www.sv.uio.no/arena/english/research/publications/arena-publications/workingpapers/working-papers1999/wp99_35.htm, zuletzt besucht am 04. Mai 2012.

157 *Nico Krisch*, *Beyond constitutionalism. The pluralist structure of postnational law,* Oxford 2010, S. 6 ff.

Außen anzeigt, soll er keine eindeutige Struktur vorschreiben. *Krisch* diskutiert im Wesentlichen zwei Modelle, nämlich Konstitutionalismus und Pluralismus, die beide als zukünftige Strukturen für das postnationale Recht in Frage kommen. Ein globales konstitutionelles Modell müsse, was seine Akteure angeht, nicht analog zu einem Staate mit Weltregierung aufgebaut sein, es würde ausreichen die Ausübung öffentlicher Gewalt zu regulieren.[158] Der Autor plädiert jedoch für eine pluralistische Struktur. Sein Ansatz wurde als *pluralist global law* bezeichnet.[159] Dabei führt er als normatives Argument für diese Wahl eine Maximierung der politischen Autonomie von Individuen ein, der durch ein pluralistisches Konzept besser entsprochen werden könne, da hier das Individuum als Selbstgesetzgeber begriffen werden könne.[160] Nicht-staatliche Akteure bilden also ein zentrales Argument für sein Modell des Rechts in der postnationalen Konstellation.

### 5. Humanity Law of Peoples

Das Individuum ins Zentrum des Völkerrechts zu stellen und zum Ausgangspunkt jeder Überlegung zu machen, ist von manchen Stimmen gefordert und begründet worden.[161] *Ruti Teitel*, die sich die Frage stellt, wer heute das Subjekt der internationalen Beziehungen ist,[162] stellt einen Paradigmenwechsel von *state security* zu *human security* fest, also hin zu einer normativen Ordnung, die das oberste Ziel hat, dem Schutz der Menschheit zu dienen.[163] So hätten die Rechtsbereiche der Menschenrechte, des humanitären Völkerrechts, des Gewaltverbots und des internationalen Strafrechts, die Teitel als *humanity's law* bezeichnet, einen gemeinsamen Rahmen, würden aber auch den völkerrechtlichen Diskurs insgesamt prägen.[164] Um diese Entwicklungen kenntlich zu machen, führt *Teitel* den Begriff des *humanity law of peoples* ein. Es ist interessant, dass sie dabei sehr bewusst mit der begrifflichen Verschiebung der Zunft im Rahmen des Strukturwandels umgeht. Sie spricht von *classical international law*,[165] dem *law of nations*[166] und schließlich vom *humanity law of peoples*.[167] Was die Akteursstellung von Individuen angeht, stellt sie fest, dass Individuen eigene Rechte ha-

158 Ebd., S. 54 f.
159 *Patrick Capps, Dean Machin*, „The Problem of Global Law“, *The Modern Law Review* 74 (2011), S. 795.
160 *Krisch*, (Fn. 157) S. 89.
161 *Christian Tomuschat*, „International Law: Ensuring the Survival of Mankind on the Eve of a New Century: General Course on Public International Law“, *Recueil des Cours: Collected Courses of the Hague Academy of International Law* 281 (1999), S. 161 f.; *Anne Peters*, „Humanity as the A and of Sovereignty“, *European Journal of International Law* 20 (2009), 513 ff.
162 *Teitel*, (Fn. 3) S. x.
163 Ebd., S. 162 f.
164 Ebd., S. 9 f.
165 Ebd., S. 29, 51 ff.
166 Ebd., S. 175.
167 Ebd., S. 193 ff.

ben, so z.B. auch Rechte im bewaffneten Konflikt.[168] Gleichsam ist das Individuum auch verantwortlich, so dass auch bisher akzeptierte Grenzen – wie zum Beispiel das Recht der Immunitäten – hinterfragt werden müssten.[169] Ferner habe besonders die Proliferation nicht-staatlicher Akteure im bewaffneten Konflikt zu veränderten Maßstäben bei der Zurechung im Rahmen der Staatenverantwortlichkeit geführt.[170] Das entscheidende Moment für die neue Begriffsbildung ist jedoch nicht die Subjektstellung des Individuums, sondern vielmehr der sich wandelnde Telos des Rechts, bei dem Humanität konsequent in den Mittelpunkt gerückt wird und zum zentralen Zweck erhoben wird. *Teitel* grenzt hier das Konzept der Humanität von der zentralen Stellung des Individuums im liberalen Staat ab.[171] Vielmehr rückt sie ein Kollektiv als Schutzgut in den Vordergrund, das sie manchmal als Volk oder Gruppe bezeichnet.

Diese Verschiebung führe u.a. zu einer Reinterpretation bzw. einer neuen Interpretation der hergebrachten Normen. Dieser neue Telos beeinflusse auch die Rechtsquellenlehre die sich jetzt nicht mehr nur am Willen der Staaten orientieren könne, sondern auch objektive Wertungen berücksichtigen müsse. Dies wird auch mit älteren Begriffsverständnissen des *law of nations* wie zum Beispiel dem von *Hugo Grotius* verbunden.[172] Auch außerhalb des eigentlichen rechtlichen Diskurses ändere sich die Art der Rechtfertigung politischer Entscheidungen, in welcher jetzt humanitäre Erwägungen als zentrales Rechtfertigungselement dienen. So soll der von *Teitel* beschriebene Paradigmenwechsel über das Recht im engeren Sinne hinausweisen.

## *V. Synthese*

Die vorliegende Untersuchung hat gezeigt, dass der Völkerrechtsbegriff im Hinblick auf seine Akteure einem konstanten Wandel unterworfen war und ist. Das *ius gentium* hatte eine vielschichtige Bedeutung, die durch die neuzeitlich-klassischen Autoren begrenzt und zugespitzt wurde. In dieser Zeit wurden die Staaten zum zentralen und einzigen Subjekt des Völkerrechts erhoben.

Der Begriff des internationalen Rechts wurde gerade eingeführt um diese Wendung auch terminologisch nachzuvollziehen und die Staaten als exklusive Subjekte zu markieren. In diesem Sinne ist der Begriff des internationalen Rechts eigentlich weniger ambivalent als der des Völkerrechts und weniger geeignet, einen weiteren Kreis von Akteuren als Rechtssubjekte zu erfassen. Dennoch wurden beide Begriffe im Laufe der Zeit erweitert, zuerst um einige Ausnahmen, dann um ganze Kategorien nichtstaatlicher Akteure. Obwohl sich also sowohl der Völkerrechtsbegriff wie auch der Begriff des internationalen Rechts als äußerst flexibel erwiesen haben, kam es in der

168 Ebd., S. 38.
169 Ebd., S. 38.
170 Ebd., S. 48.
171 Ebd., S. 196 f.
172 Ebd., S. 174 f.

Zeit nach dem Zweiten Weltkrieg und vermehrt in der Zeit nach dem Ende des Kalten Krieges zu Versuchen, einen neuen Begriff jenseits, anstelle oder oberhalb des Völkerrechtsbegriffs zu etablieren. Allen diesen Begriffen gemein ist der Umstand, dass auch nicht-staatliche Akteure Träger von Rechten und Pflichten sein können. Dass Individuen, transnationale Unternehmen, NGOs oder sonstige Gruppen rechtstechnisch grundsätzlich berechtigt und verpflichtet werden können, daran wird heute nur noch selten gezweifelt. Allenfalls könnte man überlegen, ob einzelne Kategorien von Akteuren tatsächlich schon berechtigt und verpflichtet worden sind. Die neuen Begriffe des Völkerrechts gehen jedoch über die bloße Berechtigung und Verpflichtung hinaus. Sie nehmen auch die Rechtssetzung zwischen nicht-staatlichen Akteuren in den Blick. Manchen Begriffen kommt aber auch eine normative Dimension zu. Besonders der Begriff *humanity law of peoples* ist normativ aufgeladen und zielt darauf, Humanität zum zentralen Zweck des Völkerrechts zu erheben. Damit soll eine Abkehr vom staatenzentrierten Denken signalisiert werden. Während der Staat immer noch eine wichtige Rolle spielt, ist das Individuum Ziel und Zweck des Rechts. Obwohl der Inhalt der Begriffe sich auch auf interessante Fragen jenseits der Akteurs- bzw. Subjektfrage bezieht, so wird diese doch bei allen untersuchten Konzepten prominent behandelt. Ob einer der vorgeschlagenen Begriffe den des Völkerrechts im deutschen Sprachraum und den des internationalen Rechts in anderen Sprachräumen ablösen wird, bleibt ungewiss. Jedenfalls scheint der Namenswechsel der Deutschen Gesellschaft für Völkerrecht bzw. Internationales Recht nicht zwangsläufig auf eine Modernisierung herauszulaufen. Zwar umfasst das internationale Recht begrifflich auch das internationale Privatrecht, jedoch wird dieses auch von den tieferen Schichten des Völkerrechtsbegriffs beschrieben und das teilweise auch in jüngerer Zeit noch als *ius privatum gentium* bezeichnet.[173] Der Begriff des *ius gentium* als Vorläufer des Völkerrechts fasst jedoch auch einen Rechtsbereich jenseits des zwischenstaatlichen, der allen Staaten gemeinsam ist. Er könnte also durchaus geeignet sein, eine kosmopolitische Sicht auf das Recht zu beschreiben, die über den rein zwischenstaatlichen Bereich hinausgeht. Ob er auch geeignet ist, pluralistische Rechtsbegriffe einzufangen, wird sich zeigen. Die Beschreibung rechtsetzender Aktivitäten nicht-staatlicher Akteure lag bisher jenseits der begrifflichen Grenzen des Völkerrechts. Wie sich das Recht grenzüberschreitender Sachverhalte und die dieses Recht reflektierende Wissenschaft entwickeln werden, das lässt sich nicht anhand von Begriffen voraussagen. Die Begriffsgeschichte bietet aber Aufschluss darüber, wie sich prägende Begriffe entwickelt haben. Sie motiviert auch zur Reflexion von Versuchen Begriffe zu wandeln oder zu ersetzen. Sie gibt Aufschluss darüber, welcher neue Wein in alte Schläuche gegossen wurde. Ob die Schläuche aber reißen oder halten, wird sich nur durch die Beobachtung des Völkerrechtsdiskurses der Gegenwart zeigen.

173 Ernst von Caemmerer, Konrad Zweigert, Soia Mentschikoff, *Ius privatum gentium,* Tübingen 1969.

# »Unternehmen und Menschenrechte« – überzeugende progressive Ansätze mit begrenzter Reichweite im Kontext der Weltwirtschaftsordnung

*Sofia Massoud, Frankfurt**

Rechtsverletzungen durch Unternehmen sind weltweit Teil des alltäglichen Geschäfts.[1] Betroffen ist die gesamte Bandbreite der Menschenrechte, internationale arbeitsrechtliche Normen ebenso wie nicht-erwerbsbezogene Menschenrechte. In immer weiter zunehmendem Maße treten diese Rechtsverletzungen durch Unternehmen im transnationalen Kontext auf. Transnational sind diese Rechtsverletzungen in dem Sinne, dass sie sich im Kontext transnationaler Unternehmensverbindungen[2] oder im Rahmen transnationaler Lieferketten[3] ereignen, auch wenn die unmittelbare Rechtsverletzung als solche allein in einem Staat, dem Gaststaat, stattfindet.

Während etwa Investitionen ausländischer Unternehmen durch ein sich verfestigendes System internationaler Schiedsgerichtsbarkeit vor Eingriffen geschützt werden, stehen den Betroffenen transnationaler Rechtsverletzungen durch Unternehmen nur selten und nicht annähernd effektive Mechanismen zur Durchsetzung ihrer Rechte zur Verfügung. Ein Menschenrechtsregime, in dem fundamentale Rechte effektiv erstritten, geschützt und durchgesetzt werden können, bleibt vorerst Utopie.

Allerdings begegnet der Feststellung des fehlenden Schutzes vor und des Mangels an effektiver Geltendmachung transnationaler Rechtsverletzungen durch Unternehmen eine intensive, teils sehr engagierte Auseinandersetzung in Wissenschaft, Politik und Zivilgesellschaft. Unter dem Stichwort »Unternehmen und Menschenrechte« sammeln sich verschiedenste Akteure und unterschiedliche Ansätze, die die Verantwortung sowohl von Staaten als auch von Unternehmen für Menschenrechtsverlet-

* Die Autorin ist Doktorandin in der Nachwuchsgruppe »Wandel des transnationalen Arbeits- und Wirtschaftsrechts« am Exzellenzcluster »Die Herausbildung normativer Ordnungen« an der Goethe-Universität Frankfurt am Main.

1 Siehe allein die zahlreichen Zusammenstellungen des *Human Rights and Business Resource Centre*, http://www.business-humanrights.org/Categories/Issues (31.01.2012).

2 Im Hinblick auf die Terminologie »transnationale Unternehmen« gehen die Ansichten auseinander. Einen ausführlichen Überblick über die verschiedenen Termini bietet etwa *Nowrot,* Normative Ordnungsstruktur und private Wirkungsmacht (2006), S. 40 ff. Der Terminus transnationales Unternehmen wird im Folgenden synonym stehen für ähnliche Begriffsvarianten wie etwa »multinationale Unternehmen« oder auch »transnationaler Konzern« und bezieht sich auf die Gesamtheit gesellschaftsrechtlich verbundener Unternehmenseinheiten, d.h. Mutterunternehmen samt Tochterunternehmen.

3 Neben transnationalen Unternehmen besonders relevant ist die nicht-konzernierte Lieferkette, in der die Produktion durch (allein vertraglich verbundene) Zulieferbetriebe im Gaststaat erfolgt, während sich das abnehmende Unternehmen, das nicht unmittelbar an der Herstellung betreffender Produkte beteiligt ist, seinen Sitz oder Gründungsort im Heimatstaat hat.

zungen durch Unternehmen adressieren. Besonders prominent ist in diesem Zusammenhang seit 2005 die Arbeit des Sonderbeauftragten des VN-Generalsekretärs für Menschenrechte und Unternehmen (*Special Representative of the UN Secretary-General on Human Rights and Transnational Corporations and Other Business Enterprises*) John Ruggie.

Versuche, transnationale Rechtsverletzungen durch Unternehmen geltend zu machen, und folglich die Auseinandersetzung um »Unternehmen und Menschenrechte« als solche, ist Gegenstand des folgenden Aufsatzes. Es soll dabei nicht darum gehen, der Debatte einen weiteren innovativen Ansatz zu präsentieren, der vermeintlich die bestehenden Probleme im Menschenrechtsschutz überwinden könnte. Vielmehr geht es um eine möglichst selbstkritische Auseinandersetzung mit der Tatsache, dass die effektive Geltendmachung transnationaler Rechtsverletzungen durch Unternehmen bisher erfolglos geblieben ist.

Zu diesem Zweck erfolgt – nach einem kurzen Abriss der vergangenen Entwicklungen in der Auseinandersetzung um »Unternehmen und Menschenrechte« (I.) – eine Analyse des tatsächlichen Potentials jener Ansätze, die (*de lege ferenda*) eine progressive Steuerung transnationaler Rechtsverletzung durch Unternehmen zum Gegenstand haben (II.). Anschließend geht es darum, Strukturhindernisse zu adressieren, deren fehlende Einbeziehung in die Auseinandersetzung um »Unternehmen und Menschenrechte« auch einer künftigen effektiven Implementierung selbst überzeugender Ansätze entgegensteht (III.).

Wie die Auseinandersetzung mit progressiven Ansätzen zeigen wird, besteht keine Notwendigkeit für die Annahme, dass transnationale Rechtsverletzungen durch Unternehmen – so wie es nach dem gegenwärtigen Status quo der Fall ist – außerhalb des Rechts stehen müssen. Es besteht durchaus Potential, transnationale Rechtsverletzungen durch Unternehmen *de lege ferenda* geltend zu machen. Die Einbeziehung von Strukturhindernissen soll indes verdeutlichen, dass es letztlich für einen effektiven Rechtsschutz unabdingbar sein wird, diese Strukturhindernisse – anders als bisher – zentral in die Auseinandersetzung um »Unternehmen und Menschenrechte« mit einzubeziehen. Anderenfalls wird die Auseinandersetzung allein affirmativ wirken, den Status quo im Menschenrechtsschutz keinem Wandel unterwerfen und einem *race to the bottom* insbesondere im Hinblick auf internationale arbeitsrechtliche Normen kaum ein Gegengewicht entgegensetzen.

## *I. Lebhafter Stillstand um »Unternehmen und Menschenrechte«*

Transnationale Rechtsverletzungen durch Unternehmen sind keine neue Erscheinung. Und dennoch fehlt es nach wie vor an einem effektiven Regelwerk zur Geltendmachung eben jener Rechtsverletzungen, sowohl national als auch international.

Bereits 1974 befasste sich das *United Nations Centre on Transnational Corporations*[4] innerhalb der Vereinten Nationen mit transnationalen Unternehmen und der Thematik um »Unternehmen und Menschenrechte«; später – von 1994 bis 2003 – die *Sub-Commission on Prevention of Discrimination and Protection of Minorities* und im Anschluss die *Sub-Commission on the Promotion and Protection of Human Rights.*

Nach dem gegenwärtigen Völkerrechtsverständnis sind es allein Staaten, denen Pflichten aus internationalen Normen obliegen. Dies gilt für das Völkervertragsrecht ebenso wie für das Völkergewohnheitsrecht. Im Hinblick auf Unternehmen ergibt sich aus einem klassischen Völkerrechtsverständnis ein anderes Bild. Danach sind insbesondere transnationale Unternehmen – trotz ihres faktisch bedeutenden Einflusses – keine Subjekte des Völkerrechts.[5]

Ein völkerrechtlicher Vertrag, der Unternehmen unmittelbar an Menschenrechte bindet, ist bisher nicht zustande gekommen. Der Entwurf der »Normen für die Verantwortlichkeiten transnationaler Unternehmen und anderer Wirtschaftsunternehmen im Hinblick auf die Menschenrechte«[6] von 2003, der womöglich eine rechtliche Bindung transnationaler Unternehmen vorsah,[7] wurde zwar von der befassten *Sub-Commission on the Promotion and Protection of Human Rights* gebilligt;[8] zu einer Annahme durch die damalige *Commission on Human Rights* kam es 2004 allerdings nicht.[9] 2005 kam es stattdessen zur Ernennung des Sonderbeauftragten des VN-Generalsekretärs für Menschenrechte und Unternehmen Ruggie.[10] Dieser entwickelte

4 Das *Programme on Transnational Corporations* wurde 1974 begründet und bis 1992 vom *United Nations Centre on Transnational Corporations* (UNCTC) durchgeführt.

5 Statt vieler *Hailbronner/Kau*, Der Staat und der Einzelne als Völkerrechtssubjekte, in: Graf Vitzthum (Hrsg.), Völkerrecht (2010), S. 166; weitere Nachweise bei *Nowrot*, Nun sag' wie hast du's mit den Global Players? Fragen an die Völkerrechtsgemeinschaft zur internationalen Rechtsstellung transnationaler Unternehmen, in: Friedenswarte 2004, S. 119 ff., 122, Fn. 18.

6 *Sub-Commission on the Promotion and Protection of Human Rights*, Draft Norms on Responsibilities of Transnational Corporations and Other Business Enterprises with Regard to Human Rights, E/CN.4/Sub.2/2003/12/Rev. 2, 26.08.2003.

7 *von Bernstorff*, Die völkerrechtliche Verantwortung für menschenrechtswidriges Handeln transnationaler Unternehmen. Unternehmensbezogene menschenrechtliche Schutzpflichten in der völkerrechtlichen Spruchpraxis (2010), S. 6, http://www.humanrights-business.org/files/voelkerrechtliche_verantwortung_fuer_menschenrechtswidriges_handeln_transnationaler_unternehmen.pdf (31.02.2012); *Hamm*, Menschenrechte und Privatwirtschaft in den UN. Ein verbindliches Regelwerk ist nicht auf der Agenda, in: Zeitschrift für die Vereinten Nationen und ihre Sonderorganisationen 2008, S. 219 ff., 221 f.

8 *Sub-Commission on the Promotion and Protection of Human Rights*, Responsibilities of transnational corporations and other business enterprises with regard to human rights, **Resolution 2003/16,** E/CN.4/Sub.2/2003/L.11, 13.08.2003.

9 *Commission on Human Rights*, Responsibilities of transnational corporations and related business enterprises with regard to human rights, Decision 2004/116, 20.04.2004; so auch *Economic and Social Council*, Responsibilities of transnational corporations and related business enterprises with regard to human rights, Decision 2004/279, 22.07.2004.

10 *Commission on Human Rights*, Human rights and transnational corporations and other business enterprises, Resolution 2005/69, 20.04.2004; *Economic and Social Council*, Human rights and transnational corporations and other business enterprises, Decision 2005/273, 25.07.2005.

bis 2008 den *»Protect, Respect and Remedy« Framework,*[11] der einstimmig vom *Human Rights Council* begrüßt wurde.[12] In der anschließenden zweiten Mandatsperiode (2008-2011) kam es zur Erarbeitung der *Guiding Principles on Business and Human Rights*[13] als Mittel der Implementierung des zuvor entworfenen *Frameworks.* Auch die *Guiding Principles* wurden vom *Human Rights Council* angenommen.[14] Jedoch enthalten weder der *Framework* noch die *Guiding Principles* verbindliche, justiziable Pflichten für Unternehmen und es bleibt abzuwarten, wie lange sich dieses Procedere weiterer Berichte und Resolutionen, die es versäumen, eine effektive Geltendmachung transnationaler Rechtsverletzungen durch Unternehmen zu normieren, fortsetzt. Die Arbeit des Sonderbeauftragten Ruggie wird nunmehr fortgeführt durch die im Juli 2011 als Follow-up ernannte fünfköpfige Expertengruppe, der *Working Group on the issue of human rights and transnational corporations and other business enterprises.*[15]

Auch national stellt sich die Geltendmachung transnationaler Rechtsverletzungen durch Unternehmen nicht besser dar. Wie noch zu sehen sein wird, sind die Möglichkeiten, transnationale Rechtsverletzungen national geltend zu machen, eher spärlich gesät.[16] Sicher lässt sich somit feststellen, dass sich die Auseinandersetzung quantitativ intensiviert hat; an Möglichkeiten der effektiven Geltendmachung transnationaler Rechtsverletzungen hat sich indes wenig geändert.

11 *Human Rights Council*, Protect, Respect and Remedy: a Framework for Business and Human Rights Report of the Special Representative of the Secretary-General on the issue of human rights and transnational corporations and other business enterprises, John Ruggie, A/HRC/8/5, 07.04.2008.

12 *Human Rights Council*, Mandate of the Special Representative of the Secretary-General on the issue of human rights and transnational corporations and other business enterprises, Resolution 8/7, 18.06.2008.

13 *Human Rights Council*, Report of the Special Representative of the Secretary-General on the issue of human rights and transnational corporations and other business enterprises, John Ruggie, Guiding Principles on Business and Human Rights: Implementing the United Nations »Protect, Respect and Remedy« Framework, A/HRC/17/31, 21.03.2011.

14 *Human Rights Council*, Human rights and transnational corporations and other business enterprises, A/HRC/17/4, 06.07.2011. Zur fehlenden Reichweite auch der *Guiding Principles*, *Massoud/Rödl*, Waiting for the »Follow-Up«? – »Guiding Principles for the Implementation of the United Nations 'Protect, Respect and Remedy' Framework«, Global Labour Column vom 20.06.2011, http://www.global-labour-university.org/fileadmin/GLU_Column/papers/no_63_Roedl_Massoud.pdf (31.01.2012).

15 *Human Rights Council*, Human rights and transnational corporations and other business enterprises, A/HRC/RES/17/4, 06.07.2011.

16 Vgl. etwa für Defizite in der Geltendmachung transnationaler Rechtsverletzungen durch Unternehmen innerhalb der Europäischen Union, *University of Edinburgh*, Study of the Legal Framework on Human Rights and the Environment Applicable to European Enterprises Operating Outside the EU (2010), http://ec.europa.eu/enterprise/policies/sustainable-business/files/business-human-rights/101025_ec_study_final_report_en.pdf (31.01.2012); vgl. auch für die Auseinandersetzung mit gescheiterten, verbindlichen Verhaltensnormen auf nationaler Ebene in Australien und den USA, *Deva,* Acting Extraterritorially to Tame Multinational Corporations for Human Rights Violations: Who Should Bell the Cat?, in: Melbourne Journal of International Law 2004, S. 37 ff., 52 ff.

### *II. Potential progressiver Steuerung transnationaler Rechtsverletzungen durch Unternehmen*

In der Auseinandersetzung um »Unternehmen und Menschenrechte« sammelt sich eine derzeit kaum mehr zu überschauende Anzahl unterschiedlichster Überlegungen und Abhandlungen zur Staaten- und Unternehmensverantwortung. Im Folgenden wird es nicht darum gehen, einen detaillierten Lagebericht über die Auseinandersetzung um »Unternehmen und Menschenrechte« als solche und die zahlreichen darin vertretenen Überlegungen zu geben. Vielmehr dient die Diskussion einzelner progressiver Ansätze, die wesentliche Positionen widerspiegeln, als Grundlage für Überlegungen zu Grenzen des rechtlichen Status quo und zum Potential der gegenwärtigen Auseinandersetzung, transnationale Rechtsverletzungen durch Unternehmen effektiv geltend zu machen.

Folgende zwe Ansätze zur Durchsetzung von Menschenrechten werden exemplarisch zum Gegenstand der nachstehenden Ausführungen gemacht: Zum einen derjenige Ansatz, der die nationale, direkte Steuerung von Unternehmen durch transnationale Rechtsstreitigkeiten vor den Gerichten der Heimatstaaten zum Gegenstand hat (1.). Zum anderen, weiterhin mit Fokus auf den Heimatstaat, der Ansatz, der die internationale, indirekte Steuerung durch extraterritoriale Schutzpflichten herausstellt (2.).

Weitere, ebenfalls wichtige Ansätze werden im Folgenden ausgeklammert. Ein solcher Ansatz ist jener, der auf die unmittelbare Verantwortung von Unternehmen und die daraus resultierende Notwendigkeit der materiell-rechtlichen Bindung von Unternehmen an das Völkerrecht abzielt.[17] Die unmittelbare völkerrechtliche Bindung von Unternehmen an internationale arbeitsrechtliche Normen ebenso wie nicht arbeitsbzw. erwerbsbezogene Menschenrechte stellt zwar durchaus einen gangbaren Weg dar, transnationale Rechtsverletzungen durch Unternehmen geltend zu machen. Indes zeigen die Historie zum Entwurf der »Normen für die Verantwortlichkeiten transnationaler Unternehmen und anderer Wirtschaftsunternehmen im Hinblick auf die Menschenrechte« von 2003 ebenso wie die Ausgestaltung der *Guiding Principles on Business and Human Rights* von 2011 deutlich, dass es derzeit an einer Bereitschaft der Staatengemeinschaft fehlt, eine solche Pflichtenstellung von Unternehmen anzuerkennen bzw. zu begründen. Darüber hinaus ist dieser Ansatz neben der Begründung

17 Dazu siehe etwa *Ratner,* Corporations and Human Rights: A Theory of Legal Responsibility, in: Yale Law Journal 2001, S. 443 ff.; *International Council on Human Rights Policy,* Beyond Voluntarism – Human rights and the developing international legal obligations of companies (2002), http://www.ichrp.org/files/reports/7/107_report_en.pdf (31.01.2012); *Nowrot* (Fn. 5), S. 119 ff.; *Kinley/Tadaki,* From Talk to Walk: The Emergence of Human Rights Responsibilities for Corporations at International Law, in: Virginia Journal of International Law 2004, S. 931 ff.; *Chirwa,* The long march towards binding obligations of transnational corporations in international human rights law, in: South African Journal on Human Rights 2006, S. 76 ff.

der Pflichtenstellung mit erheblichen Durchsetzungsproblemen behaftet, beispielsweise der Frage vor welchen (womöglich noch zu schaffenden) nationalen oder internationalen gerichtlichen Institutionen Rechtsverletzungen solcher völkerrechtlicher Pflichten von Unternehmen geltend zu machen wären.

Ein weiterer Ansatz befasst sich mit dem gesamten Komplex der sogenannten *Corporate Social Responsibility*. Auch dieser Ansatz freiwilliger Formen unternehmerischer Selbstverpflichtung verspricht wenig Erfolg in der effektiven Geltendmachung transnationaler Rechtsverletzungen durch Unternehmen.[18]

Die Analyse der beiden ausgewählten Ansätze soll in einem ersten Schritt Grenzen und Potential dieser Ansätze herausstellen und verdeutlichen, dass die fehlende Geltendmachung transnationaler Rechtsverletzungen – zumindest de lege ferenda – keine zu rechtfertigenden Notwendigkeit darstellt und sich klare und konkrete Handlungsmöglichkeiten aufzeigen lassen, um transnationalen Rechtsverletzungen durch Unternehmen zu begegnen.

Rechtsverletzungen durch Unternehmen betreffen internationale arbeitsrechtliche Normen ebenso wie nicht arbeits- bzw. erwerbsbezogene Rechte,[19] wie etwa die Meinungsfreiheit, das Recht auf Leben, Freiheit und Sicherheit der Person, das Verbot von Diskriminierung aufgrund des Geschlechts, der Herkunft, der Religion, das Recht auf körperliche und geistige Gesundheit und etwa den Zugang zu medizinischen Leistungen. Schließlich ist der Schutz der Umwelt immensen Beeinträchtigungen durch Unternehmen ausgesetzt. Die Auseinandersetzung um »Unternehmen und Menschenrechte« umfasst dementsprechend auch das gesamte Spektrum der Menschenrechte.

Die folgende Auseinandersetzung mit progressiven Ansätzen wird sich wegen der Komplexität der Ansätze ebenso wie der Rechtsverletzungen indes exemplarisch auf Verletzungen internationaler arbeitsrechtlicher Normen beschränken. Insbesondere liegt der Fokus dabei auf den Kernarbeitsnormen der Internationalen Arbeitsorganisation (IAO) wie sie sich in den Grundprinzipen der »Erklärung über die grundlegenden Prinzipien und Rechte bei der Arbeit«[20] von 1998 wiederfinden: Diese sind die Vereinigungsfreiheit und das Recht auf Kollektivverhandlungen, die Abschaffung der Kinderarbeit, die Beseitigung der Zwangsarbeit sowie das Verbot der Diskriminierung in Beschäftigung und Beruf. Vor allem aber bezieht sich der Begriff der Kernarbeits-

18 Siehe hierfür *Grabosch*, Rechtsschutz vor deutschen Zivilgerichten gegen Beeinträchtigungen von Menschenrechten durch transnationale Unternehmen (2012), in diesem Band.

19 *Human Rights Council*, Report of the Special Representative of the Secretary-General on the issue of human rights and transnational corporations and other business enterprises, Corporations and human rights: a survey of the scope and patterns of alleged corporate-related human rights abuse, A/HRC/8/5/Add.2, 23.05.2008, S. 2 f.

20 Für die IAO »Erklärung über die grundlegenden Prinzipien und Rechte bei der Arbeit« von 1998 siehe http://www.ilo.org/public/german/region/eurpro/bonn/download/ilo-erklaerung.pdf (31.01.2012).

normen hier aber auf die acht IAO Übereinkommen, in denen diese Rechte anerkannt und ausgestaltet sind.[21]

Trotz umfangreicher Ratifikationen[22] kommt es nach wie vor zu massiven und fortwährenden Verletzungen der IAO Kernarbeitsnormen.[23] Urheber dieser Menschenrechtsverletzungen sind nicht (nur) Staaten, sondern überwiegend private Akteure. Und in wachsendem Maße treten die Rechtsverletzungen im Kontext der Herstellung von Gütern auf, die primär dem Export in die Europäische Union oder in die USA dienen.

21 Zum Verhältnis der IAO »Erklärung über die grundlegenden Prinzipien und Rechte bei der Arbeit« zu den IAO Übereinkommen ausführlich *Alston*, »Core Labour Standards« and the Transformation of the International Labour Rights Regime, in: European Journal of International Law 2004, S. 457 ff., und *Langille*, Core Labour Rights – The True Story (Reply to Alston), in: European Journal of International Law 2005, S. 409 ff. Für die acht IAO Übereinkommen siehe IAO Webseite zu den Kernarbeitsnormen http://www.ilo.org/public/german/region/eurpro/bonn/kernarbeitsnormen/index.htm (31.01.2012).

22 Für einen Überblick über den Ratifikationsstand der einzelnen Übereinkommen siehe *IAO, ILOLEX Database on International Standards*, ratification information by convention, http://www.ilo.org/ilolex/english/index.htm (31.01.2012).

23 Für Verletzungen der Vereinigungsfreiheit und des Rechts auf Kollektivverhandlungen siehe beispielsweise *Human Rights Watch*, »Tainted Harvest« Child Labor and Obstacles to Organizing on Ecuador's Banana Plantations (2002), S. 57 ff., http://www.hrw.org/reports/2002/ecuador/2002ecuador.pdf (31.01.2012); für Diskriminierungen in Beschäftigung und Beruf etwa *Clean Clothes Campaign,* Chashing in (2009), http://www.cleanclothes.org/resources/ccc/working-conditions/cashing-in (31.02.2012); zu Fällen moderner Zwangsarbeit siehe *OHCHR (Weissbrodt and Anti-Slavery International),* Abolishing Slavery and its Contemporary Forms, HR/PUB/02/4 (2002), und *Bales,* Die neue Sklaverei (2001); für Kinderarbeit etwa *Human Rights Watch,* »Hellish Work« Exploitation of Migrant Tobacco Workers in Kazakhstan (2010), http://www.hrw.org/sites/default/files/reports/kazakhstan0710webwcover_1.pdf (31.01.2012); für den besonderen Fall der Kinderarbeit in Schuldknechtschaft und Zwangsarbeit siehe *US Department of Labour's Bureau of International Labor Affairs*, Findings on the Worst Forms of Child Labor (2010), http://www.dol.gov/ilab/programs/ocft/PDF/2010TDA.pdf (31.01.2012); *IAO, International Programme on the Elimination of Child Labour (IPEC),* Children in hazardous work: What we know, what we need to do (2011); *Human Rights Watch,* The Small Hands of Slavery, Bonded Child Labor in India (1996), http://www.hrw.org/sites/default/files/reports/india969.pdf (31.01.2012).

## 1. Steuerung durch transnationale Rechtsstreitigkeiten

Der erste zu diskutierende Ansatz ist die Durchsetzung von Menschenrechten durch transnationale Rechtsstreitigkeiten vor den Gerichten der Heimatstaaten.[24] Als Heimatstaaten gelten jene Staaten, in denen transnationale Mutterunternehmen und andere, auch nicht-konzernierte Unternehmen, ihren Sitz oder Gründungsort haben.[25] Heimatstaaten sind vor allem Industriestaaten, insbesondere Mitgliedstaaten der Europäischen Union und die USA.[26] Gegenstand transnationaler Rechtsstreitigkeiten, auch *transnational human rights litigation* oder *foreign direct liablity claims* genannt, ist die Geltendmachung transnationaler Rechtsverletzungen durch Unternehmen im Wege einer Klage vor den Gerichten der Heimatstaaten. Im Mittelpunkt steht dabei die *deliktische* Haftung von Unternehmen wegen der Verletzung internationaler arbeitsrechtlicher Normen und nicht-erwerbsbezogener Menschenrechte im Ausland.

### a) Bestehende Grenzen der Steuerung durch transnationale Rechtsstreitigkeiten

Gegenwärtig stellt sich die Rechtslage zur Steuerung durch transnationale Rechtsstreitigkeiten problematisch dar.

24 Zu transnationalen Rechtsstreitigkeiten vor den Gerichten der Heimatstaaten siehe *Grabosch*, Rechtsschutz vor deutschen Zivilgerichten gegen Beeinträchtigungen von Menschenrechten durch transnationale Unternehmen (2012), in diesem Band; *Zerk,* Extraterritorial Jurisdiction: Lessons for the Business and Human Rights Sphere from Six Regulatory Areas, A report for the Harvard Corporate Social Responsibility Initiative to help inform the mandate of the UNSG's Special Representative on Business and Human Rights (2010), S. 166 ff., http://www.hks.harvard.edu/m-rcbg/CSRI/publications/workingpaper_59_zerk.pdf (31.01.2012); *de Schutter,* Extraterritorial Jurisdiction as a tool for improving the Human Rights Accountability of Transnational Corporations (2006), http://198.170.85.29/Olivier-de-Schutter-report-for-SRSG-re-extraterritorial-jurisdiction-Dec-2006.pdf (31.01.2012); *European Coalition for Corporate Justice,* Principles and pathways: Legal opportunities to improve Europe's corporate accountability framework (2010), http://www.corporatejustice.org/IMG/pdf/eccj_principles_pathways_webuseblack.pdf (31.01.2012); *Saage-Maaß,* Arbeitsbedingungen in der globalen Zulieferkette, Wie weit reicht die Verantwortung deutscher Unternehmen? (2011), http://library.fes.de/pdf-files/iez/08651.pdf (31.01.2012); für transnationale Rechtsstreitigkeiten nach dem Alien Tort Claims Act vor US-amerikanischen Gerichten siehe *Stephens*, International human rights litigation in U.S. courts (2008); *Joseph*, Corporations and transnational human rights litigation (2004).

25 Soweit nicht explizit differenziert wird, gelten die Ausführungen zu transnationalen Mutterunternehmen auch für andere nicht-konzernierte, abnehmende Unternehmen, die ihren Sitz oder Gründungsort nicht im Gaststaat haben, ihre Produkte aber von Zulieferunternehmen beziehen, die Sitz oder Gründungsort im Gaststaat haben.

26 *UNCTAD*, World Investment Report 2002, Transnational Corporations and Export Competitiveness, UNCTAD/WIR/2002, 12.06.2003, S. 85 ff., http://www.unctad.org/en/docs/wir2002_en.pdf (31.01.2012).

aa) Die internationale Zuständigkeit der Gerichte der Heimatstaaten

Die gerichtliche Geltendmachung transnationaler Rechtsstreitigkeiten setzt zunächst das Bestehen der Zuständigkeit der Gerichte der Heimatstaaten voraus. Staatliche Gerichte sind in der Regel für eine Rechtstreitigkeit zuständig, wenn es einen Inlandsbezug zu dem betreffenden Staat gibt. Die Geltendmachung einer Verletzung etwa internationaler arbeitsrechtlicher Normen, die im Ausland stattfindet, betrifft die internationale Zuständigkeit nationaler Gerichte. Im Kontext der Europäischen Union ist die Autonomie zur Festsetzung der internationalen Zuständigkeit von den Mitgliedstaaten der Europäischen Union teilweise auf die Europäische Union übergegangen. In Zivil- und Handelssachen ist dies der Fall, soweit die Verordnung (EG) Nr. 44/2001[27] (Brüssel I VO) Anwendung findet. Handelt es sich um ein Unternehmen, dass Sitz oder Gründungsort etwa in Deutschland hat, ist die Zuständigkeit für Rechtsstreitigkeiten vor deutschen Gerichten in Zivilsachen nach Artikel 2, 60 Brüssel I VO unproblematisch gegeben.[28]

Nicht begründet werden kann derzeit hingegen die Zuständigkeit deutscher Gerichte für Rechtsstreitigkeiten gegen transnationale Tochterunternehmen und Zulieferbetriebe mit Sitz oder Gründungsort im Gaststaat, weder nach der Brüssel I VO noch nach dem deutschen Zivilprozessrecht. Über Artikel 2, 60 Brüssel I VO lässt sich mangels Sitz und Gründungsort in Deutschland eine solche Zuständigkeit nicht begründen. Auch die Anknüpfung an den Erfolgsort der schädigenden Handlung nach Artikel 5 Nr. 3 Brüssel I VO bzw. Artikel 4 Absatz 1 Brüssel I VO i.V.m. § 32 ZPO, führt nicht weiter, da der Erfolgsort des schädigenden Ereignisses im Gaststaat liegt.

Dieses Fehlen der Zuständigkeit der Gerichte der Heimatstaaten für transnationale Tochterunternehmen und Zulieferbetriebe stellt ein erstes, wesentliches Defizit transnationaler Rechtsstreitigkeiten dar. Dies führt dazu, dass eine Klage allein gegen das Mutterunternehmen bzw. andere nicht-konzernierte Unternehmen erfolgen muss, während – wie sich noch herausstellen wird – eine materiell-rechtliche Haftung der Mutterunternehmen bzw. anderer nicht-konzernierter Unternehmen nach dem gegenwärtigen Stand etwa des deutschen Deliktsrechts nicht begründet werden kann, gleichzeitig das deutsche Recht unmittelbar keine Anwendung auf transnationale Tochterunternehmen und Zulieferbetriebe findet, da es sich um einen Fall der extraterritorialen

27 Verordnung (EG) Nr. 44/2001 des Rates über die gerichtliche Zuständigkeit und die Anerkennung und Vollstreckung von Entscheidungen in Zivil- und Handelssachen vom 22. Dezember 2000, ABl. L 12 S. 1 ff.

28 Aus Artikel 2 Brüssel I VO ergibt sich die internationale Zuständigkeit der Gerichte der Mitgliedstaaten der Europäischen Union im Hinblick auf Personen, die ihren Wohnsitz im Hoheitsgebiet eines Mitgliedstaats haben. Nach Artikel 60 Brüssel I VO haben Gesellschaften und juristische Personen für die Anwendung der Brüssel I VO ihren Wohnsitz an dem Ort, an dem sich ihr satzungsmäßiger Sitz, ihre Hauptverwaltung oder ihre Hauptniederlassung befindet.

Jurisdiktion ohne – personalen oder territorialen – Anknüpfungspunkt handeln würde. Eine solche ist nach dem gegenwärtigen Stand des Völkerrechts unzulässig.[29]

### bb) Das anwendbare Recht bei transnationalen Rechtsstreitigkeiten

Transnationalen Rechtsstreitigkeiten gegen Mutterunternehmen und nicht-konzernierte Unternehmen liegt im Kontext der Europäischen Union dementsprechend weniger das Problem der Zuständigkeit als die Frage nach dem Vorliegen eines Anspruchs zugrunde. Die Frage nach möglichen Sanktionsnormen zur Geltendmachung der Verletzung etwa der Kernarbeitsnormen geht einher mit der Frage nach dem anwendbaren Recht. Letztere richtet sich in Fällen mit Auslandsbezügen nach dem internationalen Privatrecht (IPR). Handelt es sich um deliktische Anspruchsgrundlagen, finden sich innerhalb der Europäischen Union Regelungen zum IPR in der Verordnung (EG) Nr. 864/2007[30] (Rom II VO).

Nach Artikel 4 Absatz 1 Rom II VO ist bei einer unerlaubten Handlung das Recht des Staates anzuwenden, in dem der Schaden eintritt. Es erfolgt somit eine Anknüpfung an den Erfolgsort. Da es der Gaststaat ist, in dem der Schaden eintritt, wird es somit in der Vielzahl der Fälle zu einer Anwendung des Rechts des Gaststaates kommen und nicht etwa zu einer Anwendung des Rechts der Heimatstaaten, etwa des deutschen Deliktsrechts.

Zwar kann die Anknüpfung an den Erfolgsort als Interessenausgleich zugunsten der Verletzten gesehen werden.[31] Indes stellt die Anwendung des Rechts des Gaststaates ein weiteres grundlegendes Problem transnationaler Rechtsstreitigkeiten dar. Die Anknüpfung an den Erfolgsort und die Anwendung des Rechts der Gaststaaten kann insbesondere dann von Vorteil sein, wenn es sich um einen Rechtsstreit vor den Gerichten der Gaststaaten handelt, so dass die KlägerInnen in diesem Fall nicht darauf verwiesen wären, sich etwa mit der fremden Rechtsordnung des Heimatstaates des Mutterunternehmens auseinanderzusetzen, sondern auf die ihnen vertraute Rechtsordnung zurückgreifen könnten.[32] Dies ist hier aber gerade nicht der Fall. In der vorliegenden Konstellation wäre vor den Gerichten der Heimatstaaten die Begründung einer Haftung transnationaler Mutterunternehmen über das Deliktsrecht der Gaststaaten erforderlich, beispielsweise durch den deutschen Richter.

29 *Dahm/Delbrück/Wolfrum*, Völkerrecht (1989), S. 316 ff.; *Stein/Buttlar*, Völkerrecht (2009), Rn. 601 ff.; *Zerk*, Multinationals and corporate social responsibility (2006), S. 86.

30 Verordnung (EG) Nr. 864/2007 des europäischen Parlaments und des Rates über das auf außervertragliche Schuldverhältnisse anzuwendende Recht vom 11. Juli 2007, Abl. L 199 S. 40 ff.

31 In diesem Sinne etwa Erwägungsgrund (16) der Rom II VO; vgl. auch *Mankowski*, Interessenpolitik und europäisches Kollisionsrecht. Rechtspolitische Überlegungen zur Rom I- und zur Rom II-Verordnung (2011), S. 66 ff.; *Rauscher*, Internationales Privatrecht: Mit internationalem und europäischem Verfahrensrecht, S. 289 f.

32 Vgl. *Mankowski* (Fn. 31), S. 19 f., 69.

Bei der Anwendung ausländischen Rechts hat sich der deutsche Richter nach § 293 ZPO in die Rolle eines Richters der Gaststaaten zu versetzen. Entscheidend ist, dass nicht allein Rechtsquellen heranzuziehen sind. Vielmehr ist die konkrete Ausgestaltung des ausländischen Rechts in der Rechtspraxis zugrundezulegen. Dies umfasst insbesondere die ausländische Rechtsprechung sowie die ausländische Rechtslehre. Zwar kann grundsätzlich von der Annahme deliktischer Haftungsnormen in ausländischen Rechtsordnungen ausgegangen werden.[33] Eine Analyse der einzelnen Rechtsordnungen der Gaststaaten im Hinblick auf mögliche, etwa deliktische, Sanktionsnormen bedürfte indes vertiefter Auseinandersetzung des Richters mit einer Vielzahl von Einzelfragen, wie Fragen der Zurechnung und eines Haftungsdurchgriffs, die ohnehin komplex und umstritten sind. Schwierig gestaltet sich dies für den Richter – ebenso wie für andere am Rechtstreit beteiligte Akteure wie beispielsweise Nichtregierungsorganisationen im Heimatstaat als VertreterInnen der Verletzten – insofern, als dass es offensichtlich an einer effektiven Rechtspraxis hinsichtlich transnationaler Rechtstreitigkeiten, insbesondere gegenüber transnationalen Mutterunternehmen, in den Gaststaaten fehlt.

Die Rom II VO zwingt somit zu einer Anwendung des Rechts der Gaststaaten, über deren Inhalt im Voraus nur unzureichend Auskunft gegeben werden kann und erweist sich vor diesem Hintergrund als äußert problematisch.

### cc) Der Schein des Alien Tort Claims Acts

Vor dem Hintergrund dieser, innerhalb der Europäischen Union bestehenden, Defizite in der Begründung der Zuständigkeit sowie in der Unsicherheit im materiellen Recht könnte sich ein Blick zum Prototypen transnationaler Rechtsstreitigkeiten vor den Gerichten der Heimatstaaten lohnen, dem US-amerikanischen Alien Tort Claims Act (ATCA).

1980 fand der ATCA das erste Mal als zivilrechtliche Haftungsnorm für Verletzungen von Völkerrecht Anwendung. In *Filártiga v. Peña-Irala* entschied der *US Court of Appeals (2nd Circuit)*, dass der ATCA als zivilrechtliche Haftungsnorm für Verletzungen von Völkerrecht Anwendung findet.[34] Erweitert wurde diese Rechtsprechung 1995 in der Sache *Kadić v. Karadžić* durch die Anwendung des ATCA auf Privatpersonen.[35] Im Rechtsstreit *Doe v. Unocal (Doe I)*[36] kam es schließlich 1997 vor

33 Vgl. *International Commission of Jurists*, Corporate Complicity & Legal Accountability. Civil Remedies. Accountability Report of the International Commission of Jurists Expert Legal Panel on Corporate Complicity in International Crimes (2008), S. 10 ff.

34 *Filártiga v. Peña-Irala,* 630 F.2d 876 (2nd Cir. 1980), S. 878.

35 *Kadić v. Karadžić,* 70 F.3d 232, (2nd Cir. 1995), S. 239 f.

36 *Doe I v. Unocal Corp.*, 963 F. Supp. 880 (C.D. Cal. 1997).

dem *US District Court for the Central District of California* zu einer ersten Klage gegen Unternehmen.

Ein erster Unterschied des ATCA gegenüber der gegenwärtigen Rechtslage innerhalb der Europäischen Union ist die Regelung des anwendbaren Rechts. Anders als die Rom II VO führt der ATCA nicht zu einer Anwendung des nationalen Rechts, weder der Gaststaaten, noch der Heimatstaaten, sondern der *law of nations*. Unter *law of nations* im Sinne des ATCA sind Normen des Völkergewohnheitsrechts zu verstehen.[37] Fester Bestandteil des Völkergewohnheitsrechts im Sinne des ATCA sind zunächst die Normen des zwingenden Völkerrechts.[38] Anerkannt ist, dass dies die Achtung der elementaren Menschenrechte und damit auch das Verbot der Sklaverei einschließt, so dass das Verbot der Zwangsarbeit als zwingendes Völkerrecht in den Anwendungsbereich des ATCA fallen kann.[39] Im Hinblick auf die Durchsetzung der Kernarbeitsnormen bedeutet dies, dass zwingendes Völkerrecht im Sinne der Rechtsprechung zum ATCA zwar das Verbot der Zwangsarbeit umfassen kann. Im Hinblick auf das Verbot der Kinderarbeit ist allerdings bereits umstritten, ob dieses Teil des (allgemeinen) Völkergewohnheitsrechts ist.[40] Darüber hinaus stellen die Kernarbeitsnormen jedenfalls kein zwingendes Völkerrecht dar.[41]

Handelt es sich bei den Kernarbeitsnormen jedenfalls um (sonstiges) Völkergewohnheitsrecht, so stellt sich folgendes Problem: Es stellt sich dann die Frage, in welchem Umfang Völkergewohnheitsrecht, das nicht als zwingendes Völkerrecht anerkannt ist, vom Anwendungsbereich des ATCA erfasst ist. Fehlt es an einer Verletzung von Normen des zwingenden Völkerrechts, bedarf die Haftung von Privaten nach dem ATCA einer Beteiligung des Staates (*state action*), in dem die Verletzung stattfand.[42] Nach dem ATCA ist dann erforderlich, dass Private mit staatlichen Behörden zusammenarbeiten oder erhebliche staatliche Hilfe erhalten.[43] Nur selten ist dies aber im Bereich der Kernarbeitsnormen der Fall, wenn es sich nicht um Fälle der Zwangsarbeit handelt. Im Bereich der Textil-, Tabak- oder Teeindustrie etwa finden die Rechtsverletzungen in der Regel nicht unter staatlicher Beteiligung statt, so dass diese Rechtsverletzungen nicht vom Anwendungsbereich des ATCA erfasst wären.

37 *Kiobel v. Royal Dutch Petroleum*, 621 F.3d 111 (2nd Cir. 2010), S. 116, Fn. 3; *Joseph* (Fn. 24), S. 22 f.

38 *Doe I v. Unocal Corp.*, 395 F.3d 932, (9th Cir. 2002), S. 945; *Joseph* (Fn. 24), S. 23.

39 Für die Anwendung des ATCA auf Fälle der Zwangsarbeit und Annahme als *ius cogens*, *Doe I v. Unocal Corp.*, 395 F.3d 932, (9th Cir. 2002), S. 946; *Stephens* (Fn. 24), S. 171 ff.

40 Vgl. etwa *Hepple*, Labour laws and global trade (2005), S. 60, demzufolge streitig ist, ob Kinderarbeit überhaupt als Völkergewohnheitsrecht anzusehen ist; vgl. auch *Zimmer*, Soziale Mindeststandards und ihre Durchsetzungsmechanismen (2008), S. 73; *Stephens* (Fn. 24), S. 173 f., dazu, dass jedenfalls die schlimmsten Formen der Kinderarbeit als Völkergewohnheitsrecht im Sinne der Rechtsprechung zum ATCA angesehen werden können.

41 So auch hinsichtlich der aus den Übereinkommen folgenden Prinzipien *Zimmer* (Fn. 40), S. 72 ff.; *Stein/Buttlar* (Fn. 29), Rn. 150, 1000; kritisch *Hepple*, (Fn. 40), S. 60.

42 *Stephens* (Fn. 24), S. 251 ff.; *Joseph* (Fn. 24), S. 33 f.

43 *Stephens* (Fn. 24), S. 251 ff.

Zusätzlich zur Hürde der Verletzung der *law of nations* und dem Erfordernis einer *state action* stellt sich noch ein weiteres Problem: Während eine gefestigte Rechtsprechung dazu besteht, dass der ATCA – jedenfalls bei Verletzungen zwingenden Völkerrechts – auf private natürliche Personen anwendbar ist, ist bisher nicht abschließend geklärt, ob der ATCA tatsächlich, also mit Erfolg,[44] auch auf Unternehmen als private juristische Personen Anwendung findet. Im September 2010 ging der *US Court of Appeals (2nd Circuit)* der Frage nach, ob Rechtsverletzungen durch Unternehmen vom Anwendungsbereich des ATCA erfasst sein können.[45] Unter Berufung auf das gegenwärtige Völkerrecht ging das Gericht davon aus, dass es mangels völkerrechtlicher Pflichten von Unternehmen – anders als bei natürlichen Personen – nicht zu einer Verletzung von Völkerrecht durch Unternehmen kommen kann und stellte daher fest, dass Unternehmen vom Anwendungsbereich des ATCA nicht erfasst seien: »*In short, because customary international law imposes individual liability for a limited number of international crimes [...] we have held that the ATS provides jurisdiction over claims in tort against individuals [...] however, customary international law has steadfastly rejected the notion of corporate liability for international crimes, and no international tribunal has ever held a corporation liable for a violation of the law of nations. [...] We must conclude, therefore, that insofar as plaintiffs bring claims under the ATS against corporations [... these] claims fall outside the limited jurisdiction provided by the ATS.*«[46]

b) Steuerung durch transnationale Rechtsstreitigkeiten de lege ferenda

Stellt sich die bestehende Rechtslage in Bezug auf transnationale Rechtsstreitigkeiten vor diesem Hintergrund als unzureichend dar, ist es eine Überlegung wert, bestehende Defizite in der internationalen Zuständigkeit, der Frage nach dem anwendbaren Recht und dem materiellen Recht der Heimatsstaaten aus der Perspektive möglichen, zukünftigen Rechts anzugehen, um den Ansatz transnationaler Rechtsstreitigkeiten dennoch weiterzudenken.

44 Eine streitentscheidende Entscheidung auf Grundlage des ATCA zu Lasten eines Unternehmens ist bisher nicht ergangen; allenfalls erfolgte eine »positive« Beendigung des Rechtsstreits durch Vergleich. Vgl. hierzu *Joseph* (Fn. 24), S. 153.

45 *Kiobel v. Royal Dutch Petroleum,* 621 F.3d 111 (2nd Cir. 2010), S. 117: »Does the jurisdiction granted by the ATS extend to civil actions brought against corporations under the law of nations?«.

46 *Kiobel v. Royal Dutch Petroleum,* 621 F.3d 111 (2nd Cir. 2010), S. 120.

aa) Internationale Zuständigkeit für transnationale Tochterunternehmen

Geht es darum, gegen transnationale Tochterunternehmen und die Zulieferbetriebe vorzugehen, um Klagen gegenüber jenen geltend zu machen, deren unmittelbares Verhalten zur Verletzung etwa der Kernarbeitsnormen führt, wäre es im Hinblick auf die internationale Zuständigkeit erforderlich, die Zuständigkeit der Gerichte der Heimatstaaten für transnationale Tochterunternehmen und Zulieferbetriebe zu begründen. Eine entsprechende Reform der Brüssel I VO könnte sich beispielsweise an der Rechtslage in den Niederlanden orientieren.[47] Nach niederländischem Zivilprozessrecht besteht ein allgemeiner Gerichtsstand für Streitgenossen.[48] Eine Klage gegen das Mutterunternehmen ließe sich dann zuständigkeitsbegründend mit einer Klage gegen Tochterunternehmen oder Zulieferer verbinden.[49] Möglich wäre eine solche nationale Regelung nach dem geltenden Artikel 4 Absatz 1 Brüssel I VO.

Allerdings verläuft die gegenwärtige Reformentwicklung der Brüssel I VO gerade in die entgegengesetzte Richtung. Der aktuelle Reformvorschlag[50] zur Änderung der Brüssel I VO sieht vor, dass Artikel 4 Absatz 1 Brüssel I VO, der den Weg zur Anwendung der nationalen Zivilprozessordnungen eröffnet, gestrichen wird. Eine ergänzende andere Lösung etwa entsprechend dem niederländischen Zivilprozessrecht enthält der Vorschlag nicht. Der vorgeschlagene Artikel 4 Nummer 2 lässt einen Rückgriff auf nationale Zivilprozessordnungen nicht zu.

bb) Anwendung des Rechts des Forums oder Handlungsortanknüpfung

Vor dem Hintergrund der gegenwärtigen Reformentwicklung der Brüssel I VO und der damit einhergehenden schwindenden Aussichten der Zuständigkeitsbegründung

47 Inhaltlich ähnlich auch der Vorschlag der *European Coalition for Corporate Justice* (Fn. 24), S. 15.

48 § 7 der niderländischen Zivilprozessordnung, zitiert nach Court of the Hague, Civil law section, Case number/docket number: 330891/HA ZA 09-579 Judgment in motion contesting jurisdiction of 30 December 2009, http://milieudefensie.nl/publicaties/bezwaren-uitspraken/judgment-courtcase-shell-in-jurisdiction-motion-oruma, S. 4: »Section 7(1) DCCP [Dutch Code of Civil Procedure] [...] reads as follows: "In the event that the Dutch court has jurisdiction over one of the defendants in matters that must be initiated by a writ of summons, the Dutch court also has jurisdiction over other defendants involved in the same proceedings, provided the claims against the various defendants are connected to such an extent that reasons of efficiency justify a joint hearing."«.

49 In diesem Sinne Court of the Hague, Civil law section, Case number/docket number: 330891/HA ZA 09-579 Judgment in motion contesting jurisdiction of 30 December 2009, http://milieudefensie.nl/publicaties/bezwaren-uitspraken/judgment-courtcase-shell-in-jurisdiction-motion-oruma, S. 4 f.

50 Europäische Kommission, Vorschlag für eine Verordnung des Europäischen Parlaments und des Rates über die gerichtliche Zuständigkeit und die Anerkennung und Vollstreckung von Entscheidungen in Zivil- und Handelssachen, 14.12.2010, KOM(2010) 748 endgültig.

für transnationale Tochterunternehmen oder Zulieferer, stellt sich die Frage, wie transnationale Rechtsstreitigkeiten durch Klagen gegen Mutterunternehmen oder andere nicht-konzernierte Unternehmen gestaltet werden können.

Da nur selten transnationale Mutterunternehmen und andere nicht-konzernierte Abnehmer selbst unmittelbar im Gaststaat tätig sind, ist die entscheidende Konstellation jene, in denen es um Klagen gegen transnationale Mutterunternehmen und andere nicht-konzernierte Abnehmer wegen dem Verhalten ihrer Tochterunternehmen bzw. Zulieferbetriebe geht.

Eine Reform der Rom II VO käme dann in zwei Spielarten in Betracht. Zum eine wäre eine allgemeine Anwendung des Rechts des Forums denkbar. Möglich wäre zum anderen aber auch eine Reform der Rom II VO in Form des vor dem Inkrafttreten der Rom II VO nach deutschem IPR geltenden Ubiquitätsprinzips. Gemäß Artikel 40 Absatz 1 EGBGB konnte im Fall einer unerlaubten Handlung sowohl an den Erfolgsort als auch an den Ort der ursächlichen Handlung angeknüpft werden. Letzteres hätte hier zur Folge, dass im Fall der Rechtsverletzung durch transnationale Tochterunternehmen bzw. Zulieferbetriebe auf das Verhalten der Mutterunternehmen verwiesen, an eine ursächliche Handlung im Heimatstaat angeknüpft und damit eine Anwendung des Rechts der Heimatstaaten ermöglicht werden könnte.

Möglich ist eine solche Regelung wie sich mit Blick auf Artikel 7 der Rom II VO im Bereich der Umweltschädigung sehen lässt, der entsprechend dem Ubiquitätsprinzips zusätzlich zu Artikel 4 Rom II VO eine Anwendung des Rechts des Staates zulässt, in dem das schadensbegründende Ereignis eingetreten ist, wenn der Geschädigte sich dazu entscheidet.

#### cc) Haftung für transnationale Tochterunternehmen und Zulieferbetriebe

Wird im Fall der Rechtsverletzung durch transnationale Tochterunternehmen bzw. Zulieferbetriebe auf das Verhalten der Mutterunternehmen oder anderer nicht-konzernierter Unternehmen verwiesen und an eine ursächliche Handlung im Heimatstaat angeknüpft, dann bedarf es schließlich der materiell-rechtlichen Haftung jener Unternehmenseinheiten. Dies setzt eine ursächliche, deliktische Handlung der Mutterunternehmen oder anderer nicht-konzernierter Unternehmen im Heimatstaat voraus.

*De lege lata* bestehen keine Normen, die eine deliktische Haftung von Mutterunternehmen oder anderer nicht-konzernierter Unternehmen für das Verhalten von transnationalen Tochterunternehmen bzw. Zulieferbetrieben im Ausland begründen. Das deutsche Deliktsrecht lässt aufgrund des gesellschaftsrechtlichen Prinzips der getrennten Rechtspersönlichkeiten in Verbindung mit dem Trennungsprinzip und dem Prinzip der begrenzten gesellschaftsrechtlichen Haftung grundsätzlich keinen Haftungsdurchgriff zu.[51] Dies führt zu dem Dilemma, dass die Zuständigkeit zwar für transnationale Mutterunternehmen begründet wird; die deliktischen Haftungsvoraussetzungen werden indes regelmäßig nur von den transnationalen Tochterunternehmen und Zulieferbetrieben erfüllt, für die jedoch keine Zuständigkeit besteht. Allein eine Änderung des Kollisionsrechts wäre somit nicht ausreichend, um vor deutschen Gerichten eine deliktische Haftung transnationaler Mutterunternehmen oder anderer nicht-konzernierter Unternehmen wegen der Verletzung internationaler arbeitsrechtlicher Normen durch transnationale Tochterunternehmen oder Zulieferbetriebe zu begründen.

Um den Problemen, die mit der getrennten Rechtspersönlichkeit, dem Trennungsprinzip und dem Prinzip der begrenzten gesellschaftsrechtlichen Haftung einhergehen, gerecht zu werden und die Haftungslücke in Bezug auf transnationale Rechtsverletzungen durch Unternehmen zu schließen, bestehen verschiedene Überlegungen.[52]

In Betracht kommt eine Durchbrechung gesellschaftsrechtlicher Prinzipien durch eine Aufhebung der rechtlichen Trennung von Mutter- und Tochterunternehmen (*piercing the corporate veil*).[53] Aus gesellschaftsrechtlicher Perspektive stellt ein solcher Ansatz die rechtliche Selbständigkeit von Mutter- und Tochterunternehmen für den Fall von Menschenrechtsverletzungen durch transnationale Tochterunternehmen massiv in Frage und grundlegende Prinzipien des Gesellschaftsrechts auf den Kopf.[54] Zwar ist ein solcher Ansatz durchaus einer Auseinandersetzung wert. Im Hinblick auf Möglichkeiten, transnationale Rechtsverletzungen durch Unternehmen realisierbar durchsetzen, soll hier indes zunächst Raum für einen weniger einschneidenden Weg gegeben werden. Je eher ohne Durchbrechung gesellschaftsrechtlicher Prinzipien eine Haftung denkbar und geeignet ist, die beschriebene Haftungslücke zu schließen, umso weniger wird es erforderlich und notwendig sein, die Durchbrechung gesellschaftsrechtlicher Prinzipien durch eine Aufhebung der rechtlichen Trennung in Betracht zu ziehen.

Ohne Durchbrechung der rechtlichen Trennung von Mutterunternehmen und Tochterunternehmen ist eine direkte Haftung der Mutterunternehmen für Verletzungen durch Tochterunternehmen dann möglich, wenn sich Verletzungen eigener, dem Mutterunternehmen obliegender, Sorgfaltspflichten begründen lassen (sog. *direct liabili-*

51 *Windbichler,* Gesellschaftsrecht (2009), S. 276 ff.; zur Problematik des Durchgriffs auf das Mutterunternehmen siehe auch *de Schutter* (Fn. 24), S. 35 f.

52 Überblick bei *de Schutter* (Fn. 24), S. 36 ff.; *Joseph* (Fn. 24), S. 129 ff.; *Zerk,* (Fn. 29), S. 216 ff.; *Human Rights Council,* Corporate responsibility under international law and issues in extraterritorial regulation: summary of legal workshops, A/HRC/4/35/Add.2, Rn. 55 ff.

53 So etwa *German Watch/ European Coalition for Corporate Justice*, Unternehmensverantwortung. Vorschläge für EU-Reformen. Eine juristische Analyse der Auslandstätigkeit zweier deutscher Unternehmen (2010) http://www.germanwatch.org/corp/euref.pdf (31.01.2012); *Saage-Maaß* (Fn. 24), S. 11 ff.

54 Dazu *de Schutter* (Fn. 24), S. 37.

*ty)*.[55] Solche Sorgfaltspflichten könnten auch auf das allein vertragliche Verhältnis in der Lieferkette Anwendung finden.[56]

Um eine Haftung transnationaler Mutterunternehmen oder anderer nicht-konzernierter Unternehmen mit Sitz in Deutschland zu begründen, wären demnach Sorgfaltspflichten erforderlich, die eine Haftung transnationaler Mutterunternehmen für Verletzungen transnationaler Tochterunternehmen bzw. Zulieferbetriebe im Gaststaat begründen.[57]

Da es dem deutschen Recht bisher an entsprechenden Sorgfalts- und Kontrollpflichten fehlt, stellt sich die Frage, ob der Begründung solcher Sorgfalts- und Kontrollpflichten *de iure* wesentliche Bedenken entgegenstehen.

In Bezug auf Unternehmenseinheiten mit Sitz oder Gründung im Heimatstaat wäre eine solche Normierung von Sorgfaltspflichten durch den Heimatstaat völkerrechtlich zulässig. Derartige Sorgfaltspflichten, die Verhaltenspflichten transnationaler Mutterunternehmen und anderer nicht-konzernierter Unternehmen für Verletzungen transnationaler Tochterunternehmen bzw. Zulieferbetriebe im Gaststaat begründen würden, stellen territoriale Rechtssetzung[58] mit *extraterritorialer Wirkung*[59] dar, denn es handelt sich um die Rechtsetzung eines Heimatstaates, die das Verhalten jener Unternehmenseinheiten regelt, die im Heimatstaat ihren Sitz oder Gründungsort haben, wobei sich die Regulierung nur mittelbar auf Sachverhalte im Ausland bezieht und auswirkt. Einer solchen territorialen Rechtssetzung mit extraterritorialer Wirkung stehen grundsätzlich keine völkerrechtlichen Bedenken entgegen.[60] Aus dem Grundsatz der territorialen Souveränität (Artikel 2 Absatz 4 VN-Charta) und der Gleichheit der Staaten (Artikel 2 Absatz 7 VN-Charta) ergibt sich die primäre Zuständigkeit eines Staates für die Rechtssetzung und Rechtsanwendung auf dem eigenen Territorium. Richten sich die Rechtsnormen somit an »eigene« Unternehmen und adressieren diese ein Verhalten im Inland, so stellt sich aus völkerrechtlicher Sicht kein Problem dar, da Heimatstaaten durchaus berechtigt sind, zum Schutz vor Verletzungen im Gaststaat auf dem eigenen Territorium Recht zu setzen.

Aus gesellschaftsrechtlicher Perspektive stellt diese Art der Normierung von Sorgfaltspflichten, die Verhaltenspflichten transnationaler Mutterunternehmen begründen würde, wegen der Einhaltung der grundsätzlichen Trennung der verschiedenen Unternehmenseinheiten ebenfalls einen gangbaren Weg dar, da die Haftung unmittelbar

55 So etwa *Zerk* (Fn. 24), S. 166 ff.
56 Vgl. *de Schutter* (Fn. 24), S. 44.
57 *de Schutter* (Fn. 24), S. 41.
58 Auch *parent based extraterritorial regulation*, vgl. *Zerk* (Fn. 29), S. 108.
59 Zur Abgrenzung zwischen extraterritorialer Rechtssetzung und territorialer Rechtssetzung allein mit extraterritorialer Wirkung siehe *Meng,* Extraterritoriale Jurisdiktion im öffentlichen Wirtschaftsrecht (1994), S. 73 ff.; *Zerk* (Fn. 24), S. 14 ff., 144 ff.
60 *Meng* (Fn. 59), S. 73 ff.; *Schmalenbach,* Multinationale Unternehmen und Menschenrechte, in: Archiv des Völkerrechts 2001, S. 57ff., 75; *Zerk* (Fn. 24), S. 14 ff., 144 ff.

durch eigenes Verhalten bzw. Unterlassen begründet werden würde und es nicht zu einem Haftungsdurchgriff käme.

Problematisch bleibt bei diesem Ansatz indes der Nachweis der Verletzung der Sorgfalt bzw. der Kontrolle der Mutterunternehmen oder anderer nicht-konzernierter Unternehmen.[61] Dies geht einher mit Problemen der Beweislast, da etwa betroffenen ArbeitsnehmerInnen die Beweislast obliegen würde, einen kausalen Zusammenhang zwischen dem Handeln oder Unterlassen und dem Schaden sowie eine vorsätzliche oder fahrlässige Rechtsverletzung nachzuweisen.[62]

## 2. Steuerung durch extraterritoriale Schutzpflichten

Der zweite zentrale hier zu diskutierende Ansatz hat extraterritoriale Schutzpflichten zum Gegenstand.[63] Es handelt sich dabei um einen Ansatz indirekter[64] Regulierung transnationaler Rechtsverletzungen durch Unternehmen insoweit als mittels *Staaten*pflichten eine Steuerung von Unternehmen verfolgt wird. VertreterInnen extraterritorialer Schutzpflichten versprechen sich aus der Annahme einer extraterritorial wirkenden Schutzpflicht die Begründung einer Pflicht der Heimatstaaten, auch Dritte – im Gaststaat – vor Verletzungen durch Unternehmen, die dem Heimatsstaat zuzuordnen sind, zu schützen.[65] Extraterritoriale Schutzpflichten sollen die Regulierung durch den Heimatstaat vorantreiben und ein Unterlassen solcher Regulierung gleichzeitig – unter Annahme extraterritorialer Schutzpflichten – eine völkerrechtliche Staatenverantwortlichkeit begründen.

Extraterritoriale Schutzpflichten stehen damit in einem engen Zusammenhang mit dem eben diskutierten Ansatz, insbesondere im Hinblick auf Fragen territorialer Rechtsetzung. So könnte die Annahme einer extraterritorialen Schutzpflicht gegenüber der Bevölkerung im Gaststaat beispielsweise Handlungspflichten der Legislative der Hei-

61 *de Schutter* (Fn. 24), S. 37.

62 Kritisch auch *Zerk* (Fn. 29), S. 198 ff., 240.

63 Zu diesem Ansatz *de Schutter* (Fn. 24); *von Bernstorff* (Fn. 7); *Deva* (Fn. 16), S. 37 ff.; mit weiteren Nachweisen auch *McCorquodale/Simons,* Responsibility Beyond Borders: State Responsibility for Extraterritorial Violations by Corporations of International Human Rights Law, in: Modern Law Review 2007, S. 598 ff., 600, Fn. 12.

64 *Zerk* (Fn. 29), S. 83 ff.; *von Bernstorff,* Business and human rights: on the expansion of international human rights obligations to abusive corporate practices, in: Binder/Eberhard/Lachmayer (Hrsg.), Corporate social responsibility and social rights (2010), S. 35 ff., 40 ff.

65 *McCorquodale/Simons* (Fn. 63), S. 598 ff.; *Sornarajah,* The international law on foreign investment (2010), S. 157 ff.; *Hamm,* Anhörung des Ausschusses für Menschenrechte und Humanitäre Hilfe des Deutschen Bundestages, Thema: »Extraterritoriale Staatenpflichten«, Beantwortung der Fragen zum Komplex 3: Extraterritoriale Staatenpflichten und wirtschaftliches Handeln, 17. Dezember 2008, http://webarchiv.bundestag.de/cgi/show.php?fileToLoad=1568&id=1136 (31.01.2012); *Deva* (Fn. 16), S. 37 ff.; siehe auch *Maastricht Centre for Human Rights of Maastricht University/International Commission of Jurists,* Maastricht Principles on Extraterritorial Obligations of States in the area of Economic, Social and Cultural Rights (2011).

matstaaten in Form der zuletzt diskutierten Sorgfaltspflichten für Unternehmen begründen.

### a) Bestehende Grenzen der Steuerung durch extraterritoriale Schutzpflichten

Staaten unterliegen im Hinblick auf das sie bindende Völkerrecht einer Pflichtentrias, den Respektierungs-, Schutz- und Gewährleistungspflichten.[66] Diese begründen Handlungspflichten der Legislative, Exekutive und Judikative.[67] Die Verletzung der Handlungspflichten kann eine Haftung nach dem Völkerrecht begründen.[68]

Relevant ist im Hinblick auf transnationale Rechtsverletzungen durch Unternehmen insbesondere die staatliche Schutzpflicht. Aus der Schutzpflicht ergibt sich, dass Staaten verpflichtet sind, vor Verletzungen sie bindender internationaler Normen auch durch private Dritte, also etwa durch Unternehmen, zu schützen.[69] Traditionell begründet die Pflichtentrias, und damit auch die Schutzpflicht, Staatenpflichten allerdings allein auf dem eigenen Territorium.[70] Im Gegensatz zu dieser territorialen Schutzpflicht bezeichnet nun die extraterritoriale Schutzpflicht die Pflicht, Dritte *außerhalb* des eigenen Territoriums – also im Gaststaat – vor Verletzungen etwa durch »eigene« Unternehmen zu schützen.

Ebenso wie der Steuerung durch transnationale Rechtsstreitigkeiten steht dem Ansatz extraterritorialer Schutzpflichten zunächst der rechtliche Status quo entgegen. Da sich nach dem gegenwärtigen Stand des Völkerrechts Schutzpflichten zunächst nur auf das eigene Territorium beziehen, ist es primär Aufgabe des Gaststaates, und nicht des Heimatstaates, transnationale Rechtsverletzungen durch Unternehmen auf dem eigenen Territorium zu begegnen. Die Ausweitung staatlicher Schutzpflichten auf das Territorium des Gaststaates in Form extraterritorialer Schutzpflichten der Heimatstaa-

66 Zur Pflichtentrias bereits 1980 *Shue,* Basic rights (1980), S. 52 f., mit der Aufteilung in *duty to avoid, duty to protect* und *duty to aid*; *Eide*, Realization of Social and Economic Rights and the Minimum Threshold Approach, in: Human Rights Law Journal 1989, S. 35 ff., 37, mit der Einteilung in *obligation to respect, protect* und *fulfill human rights*; *de Schutter*, International Human Rights Law: Cases, Materials, Commentary (2010), S. 242 ff.

67 Vgl. etwa Artikel 4 des Entwurfs für die »Verantwortlichkeit von Staaten für völkerrechtswidriges Handeln« (2001) der Völkerrechtskommission, http://untreaty.un.org/ilc/texts/instruments/english/commentaries/9_6_2001.pdf (31.01.2012); siehe auch *Maastricht Centre for Human Rights of Maastricht University/International Commission of Jurists*, Maastricht Principles on Extraterritorial Obligations of States in the area of Economic, Social and Cultural Rights (2011).

68 Vgl. *Human Rights Council,* State Responsibilities to Regulate and Adjudicate Corporate Activities under the United Nations' core Human Rights Treaties, A/HRC/4/35/Add.1, 13.02. 2007, Rn. 7; *von Bernstorff* (Fn. 64), S. 43.

69 *Human Rights Council* (Fn. 68), Rn. 7; *Eide* (Fn. 66), S. 7; *von Bernstorff* (Fn. 64), S. 40.

70 *Human Rights Council* (Fn. 68), Rn. 7 ff.; *Human Rights Council* (Fn. 52), Rn. 26 ff.; *von Bernstorff* (Fn. 7), S. 16.

ten wird nach dem gegenwärtigen Stand des Völkerrechts bisher weitgehend abgelehnt.[71]

Diese Ablehnung wird indes zunehmend in Frage gestellt.[72] Die VN-Vertragsorgane geben zwar keine einheitliche Auskunft über das Bestehen extraterritorialer Schutzpflichten.[73] Es lässt sich indes einigen Kommentaren der VN-Vertragsorgane sowie einem waschsenden Schrifttum eine Tendenz zur Annahme extraterritorialer Schutzpflichten zugunsten der Bevölkerung im Gaststaat entnehmen.[74] Für die Annahme extraterritorialer Schutzpflichten finden sich durchaus überzeugende Argumente. Nach Auffassung des VN-Menschenrechtsausschuss sind Staaten jedenfalls dazu *aufgefordert*, ihren Schutzpflichten auch außerhalb ihres Territoriums nachzugehen und auf private Dritte, die ihnen zuzuordnen sind, Einfluss zu nehmen.[75] Auch nach dem VN-Ausschuss über Wirtschaftliche, Soziale und Kulturelle Rechte *sollen* Staaten ihren Schutzpflichten ggf. auch extraterritorial nachkommen, soweit sie in der Lage sind, Private, von denen Rechtsverletzungen ausgehen, zu kontrollieren.[76]

Teils wird auf mögliche vertragsübergreifende extraterritoriale Schutzpflichten aufgrund der Kooperationspflicht nach der Charta der Vereinten Nationen verwiesen.[77] Zudem wird die Annahme extraterritorialer Schutzpflichten auch auf Artikel 55, 56 Charta der Vereinten Nationen gestützt und einen daraus resultierenden universellen Charakter staatlicher Schutzpflichten.[78] Schließlich wird unter Verweis auf Artikel 2 Absatz 1 des Internationalen Paktes über wirtschaftliche, soziale und kulturelle Rechte auf die fehlende territoriale Beschränkung staatlicher Schutzpflichten jedenfalls hinsichtlich sozialer und wirtschaftlicher Menschenrechte verwiesen.[79]

### b) Steuerung durch extraterritoriale Schutzpflichten de lege ferenda

71 *Human Rights Council* (Fn. 68), Summary und Rn. 81 ff.; *de Schutter* (Fn. 66), S. 162 f.

72 So auch *Human Rights Council* (Fn. 52), Rn. 46; vgl. auch *von Bernstorff* (Fn. 7), S. 16 ff.

73 Zusammenfassend *Human Rights Council* (Fn. 68), Rn. 84 ff.

74 Beobachtung einer solchen Tendenz etwa *de Schutter* (Fn. 24), S. 19 ff.; *Human Rights Council* (Fn. 52), Rn. 46. Für die Annahme extraterritorialer Schutzpflichten *McCorquodale/Simons* (Fn. 63), S. 598 ff.; *Hamm* (Fn. 65), S. 2; *Deva* (Fn. 16), S. 49; *Skogly/Gibney,* Transnational Human Rights Obligations, in: Human Rights Quarterly 2002, S. 781 ff.

75 *Human Rights Committee*, Nature of the General Legal Obligation Imposed on States Parties to the Covenant, General Comment 31, CCPR/C/21/Rev. 1/Add.13, 26.05.2004, Rn. 10.

76 Siehe beispielsweise *Committee on Economic, Social and Cultural Rights*, General Comment 19, The right to social security (Art. 9), E/C.12/GC/19 (2008), Rn. 54.

77 Zu möglichen Kooperationspflichten aus dem Völkerrecht auch *de Schutter* (Fn. 24), S. 19; *Hamm* (Fn. 65), S. 7; *von Bernstorff* (Fn. 7), S. 25 ff.

78 *Hamm* (Fn. 65), S. 2; vgl. auch *Skogly/Gibney* (Fn. 73), S. 786 ff.

79 *Hamm* (Fn. 65), S. 2, 4; *Skogly/Gibney* (Fn. 73), S. 790 f.; so auch *Maastricht Centre for Human Rights of Maastricht University/International Commission of Jurists*, Maastricht Principles on Extraterritorial Obligations of States in the area of Economic, Social and Cultural Rights (2011), Artikel 8 a).

Vor dem Hintergrund einer wachsenden Möglichkeit der Anerkennung extraterritorialer Schutzpflichten gilt es im Folgenden herauszustellen, dass die Annahme, extraterritoriale Schutzpflichten eigneten sich als effektives Steuerungsinstrument, Schutz und Durchsetzung internationaler arbeitsrechtlicher Normen bereitzustellen, *de iure* überzeugend ist.

#### aa) Möglichkeiten progressiver staatlicher Regulierung durch die Annahme extraterritorialer Schutzpflichten

Die Anerkennung extraterritorialer Schutzpflichten könnte Defiziten im nationalen Recht der Heimatstaaten durch die völkerrechtliche Verpflichtung der Heimatstaaten zu entsprechender nationaler Regulierung begegnen.[80] Beispielsweise könnte die Anerkennung einer extraterritorialen Schutzpflicht eine Pflicht der Heimatstaaten begründen, Verhaltensnormen etwa in Form von Berichtspflichten oder hinsichtlich Investitionsgarantien[81] einerseits sowie Sanktionsnormen in Form von deliktischen Haftungsnormen wie oben besprochen andererseits zu setzen.

Wie oben bereits dargestellt stehen der territorialen Rechtssetzung mit *extraterritorialer Wirkung* keine völkerrechtlichen Bedenken entgegen. Nationale Rechtssetzung der Heimatstaaten kann indes als territoriale Rechtssetzung (mit extraterritorialer *Wirkung*) einerseits oder als extraterritoriale Rechtsetzung anderseits erfolgen.[82] Bei *extra*territorialer Rechtsetzung ist völkerrechtliche Zulässigkeit differenziert zu beantworten. Extraterritoriale Rechtsetzung bezeichnet im Gegensatz zu territorialer Rechtssetzung zum einen die Rechtsetzung eines Heimatstaates, die das Verhalten von Unternehmenseinheiten regelt, die im Heimatstaat ihren Sitz oder Gründungsort haben, wobei sich die Regulierung *unmittelbar* auf Sachverhalte im Ausland bezieht, und zum anderen erfasst extraterritoriale Rechtsetzung auch eine solche Rechtsetzung, die etwa die Regulierung von Unternehmenseinheiten zum Gegenstand hätte, die dem Gaststaat zuzuordnen sind, beispielsweise die unmittelbare Regulierung des Verhaltens von transnationalen Tochterunternehmen und Zulieferbetrieben. Erfolgt die (echte) extraterritoriale Regulierung »eigener« Unternehmen liegt ein hinreichender Anknüpfungspunkt für eine solche Rechtsetzung vor.[83] Die extraterritoriale Regulierung »fremder«

80 Zum Wechselspiel extraterritorialer Schutzpflichten mit möglicher Gesetzgebung vgl. etwa *de Schutter* (Fn. 24), S. 21 ff.; *Deva* (Fn. 16), S. 37 ff.; *McCorquodale/Simons* (Fn. 63), S. 600f., 616f.; *Hamm* (Fn. 65), S. 4.

81 Zur Möglichkeit der Regulierung von Unternehmen durch Investitionsgarantien vgl. *Krajewski*, Investment Guarantees and International Obligations to Reduce Poverty: A Human Rights Perspective, 08.01.2012, S. 1 ff., http://dx.doi.org/10.2139/ssrn.1981747 (31.01.2012).

82 Zur Differenzierung *de Schutter* (Fn. 24), S. 8 ff.

83 *de Schutter* (Fn. 24), S. 35.

transnationaler Tochterunternehmen und Zulieferbetriebe ist nach dem gegenwärtigen Stand des Völkerrechts unzulässig.[84]

Für die Möglichkeiten progressiver staatlicher Regulierung durch die Annahme extraterritorialer Schutzpflichten bedeutet dies, dass die Anerkennung extraterritorialer Schutzpflichten jedenfalls Defiziten in der territorialen Rechtssetzung (mit extraterritorialer *Wirkung*) einerseits sowie in der extraterritorialen Rechtsetzung in Bezug auf »eigene« Unternehmen anderseits begegnen kann. Dies wäre durchaus ein wichtiger Schritt in Richtung Steuerung transnationaler Rechtsverletzungen durch Unternehmen.

So bemerkenswert die Anerkennung einer solchen Schutzpflicht und daraus resultierende Rechtsetzungspflichten der Heimatstaaten sind, so stellt sich dennoch ein wesentliches Problem. Dieses Problem bezieht sich auf die Frage, zu welchen konkreten Umsetzungsmaßnahmen eine solche Schutzpflicht verpflichten würde.[85] Die Umsetzung der völkerrechtlichen Schutzpflicht in Rechtsetzungspflichten der Heimatstaaten geht in der Regel einher mit einem grundlegenden Ermessensspielraum der Heimatstaaten.[86] Selten enthalten völkerrechtliche Pflichten nur *eine* konkrete Möglichkeit, Umsetzungspflichten gerecht zu werden.[87] Folge dieses Ermessens- und Umsetzungsspielraums ist es, dass die konkrete Ausgestaltung extraterritorialer Schutzpflichten offen bleibt.[88] Wird allein abstrakt eine extraterritoriale Schutzpflicht angenommen, so bleibt hinsichtlich des Potentials der Steuerung durch extraterritoriale Schutzpflichten die Frage unbeantwortet, inwieweit die Annahme extraterritorialer Schutzpflichten etwa in eine Pflicht umschlägt, oben diskutierte Sorgfaltspflichten national setzen zu müssen.

Um mittels Annahme extraterritorialer Schutzpflichten eine effektive und konkrete Pflicht zu nationaler Regulierung zu begründen, ist es daher erforderlich, den konkreten Inhalt extraterritorialer Schutzpflichten näher zu bestimmen. Es bedarf daher bei Annahme extraterritorialer Schutzpflichten auch der konkreten Ausgestaltung extraterritorialer Schutzpflichten, die ein Minimum an bestimmten Regulierungspflichten enthalten.[89]

84 *Dahm/Delbrück/Wolfrum* (Fn. 29), S. 316 ff.; *Stein/Buttlar* (Fn. 29), Rn. 601 ff.; *Zerk* (Fn. 29), S. 86; *de Schutter* (Fn. 24), S. 35, 43 f.
85 *von Bernstorff* (Fn. 7), S. 7.
86 So etwa *von Bernstorff* (Fn. 7), S. 8 ff.
87 *von Bernstorff* (Fn. 64), S. 43; *Human Rights Council* (Fn. 52), Rn. 49.
88 *von Bernstorff* (Fn. 64), S. 43.
89 Vgl. Vorschlag bei *de Schutter* (Fn. 24), S. 51, für »[...] a new international instrument, aimed at clarifying, and where necessary at extending, the obligations of States to protect human rights against any violations of these rights originating in the activities of transnational corporations.«; *von Bernstorff* (Fn. 7), S. 29.

### bb) Begründung völkerrechtlicher Staatenverantwortlichkeit der Heimatstaaten durch Annahme extraterritorialer Schutzpflichten

Ohne hier auf die Einzelheiten der völkerrechtlichen Staatenverantwortlichkeit von Heimatsstaaten für Rechtsverletzungen durch Unternehmen eingehen zu können, lässt sich feststellen, dass die Annahme einer extraterritorialen Schutzpflicht die Grundlage einer Inanspruchnahme der Heimatstaaten nach den Grundsätzen der völkerrechtlichen Staatenverantwortlichkeit bereitstellen kann.[90] Die völkerrechtliche Staatenverantwortlichkeit erfasst die völkerrechtliche Verantwortlichkeit von Staaten für ein völkerrechtswidriges Handeln oder Unterlassen. Die Grundsätze der Staatenverantwortlichkeit beinhalten Haftungsregelungen für den Fall, dass Staaten eigene Pflichten, sei es durch Handeln oder durch Unterlassen, verletzen oder dass einem Staat ein völkerrechtswidriges Verhalten Dritter zuzurechnen ist.[91]

Wird etwa eine extraterritoriale Schutzpflicht auch gegenüber der Bevölkerung im Gaststaat angenommen und kämen Heimatstaaten einer solchen Pflicht etwa nicht durch die Legislative nach, dann könnte dies zu einer Verantwortlichkeit der Heimatstaaten nach den Grundsätzen der völkerrechtlichen Staatenverantwortlichkeit führen. Um die Rechtsfolgen völkerrechtlicher Staatenverantwortlichkeit auszulösen, muss die Verletzung völkervertragsrechtlich oder völkergewohnheitsrechtlich begründeter Primärnormen vorliegen.[92] Bei Annahme extraterritorialer Schutzpflichten könnte eine unterlassene Regulierung des Heimatstaates eine Pflichtverletzung darstellen.[93] Allerdings ließe sich nur dann eine Pflichtverletzung nach den Grundsätzen der völkerrechtlichen Staatenverantwortlichkeit begründen, wenn eine bestehende, sich aus dem Völkerrecht ergebende Pflicht der Heimatstaaten zur Regulierung des Verhaltens von Unternehmen verletzt wurde.[94]

90 Zum Zusammenhang von extraterritorialen Schutzpflichten und völkerrechtlicher Staatenverantwortlichkeit etwa *Sornarajah* (Fn. 65), S. 157 ff., 169 ff.; *von Bernstorff* (Fn. 64), S. 43 ff.; *McCorquodale/Simons* (Fn. 63), mit weiteren Nachweisen S. 600, Fn. 12, und S. 605 ff.

91 Vgl. Entwurf für die »Verantwortlichkeit von Staaten für völkerrechtswidriges Handeln« (2001) der Völkerrechtskommission, http://untreaty.un.org/ilc/texts/instruments/english/commentaries/9_6_2001.pdf (31.01.2012).

92 Vgl. Artikel 1-3 des Entwurfs für die »Verantwortlichkeit von Staaten für völkerrechtswidriges Handeln« (2001) der Völkerrechtskommission, http://untreaty.un.org/ilc/texts/instruments/english/commentaries/9_6_2001.pdf (31.01.2012).

93 Ausgeblendet wird im Folgenden die Frage der Verantwortlichkeit der Heimatstaaten für Verletzungen der Kernarbeitsnormen durch Unternehmen im Wege einer Zurechnung, denn grundsätzlich ist einem Staat rein privates Handeln nicht zuzurechnen, vgl. hierzu *de Schutter* (Fn. 24), S. 18 ff.; auch *McCorquodale/Simons* (Fn. 63), S. 606 ff; insbesondere aber fehlt es in den ausgangs beschriebenen Konstellationen der Verletzung von Kernarbeitsnormen durch Unternehmen an einer für eine Verantwortlichkeit der Heimatstaaten erforderlichen Kontrolle der Unternehmen durch den Heimatstaat.

94 Vgl. Artikel 2 des Entwurfs für die »Verantwortlichkeit von Staaten für völkerrechtswidriges Handeln« (2001) der Völkerrechtskommission, http://untreaty.un.org/ilc/texts/instruments/english/commentaries/9_6_2001.pdf (31.01.2012).

Fehlt es aber wie oben ausgeführt wegen des Ermessens- und Umsetzungsspielraumes an einer hinreichend konkreten Pflicht zur Umsetzung des Primärrechtes, dann kann auch das Unterlassen oder eine bestimmte Art der Umsetzung nicht ausreichen, den Tatbestand der völkerrechtlichen Staatenverantwortlichkeit zu begründen.[95]

Schließlich kommt im Hinblick auf die völkerrechtliche Staatenverantwortlichkeit das grundsätzliche Problem hinzu, dass es für eine Verantwortlichkeit eines Klägers bedarf. Klagebefugt sind im Rahmen der Grundsätze der völkerrechtlichen Staatenverantwortlichkeit indes nur Staaten.[96] Es müsste demnach neben einer Konkretisierung extraterritorialer Schutzpflichten die engagierte Bereitschaft dritter Staaten hinzukommen, jene Staaten, die eine (künftig konkrete) extraterritoriale Schutzpflicht verletzen, nach den Grundsätzen der völkerrechtlichen Staatenverantwortlichkeit zu verklagen.

### 3. Fazit zum Potential progressiver Steuerungsmechanismen

Während bestehende Mechanismen derzeit zu kurz greifen, wird somit anhand der beiden exemplarisch zugrunde gelegten Steuerungsmechanismen deutlich, dass transnationalen Verletzungen der Kernarbeitsnormen durch Unternehmen durchaus mit progressiven Steuerungsmechanismen zu begegnen ist.

Der Steuerung durch transnationale Rechtsstreitigkeiten vor Gerichten der Heimatstaaten stehen zwar *de lege lata* Probleme der Zuständigkeit der Gerichte der Heimatstaaten sowie Probleme bedingt durch die notwendige Anwendung des Rechts der Gaststaaten im Wege. *De lege ferenda* lassen sich aber sowohl Fragen der internationalen Zuständigkeit wie auch des internationalen Privatrechts durch entsprechende Reformen neu regeln. Hinzukommen müssten Änderungen im materiellen Recht zur Begründung der Haftung der transnationalen Mutterunternehmen bzw. anderer nichtkonzernierter Unternehmen *für* Rechtsverletzungen durch »ihre« Tochterunternehmen bzw. Zulieferbetriebe. Auch dies erscheint rein rechtlich betrachtet möglich, da weder das Völkerrecht noch Prinzipien im deutschen Delikts- und Gesellschaftsrecht grundsätzlich entgegenstehen.

Auch die Annahme extraterritorialer Schutzpflichten hat tatsächlich Potential, nationale Regulierung voranzutreiben sowie eine Haftung der Heimatstaaten nach den Grundsätzen der Staatenverantwortlichkeit zu begründen. Allerdings erfordert dies neben einer gemeinsamen Anstrengung der Staatengemeinschaft, extraterritoriale Schutzpflichten anzuerkennen, gleichzeitig eine Konkretisierung extraterritorialer Schutzpflichten hinsichtlich der verschiedenen, in Betracht kommenden Implementierungsmöglichkeiten durch nationale Gesetzgebung. Darüber hinaus, müssten Staa-

95 Vgl. *Human Rights Council* (Fn. 68), Rn. 8; *Human Rights Council* (Fn. 52), Rn. 28.
96 *Human Rights Council* (Fn. 52), Rn. 28.

ten im Einzelfall bereit sein, die Staatenverantwortlichkeit anderer Staaten wegen der Verletzung extraterritorialer Schutzpflichten geltend zu machen.

*De iure* fehlt es folglich nicht an Möglichkeiten staatlicher und zwischenstaatlicher Steuerung von transnationalen Rechtsverletzungen durch Unternehmen. Die Implementierung der diskutierten Ansätze bedarf indes einer resoluten Bereitschaft der Staaten, sei es national, sei es auf internationaler Ebene.

### *III. Weiche Richtlinien in festen Händen oder die fehlende Auseinandersetzung mit der bestehenden Weltwirtschaftsordnung*

Werden die beiden zuvor diskutierten Ansätze isoliert betrachtet, erweisen sie sich als durchaus gangbare Wege, transnationalen Rechtsverletzungen durch Unternehmen durch nationale bzw. internationale Steuerung zu begegnen. Die Versuchung liegt nahe, die Ursache fehlender Rechtsdurchsetzung primär in rechtlichen Hindernissen und Problemen zu sehen, wie sie etwa durch das internationale Privatrecht, Grundprinzipien des Gesellschafts- und des Deliktsrechts oder etwa durch Defizite in der Durchsetzung des Völkerrechts im Allgemeinen konstituiert werden.

Es erscheint indes unzureichend, allein die rechtlichen Rahmenbedingungen, die Potentiale und rechtlichen Grenzen progressiver Ansätze, auszuloten, um der Geltendmachung transnationaler Rechtsverletzungen durch Unternehmen und der anfangs aufgeworfenen Frage nach den Handlungsmöglichkeiten der Staaten auf den Grund zu gehen. Denn unbeantwortet bleibt die Frage, wieso sich trotz andauernder Rechtsverletzungen so wenig im effektiven Schutz und der Durchsetzung dieser Rechte getan hat und tut, obgleich wie aufgezeigt – jedenfalls *de lege ferenda* – durchaus Möglichkeiten der Rechtsdurchsetzung bestehen.

Um die fehlende Realisierung der Steuerung transnationaler Rechtsverletzungen durch Unternehmen besser zu verstehen, erscheint es unabdingbar, die Auseinandersetzung um »Unternehmen und Menschenrechte« in den Kontext globaler Strukturen zu setzen. Die Annahme hier ist, dass der Geltendmachung transnationaler Rechtsverletzungen – bedingt durch die Strukturen der bestehenden liberalen Weltwirtschaftsordnung – konkurrierende Interessen gegenüberstehen, die wiederrum Hindernisse für Umsetzung progressiver Ansätze begründen. Daher ist die Einbeziehung der Strukturen der Weltwirtschaftsordnung essentiell für das Verständnis der Auseinandersetzung um »Unternehmen und Menschenrechte«, insbesondere für die Frage der Realisierbarkeit progressiver Ansätze und letztlich für die effektive Durchsetzung internationaler arbeitsrechtlicher Normen ebenso wie nicht-erwerbsbezogener Menschenrechte.

Problematisch erscheint in diesem Zusammenhang dann insbesondere, dass die Auseinandersetzung um »Unternehmen und Menschenrechte« es bislang versäumt, bestehende Strukturen der Weltwirtschaftsordnung, konkurrierende Interessen und resultierende Realisierungshindernisse adäquat und zentral zu adressieren.

Vor diesem Hintergrund werden das bisherige Scheitern der Steuerung transnationaler Rechtsverletzungen durch Unternehmen ebenso wie die oben diskutierten Ansätze wie folgt kontextualisiert. Zunächst wird die Auseinandersetzung im Kontext der bestehenden Weltwirtschaftsordnung betrachtet (1.). Darauf aufbauend werden Strukturen der Weltwirtschaftsordnung und konkurrierende Interessen aufgezeigt, die die Realisierung der oben diskutierten Ansätze beeinflussen (2). Abschließend werden negative Konsequenzen der fehlenden Einbeziehung der Strukturen der Weltwirtschaftsordnung in die Auseinandersetzung umrissen (3).

## 1. Konkurrierende Politiken im Kontext der Weltwirtschaftsordnung

Die Geltendmachung transnationaler Rechtsverletzungen durch Unternehmen und die Durchsetzung internationaler arbeitsrechtlicher Normen ebenso wie nicht-erwerbsbezogener Menschenrechte ist rechtspolitisch nicht neutral. Menschenrechtspolitik stellt eine Politik neben anderen, konkurrierenden Politiken dar.[97] Konkurrierende Politiken ergeben sich aus dem Kontext der bestehenden liberalen Weltwirtschaftsordnung.

Der Kontext der bestehenden liberalen Weltwirtschaftsordnung und seine Komplexität können hier nur angerissen werden und dienen allein der Herausstellung, dass es essentiell für die Geltendmachung transnationaler Rechtsverletzungen sein wird, sich mit der globalen Wirtschaftsordnung und ihren Auswirkungen zentral auseinanderzusetzen.

Die neoliberale Weltwirtschaftsordnung der freien Märkte, des freien Handels und des freien Kapitalverkehrs, sowie des globalen Wettbewerbs hat verschiedene, hegemoniale Interessen herausgebildet. Solche Interessen drücken sich beispielsweise im internationalen Investitionsschutzregime und dem Welthandelsregime aus.[98]

Das bloße Bestehen kodifizierter Menschenrechte löst Konflikte mit anderen, konkurrierenden Interessen nicht. Denn eine Hierarchie besteht zwischen dem Menschenrechtsregime und anderen Regimen, aus denen sich völkerrechtliche Verpflichtungen

97 Vgl. *Koskenniemi,* Human Rights Mainstreaming as a Strategy for Institutional Power (2006), http://www.iilj.org/courses/documents/Koskenniemi.pdf (31.01.2012).

98 Vgl. *Bieling*, Internationale Politische Ökonomie. Eine Einführung (2007), S. 105 ff.; *Gill*, Power and resistance in the new world order (2008), S. 123 ff.; *Krajewski*, Neoliberalismus und Konstitutionalismus im Weltwirtschaftsrecht: Entstehung, Krisen, Alternativen, in: Kritische Justiz 2010, S. 387 ff.

ergeben, wie beispielsweise dem Welthandelsregime oder dem internationalen Investitionsschutzregime, *de iure* erst einmal nicht.[99]

Dominant artikuliert sich gegenwärtig nicht das Menschenrechtsregime, sondern das internationale Wirtschaftsregime. *De facto* hat sich eine Hierarchie zugunsten des Welthandels und des internationalen Investitionsschutzes herausgebildet.[100] Diese Hierarchie spiegelt soziale und poltische Machtstrukturen und die Durchsetzung von Eigentums- und Investitionsinteressen wieder. Zusätzlich zur Durchsetzung findet durch einen disziplinierend[101] wirkenden Neoliberalismus eine Verfestigung der Durchsetzung von Eigentums- und Investitionsinteressen statt, die zu einer erschwerten Abänderung dieser Regime führt.[102]

Das internationale Investitionsschutzregime beispielsweise setzt sich – anders als das Menschenrechtsregime – durch strukturell institutionalisierte Mechanismen durch, insbesondere durch ein völkerrechtlich erstaunlich hartes System bilateraler Investitionsschutzverträge und Freihandelsabkommen mit Investitionsschutzkapiteln. Abgesichert wird das Regime zudem durch ein System internationaler Schiedsgerichtsbarkeit zur Durchsetzung der Investoreninteressen durch die Klagemöglichkeit ausländischer Investoren, ohne dass die Geltendmachung anderer Interessen wie beispielsweise sozialer Menschenrechte in der Streitschlichtung wesentliche Bedeutung erlangt.[103]

## 2. Auswirkungen der Weltwirtschaftsordnung die für Auseinandersetzung um »Unternehmen und Menschenrechte«

Vor diesem Hintergrund ergeben sich aus der bestehenden Weltwirtschaftsordnung Realitäten und wesentliche Strukturen, die der Umsetzung progressiver Steuerung transnationaler Rechtsverletzungen durch Unternehmen und damit der Durchsetzung internationaler arbeitsrechtlicher Normen sowie nicht-erwerbsbezogener Menschenrechte entgegenstehen.

99 Zur fehlenden Hierarchie im internationalen Recht siehe etwa *Klein*, Establishing a Hierarchy of Human Rights: Ideal Solution or Fallacy, in: Israel Law Review 2008, S. 477 ff., der weder von einer Hierarchie zwischen verschiedenen Menschenrechten ausgeht (S. 480 ff.) noch von einer Hierarchie der Menschenrechte gegenüber anderen völkerrechtlichen Verpflichtungen (S. 479); vgl. auch *Koskenniemi* (Fn. 97).

100 Zur Durchsetzung des Welthandelsregimes und internationalen Investitionsschutzregimes siehe etwa *Bieling* (Fn. 98), S. 110 ff.; *Krajewski* (Fn. 98), S. 387 ff.; *Hoffmann/Krajweski*, Staatsschuldenkrise im Euro-Raum und die Austeritätsprogramme von IWF und EU, KJ 2012 (im Erscheinen), S. 13.

101 *Gill* (Fn. 98), S. 137 ff.; *Krajewski* (Fn. 98), S. 387f.; *Hoffmann/Krajweski* (Fn. 100), S. 13.

102 Vgl. *Krajewski* (Fn. 98), S. 387; *Gill* (Fn. 98), S. 138 ff.; *Hoffmann/Krajweski* (Fn. 100), S. 13.

103 Vgl. *Krajewski* (Fn. 98), S. 387, der betont, dass die Berücksichtigung nicht-wirtschaftlicher Interessen, wenn sie denn stattfindet, nur Ergebnis nicht systemimmanenter, gegenhegemonialer Bewegungen sind.

Der Durchsetzung von Eigentums- und Investitionsinteressen entsprechen die bisher vorweisbaren, wenig effektiven Ergebnisse in der Auseinandersetzung um »Unternehmen und Menschenrechte«, in der es bisher allein gelingt, unverbindliche *Frameworks* und *Guidelines* sowie unverbindliche Verhaltenskodizes zu etablieren. Derart weiche Mechanismen gehen d'accord mit der bestehenden liberalen Weltwirtschaftsordnung, soweit sie internationalen Investitionen und Welthandel wenig abverlangen und der Durchsetzung von Eigentums- und Investitionsinteressen nicht wesentlich im Wege stehen.

Der Umsetzung progressiver Ansätze stehen diese Interessen indes diametral gegenüber. Diese Strukturhindernisse lassen sich exemplarisch am Beispiel von global bestehenden Investitionsinteressen veranschaulichen. Hindernisse bestehen nicht bereits darin, dass etwa das Potential ausländischer Direktinvestitionen für die Entwicklung der Gaststaaten fragwürdig ist[104] oder allein wegen der Tatsache, dass etwa ausländische Investitionen zu oft mit massiven Menschenrechtsverletzungen in Gaststaaten einhergehen. Ein wesentliches, durch Investitionsinteressen bedingtes Hindernis ist aber beispielsweise die staatliche Abhängigkeit von Investitionen. Diese bedingt, dass Staaten gegenwärtig zueinander in Wettbewerb stehen.[105] Auf Seiten der Staaten besteht ein gemeinsames Interesse an Investitionen. Dieses gemeinsame Interesse ist gleichzeitig geprägt durch eine globale Konkurrenz der Gaststaaten und der Heimatstaaten jeweils untereinander.[106]

Das Interesse der Unternehmen orientiert sich primär am wirtschaftlichen Ertrag und Wettbewerb mit anderen Unternehmen. Unternehmen ebenso wie Staaten stellen sich damit als Akteure einer komplexen, liberalen Weltwirtschaft dar. Selbst die betroffenen ArbeitnehmerInnen etwa unterliegen einem ambivalenten Interesse: Auf der einen Seite besteht das Interesse an menschenwürdiger Arbeit, zumindest an sicheren und gesunden Arbeitsbedingungen; auf der anderen Seite besteht ein existenzielles Interesse an und die Abhängigkeit von Erwerbsverhältnissen, begründet durch Armut und einen Kampf ums Überleben und bedingt durch das Fehlen alternativer Existenzsicherungsmöglichkeiten.

Dieser Wettbewerb ist dem Interesse an und der Durchsetzung von internationalen arbeitsrechtlichen Normen ebenso wie nicht-erwerbsbezogenen Menschenrechten gegenläufig, soweit Gaststaaten ebenso wie Heimatstaaten in einer vermeintlichen Ab-

104 Für einen Überblick über Potential ausländischer Direktinvestitionen für die Entwicklung von Gaststaaten siehe *Mold*, FDI and Poverty Reduction: A Critical Reappraisal of the Arguments, in: Revue Région et Développement 2004, S. 92 ff., http://region-developpement.univ-tln.fr/en/pdf/R20/R20_Mold.pdf (31.01.2012).

105 Vgl. *Hirsch*, Der nationale Wettbewerbsstaat. Staat, Demokratie und Politik im globalen Kapitalismus (1995), S. 101 ff.; *Scherrer*, Global Governance: Vom fordistischen Trilateralismus zum neoliberalen Konstitutionalismus, in: PROKLA Zeitschrift für kritische Sozialwissenschaft 2000, S. 13 ff., 29f.; *Gill* (Fn. 98), S. 109 ff.

106 Zur Konkurrenz der Staaten im globalen Norden und Süden jeweils untereinander siehe *Scherrer* (Fn. 105), S. 29 f.

hängigkeit stehen, Unternehmen und Investitionen anzuziehen bzw. zu halten. Denn es ist dieser Wettbewerb, bedingt durch Investitionsinteressen, mit dem die Geltendmachung transnationaler Rechtsverletzungen konkurriert.

Auf Seiten der Gaststaaten führen Investitionsinteressen etwa dazu, wegen des drohenden Verlusts von Wettbewerbsvorteilen internationale arbeitsrechtliche Normen zu unterlaufen.[107] So überrascht die oft benannte Unwilligkeit der Gaststaaten bei der Durchsetzung bestehender menschenrechtlicher Schutzpflichten nicht sonderlich. Vielmehr verdeutlicht es die vermeintliche Notwendigkeit aus Sicht der Gaststaaten, einerseits etwa Sozialstandards niedrig oder nicht einzuhalten und andererseits bilaterale Investitionsschutzabkommen abzuschließen. Letzteres räumt Unternehmen Klagemöglichkeiten zum Schutz ihrer Investitionen ein und beschränkt gleichzeitig den politischen Gestaltungsspielraum der Gaststaaten immens. Gerade am Beispiel des Investitionsschutzregimes wird somit deutlich, wie der Handlungsspielraum staatlicher Politik zulasten sozialpolitischer Steuerung und zugunsten von Investitionsinteressen eingeengt werden kann.

Auch der Schutz »eigener« Unternehmen durch die Heimatstaaten durch die Prinzipien des Gesellschaftsrechts, wie die Trennung der Rechtspersönlichkeiten und die beschränkte Haftung, die derzeit einen Rückgriff auf transnationale Mutterunternehmen unmöglich machen, erscheinen dann weniger als Zufall, sondern als Ausdruck der Durchsetzung von Eigentums- und Investitionsinteressen. Ebenso machen sich Heimatsstaaten durch Investitionsinteressen zum Spielball der liberalen Weltwirtschaftsordnung, wenn sie zugunsten »ihrer« Unternehmen Regulierungen zur effektiven Geltendmachung transnationaler Rechtsverletzungen unterlassen.

Aus dem globalen Wettbewerb erschließt sich somit, warum die Umsetzung der oben diskutierten Ansätze wenig Aussicht auf Realisierung haben. Völkerrechtliche Ansätze, wie den oben diskutierten Ansatz zu extraterritorialen Schutzpflichten, könnten zwar dem Argument potentieller Wettbewerbsnachteile begegnen. Indes wird zugunsten kurzfristiger Vorteile auch ein solcher Weg nicht beschritten.[108] Grund hierfür ist, dass etwa Heimatstaaten sich durch die Annahme einer solchen extraterritorialen Schutzpflicht und einer korrespondierenden nationalen Umsetzung Wachstum generierenden Bedingungen vermeintlich berauben.

Noch mehr lässt sich die fehlende Bereitschaft der Heimatstaaten auf unilaterale Steuerung transnationaler Rechtsverletzungen durch Unternehmen übertragen. Die einzelstaatliche Steuerung würde noch mehr als ein internationales Vorgehen unter dem Druck ökonomischer Interessen und dem Drohpotential von Produktionsverlagerungen stehen.

107 *Scherrer* (Fn. 105), S. 13 ff.
108 *Scherrer* (Fn. 105), S. 30; in diesem Sinne auch *Gill* (Fn. 98), S. 110 f.

## 3. Begrenzte Reichweite der Auseinandersetzung um »Unternehmen und Menschenrechte«

Die bestehende Weltwirtschaftsordnung und die daraus resultierenden Struktur- und Umsetzungshindernisse stellen somit einen wesentlichen Faktor für die mangelnde Durchsetzung internationaler arbeitsrechtlicher Normen und nicht-erwerbsbezogener Menschenrechte dar. Ihre fehlende Einbeziehung in der Auseinandersetzung um »Unternehmen und Menschenrechte« begründet gleichzeitig die begrenzte Reichweite der Auseinandersetzung.

Da die bestehende Weltwirtschaftsordnung strukturelle Hindernisse erzeugt, ist es erforderlich, die Weltwirtschaftsordnung selbst in den Mittelpunkt der Auseinandersetzung um »Unternehmen und Menschenrechte« zu rücken. Einhergehend damit bedarf es einer grundlegenden gesellschaftspolitischen Auseinandersetzung darüber, welche Interessen konkurrierender Regime Vorrang haben sollten. Denn wenn es *de iure* an einer Hierarchie fehlt und sich gleichzeitig Strukturen verfestigen, die der Umsetzung progressiver Steuerung entgegenstehen, ist eine normative Auseinandersetzung und der soziale und politische Kampf um eine andere Prioritätensetzung als die hegemoniale Durchsetzung von Eigentums- und Investitionsinteressen unabdingbar.

Gerade eine solche normative Auseinandersetzung findet indes in der Auseinandersetzung um »Unternehmen und Menschenrechte« nicht adäquat statt. Diese betrachtet transnationale Rechtsverletzungen durch Unternehmen bisher weitgehend isoliert von weltwirtschaftlichen Machtverhältnissen. Das Feld möglicher Steuerung der politischen Ökonomie wird stattdessen anderen Foren überlassen.

Problematisch ist die gegenwärtige Auseinandersetzung um »Unternehmen und Menschenrechte« zudem insoweit, als sich ein Raum für Überlegungen hinsichtlich einer solchen alternativen Auseinandersetzung um »Unternehmen und Menschenrechte« in der globalen Wirtschaftsordnung nur schwer ausmachen lässt. Die Auseinandersetzung, insbesondere in den letzten Jahren des Bestehens des Mandates des Sonderbeauftragten des VN-Generalsekretärs für Menschenrechte und Unternehmen Ruggie, ist stark zentralisiert und führt gerade zu einer Inklusion und Kontrolle möglicher Alternativen in das Konzept des *Frameworks* des Sonderbeauftragten, anstatt Raum für eine Herausforderung der bestehenden Weltwirtschaftsordnung zu eröffnen. Dies geschah vor allem auch durch die Vielzahl der Konsultationen des Sonderbeauftragten und die Einbindung zahlreicher Nichtregierungsorganisationen und der Zivilgesellschaft. Damit hemmte die Auseinandersetzung – direkt oder indirekt – eine alternative Mobilisierung und Berücksichtigung von weltwirtschaftlichen Machtverhältnissen.[109]

Mit der Ausblendung bestehender Strukturhindernisse behandelt die Auseinandersetzung um »Unternehmen und Menschenrechte« somit allenfalls Symptome statt Ursachen und beraubt sich der Möglichkeit eine Gegenbewegung zu sein.[110] Um sich als Gegenentwurf zu gestalten und dem Menschenrechtsschutz *innerhalb* der liberalen Weltwirtschaftsordnung oder *entgegen* der liberalen Weltwirtschaftsordnung Durchsetzung zu verschaffen, muss die Auseinandersetzung um »Unternehmen und Menschenrechte« Positionen stärken, die die globale Weltwirtschaftsordnung und die Konkurrenz verschiedener Politiken sowie Foren der Gestaltung und Steuerung einbeziehen. Soweit das Recht als Feld politischer Auseinandersetzung verstanden wird, bleibt es unabdingbar, durch den sozialen wie politischen Kampf internationalen arbeitsrechtlichen Normen und nicht-erwerbsbezogenen Menschenrechten Geltung zu verschaffen, in den Heimatstaaten als kapitalistische Zentren ebenso wie in den Gaststaaten.

Dabei muss hier offen bleiben, ob die Einbeziehung durch Eindringen *in* andere Foren erfolgen soll, etwa durch die beharrliche Geltendmachung transnationaler Rechtsverletzungen in Foren wie beispielsweise im Rahmen der Welthandelsorganisation;[111] oder ob die Einbeziehung durch Einwirken *auf* andere Foren erfolgen soll, indem die Auseinandersetzung um »Unternehmen und Menschenrechte« mit dem Einbringen progressiver Ansätze gleichzeitig das Bestehen entgegenstehender Strukturhindernisse adressiert.

Solange aber die Einbeziehung bestehender Strukturhindernisse vertagt wird, wird die Auseinandersetzung um »Unternehmen und Menschenrechte« allein billigend gegenüber Tendenzen und Auswirkungen der globalen Weltwirtschaftsordnung wirken. Losgelöst von bestehenden Strukturhindernissen führt die Auseinandersetzung um »Unternehmen und Menschenrechte« dann zu dem Paradox, den Status quo zu legiti-

109 Zur Kritik der möglichen eigenen Einschränkung siehe *Kennedy*, The International Human Rights Movement: Part of the Problem?, in: Harvard Human Rights Journal 2002, S. 101 ff., 110: »The human rights movement ties its own hands on progressive development«, http://www.law.harvard.edu/students/orgs/hrj/iss15/kennedy.shtml#fn1 (31.01.2012).

110 Zur verfehlten Symptom- statt Ursachenbehandlung siehe *Kennedy* (Fn. 109), S. 118: »*Treating symptoms. Human rights remedies, even when successful, treat the symptoms rather than the illness, and this allows the illness not only to fester, but to seem like health itself.*«.

111 Etwa durch Einbringen in die Auseinandersetzung »Internationales Investitionsschutzrecht und Menschenrechte« oder beispielsweise durch Einbringen in die Auseinandersetzung »Internationaler Handel und Menschenrechte«; für einen Überblick zu Ersterem siehe *Dupuy/Petersmann,/Francioni* (Hrsg.), Human Rights in International Investment Law and Arbitration (2009), zu Letzterem siehe *Cottier/Pauwelyn/Bürgi* (Hrsg.), Human Rights and International Trade (2005).

mieren und dem *race to the bottom* keinen effektiven Widerstand entgegenzusetzen.[112]

112 Zu diesem Paradox sowie zu möglichen negativen Auswirkungen der fehlenden Einbeziehung und grundlegenden Infragestellung der Ökonomie siehe *Kennedy* (Fn. 109), S. 109: »*Insulating the economy. Putting these narrowings together often means defining problems and solutions in ways not likely to change the economy. Human rights foregrounds problems of participation and procedure, at the expense of distribution, implicitly legitimating the existing distributions of wealth, status and power in societies.*«.

# Rechtsschutz vor deutschen Zivilgerichten gegen Beeinträchtigungen von Menschenrechten durch transnationale Unternehmen

*Robert Grabosch, Berlin**

## *I. Einleitung*

Unternehmerische, das heißt nach Erwerb strebende, Tätigkeit beeinträchtigt im Guten wie im Schlechten grundlegende Rechte, die allen Menschen gleichsam innewohnen. Positive Auswirkungen von Unternehmen auf Lebensstandards im Globalen Süden meint man logisch erklärt[1] und empirisch dargestellt[2] zu haben, ohne dass man mit ihnen aber schwere negative Auswirkungen rechtfertigt oder aufwiegt.[3] Auch diese negativen Auswirkungen von Unternehmen versucht man logisch zu erklären[4] und empirisch zu erfassen.[5] In den Medien ist u.a. von menschenunwürdigen Arbeitsumständen in asiatischen Zulieferbetrieben von Textil- oder Computerfirmen, Vertreibungen afrikanischer Dorfbewohner durch Infrastrukturprojekte und gewaltsamen, zerstörerischen Rohstofferschließungen in Lateinamerika die Rede. Die deutsche und europäische Rechtswissenschaft und -praxis befassen sich damit bisher kaum. Das liegt nicht daran, dass etwa deutschen Unternehmen keine Verwicklungen in Menschenrechtsverletzungen vorgeworfen werden würden.

Im Zuge der Globalisierung haben Fälle unternehmerischer Verwicklungen in Menschenrechtsverletzungen an Komplexität hinzu gewonnen. Durch die Ausbreitung der Geschäftstätigkeit über Landesgrenzen hinweg sind Menschenrechtsverletzungen zugleich wahrscheinlicher und weniger sichtbar geworden und kommen verschiedene staatliche und private Akteure als Verantwortungsträger in Betracht. Weiter gewinnt die Problematik durch die Privatisierung von traditionell in hoheitlicher Domäne stehenden Tätigkeiten wie Militär- und Polizeidiensten an Bedeutung.[6]

* LL.M. (Cape Town); der Autor ist als Rechtsanwalt in Berlin tätig. Er dankt Sofia Massoud für ihre Hinweise zum ersten Entwurf dieses Beitrags.

1 *Rhoda Howard-Hassmann*, The Second Great Transformation: Human Rights Leapfrogging in the Era of Globalization, Human Rights Quarterly 27 (2005), 1; krit.: *Adamantia Pollis*, Commentary on The Second Great Transformation, Human Rights Quarterly 27 (2005), 1120.

2 The World Bank, World Development Report 2011.

3 Solch ein Versuch wäre auch nur innerhalb eines extrem utilitaristischen Weltbildes schlüssig, von dem sich aber auch die Wirtschaftswissenschaft seit den 1930er Jahren abwendet, *Amartya Sen*, The Idea of Justice, 2009, S. 277 f.

4 *Joel Bakan*, The Corporation: The Pathological Pursuit of Profit and Power, 2004.

5 Bericht des Sonderbeauftragten des UN-Generalsekretärs, *John Ruggie*, Business recognition of human rights: Global patterns, regional and sectoral variations (8. Februar 2007), UN doc. A/HRC/4/35/Add.4.

6 *David Sklansky*, Private Policing and Human Rights, Law & Ethics of Human Rights 5 (2011), 112.

Es gibt verschiedene Versuche, Beeinträchtigungen von Menschenrechten zu verhindern oder zu beheben. So genannte *soft law*-Mechanismen, d.h. von Institutionen oder Unternehmen geschaffene Verhaltenskodizes, deren Beachtung nicht gerichtlich einklagbar ist, sind zunehmend beliebt,[7] haben aber bisher nur begrenzte Wirkung. Vernunft und Gewissen der einzelnen Subjekte anzusprechen macht Rechtsordnungen nicht verzichtbar.[8] Einen Paradigmenwechsel globaler Geschäftspraktiken von innen anzustoßen ist schwer, da die zahlreichen einzelnen Wirtschaftsakteure unternehmensintern und -extern in einem engen Netzwerk mehr und weniger subtiler Machtstrukturen verflochten sind, das eher sich selbst stabilisiert als den freien Willen seiner Akteure.[9] Zudem fragen Verbraucher weiterhin nach Waren, Dienstleistungen und Kapitalanlagen, die vor allem billig bzw. renditeoptimiert sind, solange sie von Informationsasymmetrien betroffen sind oder von finanziellen Spielräumen für höhere Ansprüche an das eigene Konsumverhalten nur träumen können.

Rechtsprechende Institutionen, die Unternehmen zivil- oder strafrechtlich verurteilen könnten, fehlen auf internationaler Ebene.[10] Regierungen und Gerichte im Globalen Süden schützen ihre Bürger oft nur zögerlich; das Verlangen nach einer strengeren Handhabe des Menschenrechtsschutzes stößt auf strukturelle, institutionelle Schwächen[11] und auf Sorgen um Wirtschaftswachstum und Wettbewerbsfähigkeit.[12]

Dies spricht aus Sicht der Betroffenen dafür, gerichtlichen Rechtsschutz in Europa zu suchen, wo einige der Unternehmen registriert sind, die mit Menschenrechtsverletzungen in Verbindung gebracht werden. Dabei kommen verschiedene Rechtsgebiete in Betracht. Das Strafrecht und das Lauterkeitsrecht bieten Ansatzpunkte, die bereits fruchtbar gemacht worden sind;[13] sie verdienen ausführliche Betrachtung an geson-

7 *Eric Engle*, Corporate Social Responsibility (CSR): Market-based remedies for international human rights violations?, Willamette Law Review 40 (2004), 103, S. 112.

8 Europäische Kommission, Grünbuch: Europäische Rahmenbedingungen für die soziale Verantwortung der Unternehmen (18. Juli 2001), KOM(2001) 366, Para. 54.

9 *Mike Valente*, Demystifying the Struggles of Private Sector Paradigmatic Change: Business as an Agent in a Complex Adaptive System, Business & Society 49 (2010), 439.

10 *Mark Gibney*, On the Need for an International Civil Court, Fletcher Forum of World Affairs 26 (2002), 47.

11 *Martin Khor*, Globalisierung gerechter gestalten, 2002, S. 44 ff.

12 *Li-Wen Lin*, Corporate Social Accountability Standards in the Global Supply Chain: Resistance, Reconsideration, and Resolution in China, Cardozo Journal of International & Comparative Law 15 (2007), 321, 330 ff.

13 *Miriam Saage-Maaß* und *Anna von Gall*, Fairer Wettbewerb Weltweit! Am Beispiel „Lidl-Klage“, Gegenblende, 2010, Ausgabe 4, www.gegenblende.de/archiv (zuletzt aufgerufen: 30. Januar 2012). Auf Strafanzeige des European Center for Constitutional and Human Rights ermittelt die Frankfurter Staatsanwaltschaft gegen Geschäftsführer des Bauunternehmens Lahmeyer International wegen der Überflutung zahlreicher Sudanesischer Dörfer, *Hannes Koch*, Verletzen deutsche Staudamm-Planer die Menschenrechte?, Badische Zeitung (13. September 2011).

derter Stelle.[14] Allein der Zivilrechtsschutz zielt darauf ab, die Rechtslage zwischen den streitenden Parteien verbindlich zu klären und ggf. mittels einer hoheitlich vollstreckbaren Entscheidung den Ersatz eines Schadens oder ein bestimmtes Verhalten von Geschäftsführern zu bewirken. Einen solch nützlichen Titel zu erlangen ist mit einigen praktischen Schwierigkeiten verbunden. Es ist aber auch Rechtsunsicherheit in Gesetzestexten, Rechtsprechung und Literatur erkennbar, mit der sich letztlich der Gesetzgeber befassen sollte.

Es wird befürchtet, der Diskurs um Unternehmen und Menschenrechte drohe an verschiedenen Stellen festzufahren.[15] Hier soll untersucht werden, ob Zivilverfahren vor deutschen Gerichten auf Grundlage nationalen, teilweise ausländischen Zivilrechts nicht doch mehr Erfolgsaussichten haben, als es das bisherige vollständige Ausbleiben derartiger Verfahren in der Praxis vermuten lässt. Teil II dieses Beitrags soll zunächst das problematische Verhältnis zwischen Unternehmen und Menschenrechten beleuchten. Ob und wie das dabei dargestellte Völkerrecht und *soft law* die Rechtsanwendung in transnationalen Zivilverfahren gegen Unternehmen vor deutschen Gerichten beeinflussen können, wird in Teil III dargestellt. Unternehmenstätigkeiten aller Wirtschaftssektoren können sämtliche Menschenrechte beeinträchtigen;[16] dieser Beitrag kann nur einen Teil der wiederkehrenden zivilrechtlichen Aspekte behandeln.

## *II. Unternehmen, Menschenrechte und nationales Recht*

Unternehmen können auf verschiedene Weisen Beeinträchtigungen von Menschenrechten selbst verursachen oder zu ihnen beitragen. Im Recht sind diese faktischen Vorgänge etwas umständlich zu verorten, da die Verhältnisse zwischen Menschenrechten, nationalem Recht und Unternehmen problematisch bzw. nicht ganz offensichtlich sind. Dies hat zur Schaffung einer Vielzahl spezifischer, aber nicht rechtlicher, »weicher« Verhaltensrichtlinien für Unternehmen geführt. Diese im Folgenden dargestellten Überlegungen liegen der Betrachtung zivilrechtlicher Verfahren in Teil III zu Grunde.

14 *Wolfgang Kaleck* und *Miriam Saage-Maaß*, Corporate Accountability for Human Rights Violations Amounting to International Crimes, Journal of International Criminal Justice 8 (2010), 699. Zum Lauterkeitsrecht: *Jan Wouters und Leen Chanet,* Corporate Human Rights Responsibility: A European Perspective, Northwestern Journal of International Human Rights 6 (2008), 262, S. 285 ff.

15 Beitrag von *Sofia Massoud* in diesem Band; *Regina Rauxloh*, A Call for the End of Impunity for Multinational Corporations, Texas Wesleyan Law Review 14 (2008), 297.

16 *John Ruggie* (Fn. 5).

## 1. Faktische Beeinträchtigungen durch Unternehmen

Unternehmen mit Sitz im Globalen Norden können auf viele Arten mit Menschenrechtsverletzungen in weit entfernten Entwicklungsländern in Verbindung stehen.[17] Die Vorwürfe beziehen sich u.a. auf Kreditvergaben[18] und Lieferungen von Waffen an unterdrückerische Regime,[19] Umweltzerstörung,[20] Verunreinigung oder Verteuerung von Trinkwasser durch Infrastrukturprojekte,[21] die Bereitstellung von elektronischen Überwachungssystemen für despotische Regime zum Aufspüren von Regimekritikern,[22] die Zensur der Internet- und Telekommunikation,[23] Zurückdrängung indigener Bevölkerungen aus natürlichen Gebieten zum Zwecke der Rohstoffförderung,[24] Kinderarbeit in Steinbrüchen und Minen,[25] Menschenhandel,[26] Zwangsarbeit in der verarbeitenden Industrie,[27] Ungleichbehandlung von Arbeitern und Arbeiterinnen und Bedrohung von Gewerkschaftsmitgliedern.[28] Immer wieder werden Vorwürfe im Zusammenhang mit schwer zurückverfolgbaren Zulieferketten und Konzernstrukturen laut.[29] Die schwersten Menschenrechtsverletzungen im Zusammenhang mit Un-

17 Für einen Überblick s. *John Ruggie* (Fn. 5). Zahlreiche Beispiele auch bei *Sarah Joseph*, Taming the Leviathans: Multinational Enterprises and Human Rights, Netherlands International Law Review 46 (1999), 171, S. 173.

18 *Juan Bohoslavsky*, The Past and Present of Corporate Complicity: Financing the Argentinean Dictatorship, Harvard Human Rights Journal 23 (2010), 157.

19 *Gustavo Olvera*, Non-State Actors and Human Rights: The Case of Arms Manufacturers, Amsterdam Law Forum 3 (2011), 114.

20 *Oscar Salazar-Duran*, A Human Rights Approach to Corporate Accountability and Environmental Litigation, University of San Francisco Law Review 43 (2009), 733.

21 *Jernej Cernic*, Corporate Obligations Under the Human Right to Water, Denver Journal of International Law and Policy 39 (2011), 303.

22 *Uwe Buse, Marcel Rosenbach*, Bürgerrechte: Der gläserne Staatsfeind, Der Spiegel, 5. Dezember 2011 (49/2001), S. 40.

23 *Emily Miletello*, The Page You Are Attempting to Access Has Been Blocked in Accordance With National Laws: Applying a Corporate Responsibility Framework to Human Rights Issues Facing Internet Companies, University of Pittsburgh Journal of Technology Law and Policy 11 (2011), 5.

24 Bericht des Sonderberichterstatters für die Rechte indigener Völker, James Anaya, Extractive industries operating within or near indigenous territories, 11. Juli 2011, UN-Dok. A/HRC/18/35, Para. 34 ff.

25 *Tilman Hoppe*, Produkte aus Kinderarbeit: Wer regelt das Verbot?, LKV 2010, 497.

26 *Jonathan Todres*, The Private Sector's Pivotal Role in Combating Human Trafficking, California Law Review Circuit 3 (2012), 190.

27 *Anita Ramasastry*, From Nuremberg to Rangoon: An Examination of Forced Labour Cases and Their Impact on the Liability of Multinational Corporations, Berkeley Journal of International Law 20 (2002), 91, S. 92.

28 *Kevin Kolben*, Labor Rights as Human Rights?, Virginia Journal of International Law 50 (2010), 449, S. 467-468; *Heimo Fischer*, US-Richter knöpfen sich Daimler vor, Financial Times Deutschland, 20. Mai 2011, S. 5.

29 *Ivanka Mamic*, Implementing codes of conduct: How businesses manage social performance in global supply chains, International Labour Organisation, 2004, S. 78 ff; *Miriam Saage-Maaß*, Arbeitsbedingungen in der globalen Zulieferkette: Wie weit reicht die Verantwortung deutscher Unternehmen?, 2011.

ternehmungen tragen sich mitten in bewaffneten Konflikten um Boden, Ressourcen oder Herrschaftsmacht zu.[30] In diesen Fällen profitieren Unternehmen häufig von engen Beziehungen mit gewaltsam herrschenden Regimen, die ihnen Zugang zu den natürlichen Ressourcen oder auch Konfliktwaren gewähren. Dabei fördern Unternehmen oft mehr oder weniger gezielt Konflikte, indem sie Zahlungen oder Güter leisten, die letztlich im Konflikt eingesetzt werden.[31] Im Ergebnis führt dies zu Beeinträchtigungen verschiedener bürgerlicher, politischer, wirtschaftlicher, sozialer und kultureller Menschenrechte, wie denen auf Freiheit von Bedrohungen des eigenen Lebens, auf Gesundheit und Sicherheit, auf angemessene Bezahlung und Behandlung am Arbeitsplatz und vieler weiterer. Aus der zumindest faktischen negativen Beeinträchtigung von Menschenrechten folgt aber noch nicht, dass Unternehmen an diese gebunden sind und sie (im juristischen Sinne) verletzen.

## 2. Menschenrechte, nationales Recht und Unternehmen

Menschenrechte sind Ausdruck der Idee, dass bestimmte grundlegende Interessen der Menschen zu wahren sind, die für alle gleichermaßen aus der Menschenwürde entspringen und unverletzlich sind. Sie treten in verschiedenen Formen in Erscheinung. Nicht hinsichtlich jeder dieser Erscheinungsformen ist das Verhältnis zu Unternehmen geklärt.

Wohl am offensichtlichsten treten Menschenrechte positivrechtlich auf internationaler Ebene in Erscheinung.[32] Die wichtigsten überregionalen Rechtsquellen im Unternehmenskontext sind die Allgemeine Erklärung der Menschenrechte von 1948 (AEMR), die internationalen Pakte über bürgerliche und politische Rechte (IPBPR) und wirtschaftliche, soziale und kulturelle Rechte (IPWSKR) von 1966 sowie die acht Kernübereinkommen, auf die in der Erklärung der Internationalen Arbeitsorganisation (ILO) über die Grundlegenden Prinzipien und Rechte bei der Arbeit von 1998 Bezug genommen wird. Staaten haben sich durch diese Vertragswerke nicht nur zum Unterlassen von Menschenrechtsverletzungen verpflichtet, sondern auch dazu, Menschenrechte vor negativen faktischen Beeinträchtigungen zu sichern, die von privaten Akteuren ausgehen.[33]

30 Bericht des Sonderbeauftragten des UN-Generalsekretärs, *John Ruggie*, Business and Human Rights: Further steps towards the operationalization of the "protect, respect and remedy" framework, 9. April 2010, UN doc. A/HRC/14/27, Rn. 44.

31 *Michael McGregor*, Ending corporate impunity: How to really curb the pillaging of natural resources, Case Western Reserve Journal of International Law 42 (2009), 469, S. 470-479.

32 *Christian Tomuschat*, Human Rights: Between Idealism and Realism, 2. Auflage (2008), S. 1.

33 *Constantin Köster*, Die völkerrechtliche Verantwortlichkeit privater (multinationaler) Unternehmen für Menschenrechtsverletzungen, 2010, S. 72 ff.

Diese völkerrechtliche Pflicht zur Sicherung der Menschenrechte können Staaten z.B. durch eine effektive Gestaltung des Zivilrechts erfüllen.[34] Tun sie dies, so sind Unternehmen indirekt an Menschenrechte gebunden. Ist die zivilrechtliche Rechtslage nicht eindeutig, kommt eine völkerrechtskonforme, den völkerrechtlichen Schutzpflichten genügende Auslegung der fraglichen Rechtssätze in Betracht.[35] In einigen moderneren Verfassungen ist ein solcher Einfluss des Völkerrechts gar ausdrücklich geregelt.[36] Dies muss berücksichtigt werden, wenn das Kollisionsrecht (s.u. III.2) dazu führt, dass einem konkreten Rechtsstreit ausländisches Zivilrecht zu Grunde zu legen ist.

Auch ohne dass man sich der völkerrechtlichen Pflicht zur menschenrechtsfreundlichen Rechtsgestaltung und -auslegung bewusst ist, ist leicht ersichtlich, dass Schutzgüter des Zivilrechts auch Menschenrechte umschließen. Die Schutzgüter der Gesundheit und des Lebens beispielsweise verkörpern Menschenrechte, auch wenn sich die verschiedenen Deliktsrechte typischerweise nicht dieses Begriffs bedienen.[37] In der Form moralischer Forderungen, der »*lingua franca* des globalen moralischen Denkens«,[38] beeinflussen Menschenrechte bei der Gesetzesauslegung die Anwendung des

34 *Danwood Chirwa*, In search of philosophical justifications and suitable models for the horizontal application of human rights, African Human Rights Law Journal 8 (2008), 294, S. 306; *Stephen Gardbaum*, Human Rights and International Constitutionalism, in: Jeff Dunoff & Joel Trachtman (Hrsg.), Ruling the World? Constitutionalism, International Law and Global Government, 2009, 233, S. 236; *Andrew Clapham*, Human Rights Obligations of Non-State Actors, 2006, S. 2; *Katarina Weilert*, Transnationale Unternehmen im rechtsfreien Raum? Geltung und Reichweite völkerrechtlicher Standards, ZaöRV 69 (2009) 883, S. 886 ff.

35 *Christian Courtis*, Die Wirkung der Menschenrechte auf Privatrechtsverhältnisse, in: Grundrechte und Privatrecht aus rechtsvergleichender Sicht, *Jörg Neuner* (Hrsg.), 2007, 57; *Rudolf Geiger*, Grundgesetz und Völkerrecht, 5. Auflage (2010), S. 170 f; *Constantin Köster* (Fn. 33), S. 77 f.

36 Art. 21 Abs. 4 Verfassung von Kenia von 2010; Art. 39 Abs. 1 lit. b, Abs. 2 Verfassung von Süd-Afrika von 1996; zum Meinungsstand um den Rang des Völkerrechts in der Verfassung von Brasilien von 1988, s. *Ingo Sarlet*, Die Einwirkung der Grundrechte auf das brasilianische Privatrecht, in: Jörg Neuner (Hrsg.), Grundrechte und Privatrecht aus rechtsvergleichender Sicht, 2007, S. 85.

37 Vgl. z.B. die in § 823 Abs. 1 BGB aufgezählten Schutzgüter; International Commission of Jurists (IComJ), Corporate Complicity & Legal Accountability, Bd. 3: Civil Remedies, 2008, S. 11.

38 *Michael Ignatieff*, Human Rights as Politics and Ideology, 2001, S. 53; vgl. *Amartya Sen*, Elements of a Theory of Human Rights, Philosophy & Public Affairs 32 (2004), 315, S. 320 ff.

Rechts allgemein[39] und speziell des Zivilrechts.[40] Dabei wehren Menschenrechte utilitaristische Ansätze ab, die das Wohl der Wirtschaft mit dem (Un-)Wohl von Betroffenen schlicht aufsummieren wollen; sie sind als wesentlicher Gehalt der Menschenwürde einer Abwägung mit wirtschaftlichen Interessen nicht zugänglich.[41]

Lässt man auf diese scheinbar umständlichen, indirekten Wege das Menschenrecht in die Anwendung nationalen Rechts einfließen, kann sich eine andere Problematik erübrigen. Ob nämlich das Völkerrecht Unternehmen direkt bindet – also ihnen Pflichten auferlegt, die sie nicht ohne Rechtsfolgen verletzen können – ist hoch umstritten. Einer zurückweichenden Ansicht zufolge sind Unternehmen *de lege lata* eindeutig keine Träger menschenrechtlicher Pflichten des Völkerrechts.[42] Dabei beruft man sich inzwischen weniger auf ein traditionelles, dogmatisch enges Verständnis der Völkerrechtssubjektivität, denn es ist unübersehbar geworden, dass nicht mehr nur Staaten völkerrechtliche Rechte und Pflichten haben.[43] Unternehmen haben bereits außerhalb des Bereichs der Menschenrechte unmittelbare völkerrechtliche horizontale Pflichten. Unumstritten ist dies im Fall des UN-Kaufrechtsübereinkommens. Dieses Übereinkommen aus dem Jahr 1980 wenden Zivilgerichte alltäglich unmittelbar auf grenzüberschreitende Warenkäufe an, ohne dass dies von Käufer und Verkäufer vereinbart worden sein müsste.[44] Die Existenz menschenrechtlicher Unternehmenspflichten ist allerdings schwer festzustellen, weil sich den relevanten völkerrechtlichen Verträgen

39 *Herbert Hart*, Positivism and the Separation of Law and Morals, Harvard Law Review 71 (1958), 593, S. 598 f. Dabei ist umstritten, ob Menschenrechte nur bei der Anwendung unbestimmter Rechtsbegriffe und Generalklauseln berücksichtigt werden dürfen (so *Hart, ibid.*) oder generell bei der Rechtsauslegung zu berücksichtigen sind, so *Lon Fuller*, Positivism and Fidelity to Law - A Reply to Professor Hart, Harvard Law Review 71 (1958) 630 und *Amartya Sen*, Rights, laws and language, Oxford Journal of Legal Studies 31 (2011), 437, S. 443 ff. Vgl. BGHZ 3, 94, 107 zur Erschießung eines Deserteurs durch einen Kommandeur des Volkssturms; BGHSt 41, 101 - *Mauerschützen*.

40 *Danwood Chirwa* (Fn. 34), S. 307 f., vergleicht dies mit der Drittwirkung der Grundrechte in Deutschland; *Jürgen Habermas*, Zur Verfassung Europas, 2011, S. 21; *Christof Heyns* und *Frans Viljoen*, The Impact of the United Nations Human Rights Treaties on the Domestic Level, Human Rights Quarterly 23 (2001) 483, S. 502; *Götz Schulze*, Moralische Forderungen und das IPR, IPRax 2010, 290, S. 291 f.

41 *Thomas Cottier*, Trade and human rights: a relationship to discover, Journal of International Economic Law 5 (2002), 111, S. 114; *Ronald Dworkin*, Rights as Trumps, in: Jeremy Waldron (Hrsg.), Theories of Rights, 1984, 153; *Jeremy Waldron*, Introduction, *ebd.*, 1, S. 14; *Ian Seiderman*, Hierarchy in international law: the human rights dimension, 2001; *Amartya Sen* (Fn. 3); *David Sklansky* (Fn. 6), S. 124.

42 *Adefolake Adeyeye*, Corporate Responsibility in International Law: Which Way to Go?, Singapore Year Book of International Law 11 (2007) 141, S. 142; *Kay Hailbronner* und *Marcel Kau*, Der Staat und der Einzelne als Völkerrechtssubjekte, in: *Wolfgang Graf Vitzthum* (Hrsg.), Völkerrecht, 5. Auflage (2010), 147, S. 166; *Kirsten Schmalenbach*, Multinationale Unternehmen und Menschenrechte, Archiv des Völkerrechts 39 (2001) 57, S. 63.

43 *Andrew Clapham*, The Role of the Individual in International Law, European Journal of International Law 21 (2010), 25; *Bernd Grzeszick*, Rechte des Einzelnen im Völkerrecht, Archiv des Völkerrechts 43 (2005) 312; *Jordan Paust*, Nonstate Actor Participation in International Law and the Pretense of Exclusion, Virginia Journal of International Law 51 (2011), 977.

44 *Peter Schlechtriem*, Internationales UN-Kaufrecht, 4. Auflage (2007), S. 1 und 8 ff.

nur schwer ein Wille der vertragsschließenden Staaten zur direkten Bindung privater Akteure ohne einen Vorbehalt der nationalen Umsetzung des jeweiligen Abkommens entnehmen lässt. Viele Autoren, die sich mit der direkten Bindung von Unternehmen an Menschenrechte *de lege lata* näher befasst haben, wollen bzw. können sich selbst daher nicht deutlich positionieren.[45] Manche Autoren meinen, einer Anerkennung direkter völkerrechtlicher Menschenrechtspflichten von Unternehmen stehe jedenfalls nichts entgegen.[46] Häufig wird eine direkte Bindung hinsichtlich weniger Menschenrechte angenommen,[47] hin und wieder hinsichtlich vieler [48] und nur selten allumfassend.[49]

Eine Einigung lässt sich hier gegenwärtig nicht absehen.[50] Deswegen soll sich Teil III dieses Beitrags mit den bisher kaum betrachteten Möglichkeiten befassen, die die unumstrittene indirekte Bindung von Unternehmen an Menschenrechte bietet.

45 *Emeka Duruigbo*, Corporate Accountability and Liability for International Human Rights Abuses: Recent Changes and Recurring Challenges, Northwestern University Journal of International Human Rights 6 (2008) 222; *Iris Halpern*, Tracing the Contours of Transnational Corporations' Human Rights Obligations in the Twenty-First Century, Buffalo Human Rights Law Review 14 (2008) 129; *Stephan Hobe*, Die Zukunft des Völkerrechts im Zeitalter der Globalisierung, Archiv des Völkerrechts 37 (1999) 253; *Ania Seibert-Fohr*, Die Deliktshaftung von Unternehmen für die Beteiligung an im Ausland begangenen Völkerrechtsverletzungen, ZaöRV 63 (2003) 195; *Tomuschat* (Fn. 32), 107 ff. Rechtspolitische Bedenken macht ausführlich geltend: *John Knox*, Horizontal Human Rights Law, American Journal of International Law 102 (2008), 1.

46 *David Kinley* und *Junko Tadaki*, From talk to walk: The emergence of human rights responsibilities for corporations at international law, Virginia Journal of International Law 44 (2004) 931, S. 944 f; *Marion Weschka*, Human Rights and Multinational Enterprises: How Can Multinational Enterprises Be Held Responsible for Human Rights Violations Committed Abroad?, ZaöRV 66 (2006) 625, S. 659.

47 *Heiner Geldermann*, Völkerrechtliche Pflichten multinationaler Unternehmen, 2009, S. 305, 315 und 368; *Larissa van den Herik* und *Jernej Cernic*, From Human Rights to International Criminal Law and Back Again, Journal of International Criminal Justice 8 (2010) 725, S. 733; *Jan Hessbrügge*, Human Rights Violations Arising from Conduct of Non-State Actors, Buffalo Human Rights Law Review 11 (2005) 21, S. 29; *Constantin Köster* (Fn. 33), S. 269.

48 *Barbara Frey*, The Legal and Ethical Responsibilities of Transnational Corporations in the Protection of International Human Rights, Minnesota Journal of Global Trade 6 (1997) 153, S. 163; *Kathleen Morris*, The Emergence of Customary International Law Recognizing Corporate Liability for Violations of International Human Rights and Environmental Law, Gonzaga Journal of International Law 11 (2007) 4; *Jordan Paust*, Human Rights Responsibilities of Private Corporations, Vanderbilt Journal of Transnational Law 35 (2002) 801.

49 UN-Unterausschuss für die Förderung und den Schutz der Menschenrechte, Norms on the Responsibilities of Transnational Corporations and Other Business Enterprises with Regard to Human Rights, 26. August 2003, UN-Dok.: E/CN.4/Sub.2/2003/12/Rev. 2 (von der UN-Menschenrechtskommission im Jahr 2004 verworfen).

50 Bericht des Sonderbeauftragten des UN-Generalsekretärs, *John Ruggie*, 19. Februar 2007, UN-Dok. A/HRC/4/35, Para. 44: „... gegenwärtig anscheinend keine direkten Rechtspflichten ..." Die UN-Leitprinzipien weichen der Frage folglich vollständig ins *soft law* aus, UN Guiding Principles on Business and Human Rights, 21. März 2011, UN-Dok. A/HRC/17/31, einstimmig und ohne formelle Abstimmung vom Menschenrechtsrat durch Resolution vom 15. Juni 2011, UN-Dok. A/HRC/17/L.17/Rev. 1 beschlossen.

### 3. Soft law

Weil die juristischen Verhältnisse zwischen Menschenrechten, nationalem Recht und Unternehmen so problematisch sind und das verbreitete Verlangen nach einer Stärkung der Unternehmensverantwortung bisher nicht befriedigen konnten, hat sich das Konzept der *corporate social responsibility* (CSR oder *soft law*) verbreitet. Es geht dabei um Verhaltenskodizes, deren Beachtung nicht gerichtlich einklagbar ist.[51]

Der bedeutendste sektorübergreifende Verhaltenskodex sind die vom UN-Menschenrechtsrat der UN im Juni 20011 einstimmig angenommenen UN-Leitprinzipien für Unternehmen und Menschenrechte, dessen Prinzipien im Wesentlichen in die Neufassung der OECD-Leitlinien für multinationale Unternehmen von 2011 übernommen worden sind.[52] Darüber hinaus gibt es eine Vielzahl an spezifischen Verhaltenskodizes.[53]

Der unverbindliche Charakter des *soft law* ist seine offensichtliche Schwäche. Nicht übersehen werden sollte aber, dass in den vielen teils recht detaillierten Empfehlungen des *soft law* jeweils ein Konsens dahin gehend zum Ausdruck kommt, welche unternehmerischen Verhaltensweisen in bestimmten Arten von Situationen globaler Geschäftstätigkeit üblich sein sollten. Wie im Folgenden gezeigt wird, kann das *soft law* in dieser Eigenschaft die Anwendung des Kollisionsrechts und materiellen Rechts beeinflussen.

## *III. Zivilrechtliche Verantwortlichkeit*

Für von Menschenrechtsverletzungen betroffene Personen kann aus den eingangs dargestellten Gründen in Betracht kommen, gegen Unternehmen, die diese Verletzungen verursacht oder dazu beigetragen haben, vor europäischen Zivilgerichten auf Unterlassen oder Schadensersatz zu klagen. Dabei sind verschiedene Hürden zu nehmen. Zunächst ist die Gerichtszuständigkeit zu klären und wessen Staates Recht für eine Streitentscheidung in der Sache maßgeblich ist. Die materiellen Zivilrechtsordnungen der Staaten wurden bisher kaum an die Herausforderungen der Globalisierung angepasst. Die Rechtsanwendung ist daher problematisch und es ist fraglich, inwieweit Völkerrecht und das *soft law* hier Abhilfe schaffen können.

51 Mitteilung der Kommission, Eine neue EU-Strategie (2011-14) für die soziale Verantwortung der Unternehmen (CSR), S. 6, definiert CSR als „die Verantwortung von Unternehmen für ihre Auswirkungen auf die Gesellschaft".

52 UN-Leitprinzipien (Fn. 50).

53 Für die Problematik der Zulieferketten in verschiedenen Wirtschaftssektoren sind z.B. maßgeblich: Global Reporting Initiative, Ethical Trading Initiative, SA8000, Fair Labour Association, ISO 26000 und die Clean Clothes Campaign, s. *Radu Mares*, The Limits of Supply Chain Responsibility: A Critical Analysis of Corporate Responsibility Instruments, Nordic Journal of International Law 79 (2010), 193.

## 1. Zuständigkeit von Zivilgerichten

Die internationale Zuständigkeit der Zivilgerichte in der EU bemisst sich vor allem nach vereinheitlichtem Zuständigkeitsrecht der EU. Nur wenn die europäischen Zuständigkeitsnormen zu keiner Zuständigkeit eines Gerichtes in der EU führen, kommt zur Begründung einer Restzuständigkeit die Anwendung der ZPO in Betracht. Deren Normen der örtlichen Zuständigkeit regeln implizit auch die internationale Zuständigkeit.

### a) Allgemeiner Gerichtsstand am Sitz des Beklagten

Wer eine Klage erheben will muss sich grundsätzlich an die Zivilgerichte des Heimatstaats des Beklagten wenden.[54] Seit 2001 ist dieses Prinzip für die Zivilgerichte der Mitgliedstaaten der EU in Art. 2 Abs. 1 der Verordnung über die gerichtliche Zuständigkeit und die Anerkennung und Vollstreckung von Entscheidungen in Zivil- und Handelssachen (EuGVO) normiert.[55] Der sachliche Anwendungsbereich der EuGVO ist in internationalen Zivilsachen wie den hier betrachteten gemäß Art. 1 Abs. 1 EuGVO eröffnet. Gemäß Art. 2 Abs. 1 EuGVO sind Personen mit Wohnsitz in einem Mitgliedstaat der EU vor den Gerichten dieses Mitgliedstaats zu verklagen. Der »Wohnsitz« von Unternehmen ist gemäß Art. 60 Abs. 1 EuGVO wahlweise der Ort des satzungsmäßigen Sitzes, der Hauptverwaltung oder einer Hauptniederlassung. Eine verdrängende, ausschließliche Zuständigkeit anderer Gerichte gem. Art. 22 EuGVO kommt in vorliegenden Fällen grds. nicht in Betracht. Die Zuständigkeitsnormen für Hauptsacheverfahren begründen implizit auch eine Zuständigkeit in einstweiligen Rechtsschutzersuchen.[56] Art. 2 Abs. 1, 60 Abs. 1 EuGVO führen damit in zivilrechtlichen Verfahren zu einer Zuständigkeit der Gerichte des Heimatstaats des beklagten Unternehmens.

Seit 2005 ist zudem höchstrichterlich geklärt, dass Gerichte nicht von der Zuständigkeitsnorm des Art. 2 Abs. 1 EuGVO ermessenshalber abweichen dürfen. Insbesondere ist das im anglo-amerikanischen Rechtskreis verbreitete Prinzip des *forum non conveniens* ausgeschlossen. Auf Grundlage dieser Regel konnte ein Gericht ein Verfahren aussetzen, wenn es der Ansicht war, dass ein anderes gleichfalls zuständiges

54 Zu §§ 12, 17 ZPO s. *Reinhold Geimer*, Internationales Zivilprozessrecht, 6. Auflage (2009), Rn. 946 und 1265 ff; zu Art. 2 I, 60 EuGVO s. *Haimo Schack*, Internationales Zivilverfahrensrecht, 5. Auflage (2010), Rn. 273 und 281.

55 Verordnung (EG) Nr. 44/2001 des Rates vom 22. Dezember 2000. Für sie sind die Akronyme EuGVO, EuGVVO und Brüssel I-VO geläufig. Zuvor galt das Europäische Gerichtsstands- und Vollstreckungsübereinkommen von 1968 (EuGVÜ), in dem die Zuständigkeit, soweit hier relevant, nicht anders geregelt war, vgl. Art. 2 Abs. 1 EuGVÜ.

56 *Jens Adolphsen*, Europäisches Zivilverfahrensrecht, 2011, S. 207.

Gericht beispielsweise wegen Beweisnähe besser über den Rechtsstreit entscheiden können würde. Der EuGH entschied im Jahr 2005, dass Zivilgerichte in der EU ihre Zuständigkeit auf Grundlage der EuGVO ausüben müssen, selbst wenn sich der streitumfangene Sachverhalt vollständig außerhalb der EU ereignet hat und der Beklagtensitz innerhalb der EU die einzige Verbindung des Rechtsstreits zur EU ist.[57]

Somit können aufgrund Europarechts Unternehmen mit Gründungssitz, Hauptverwaltung oder Hauptniederlassung in der EU unproblematisch vor den Zivilgerichten des jeweiligen Mitgliedsstaats verklagt werden. Dies wird in der Rechtswissenschaft gelegentlich noch schlicht übersehen[58] aber im Übrigen gar betont[59] und wurde von der Rechtsprechung in zwei Fällen bestätigt.[60]

### b) Besonderer Gerichtsstand in Deutschland bei Klagen gegen ausländische Unternehmen

In den Fallkategorien der Zulieferbetriebe und Konzernbeziehungen kommt ein besonderer Gerichtsstand in Deutschland für Klagen gegen ausländische Unternehmen in Betracht. Hat keine der Parteien einen (Wohn-)Sitz in der EU, führt die EuGVO in den hier betrachteten Fällen zu keinem Gerichtsstand innerhalb der EU und überlässt deswegen gem. Art. 4 Abs. 1 EuGVO den Mitgliedstaaten der EU das letzte Wort darüber, ob sie ihre Gerichtszuständigkeit eröffnen wollen.

Hat der ausländische Klagegegner in Deutschland belegenes Vermögen, so kann § 23 Abs. 1 S. 1 F. 1 ZPO die örtliche und implizit zugleich die internationale Zuständigkeit deutscher Gerichte eröffnen.[61] Gemäß dieser Norm ist für Klagen wegen vermögensrechtlicher Ansprüche gegen eine Person, die im Inland keinen Wohnsitz hat, das Gericht zuständig, in dessen Bezirk sich Vermögen derselben befindet. Dieser Gerichtsstand ist sehr attraktiv, weil er jedem Kläger offensteht und sich umständliche Urteilsanerkennungsverfahren erübrigen, wenn das Urteil im Inland durch Pfändung

57 EuGH, Urteil vom 1. März 2005, Rs. C-281/02 (*Owusu*).

58 *Bahareh Mostajelean*, Foreign Alternatives to the Alien Tort Claims Act: The Success (or is it Failure?) of Bringing Civil Suits against Multinational Corporations that Commit Human Rights Violations, George Washington International Law Review 40 (2008) 497, S. 516-520; Oxford Pro Bono Publico, Obstacles to justice and redress for victims of corporate human rights abuse, 2008, abrufbar unter www2.law.ox.ac.uk/opbp/Oxford-Pro-Bono-Publico-submission-to-Ruggie-3-Nov-2008.pdf (zuletzt aufgerufen: 20. Juli 2012), S. 146 f., 354 f. und 356 f.

59 IComJ (Fn. 37), S. 51; *Wouters/Chanet (Fn.* 14), S. 297; European Parliament resolution on the Commission Green Paper on promoting a European framework for corporate social responsibility, 30. Mai 2005, Dok.-Nr. P5_TA(2002)0278, Para. 50.

60 Der High Court of London bestätigte durch eine Zwischenentscheidung seine Zuständigkeit in *Yao Essaie Motto v. Trafigura*, doch kurz vor Beginn der mündlichen Verhandlung vereinbarten die Parteien am 19. September 2009 eine vergleichsweise Streitbeilegung. Der District Court of The Hague nahm durch Zwischenentscheidung seine Zuständigkeit in *Nigerians v. Shell* (30. Dezember 2009) an.

61 *Reinhold Geimer* (Fn. 54), S. 486 ff.

der zuständigkeitsbegründenden Forderung vollstreckt werden kann.[62] § 23 S. 2 ZPO fingiert Forderungen als am Wohnsitz des Drittschuldners belegen. Eine Forderung auf Kaufpreis- bzw. Werklohnzahlung eines ausländischen Produzenten bzw. Bauunternehmers gilt damit als in Deutschland belegen und begründet die Gerichtszuständigkeit, obwohl sie selbst nicht streitgegenständlich ist. Vom Bestehen einer Forderung des Klagegegners muss sich das Gericht mittels Freibeweis überzeugen können. Da derartige Geschäftsbeziehungen in der Sphäre des Beklagten liegen, kann vom Kläger nur erwartet werden, das Bestehen derartiger Forderungen zu behaupten, etwa indem er auf bisherige größere und regelmäßige Warenlieferungen nach Deutschland hinweist. Es steht dann dem Beklagten anheim, sie substantiiert zu bestreiten.[63]

§ 23 Abs. 1 ZPO ist im internationalen Vergleich ungewöhnlich und als »exorbitanter« Gerichtsstand nicht ganz unumstritten.[64] BGH und h.M. halten ihn für verfassungs- und völkerrechtsmäßig, der BGH aber mit Blick auf die Gesetzeshistorie das ungeschriebene Tatbestandsmerkmal eines »hinreichenden Inlandsbezugs des Rechtsstreits« erkannt.[65] Ein solcher Inlandsbezug liegt nicht fern, wenn ein deutsches Unternehmen eine Bestellung bzw. einen Werkauftrag auslöste, daraufhin die streitgegenständliche Rechtsverletzung verwirklicht wurde, und gerade in diesem Zusammenhang eine Werklohn- bzw. Kaufpreisforderung gegen das deutsche Unternehmen besteht.

Insoweit kann somit ein Gerichtsstand in Deutschland gem. § 23 Abs. 1 S. 1 ZPO gegeben sein. Ohne eine direkte Geschäftsbeziehung zwischen dem ausländischen Klagegegner und einem deutschen Unternehmen werden in Deutschland belegene Forderungen aber nicht in Betracht kommen. Damit sind im Fall von Lieferketten Klagen in Deutschland gegen solche ausländischen Unternehmen ausgeschlossen, die

62 *Haimo Schack* (Fn. 54), Rn. 367. Ein Untergang der Forderung nach Zustellung der Klageschrift beim Beklagten würde die Klage nicht unzulässig werden lassen (§ 253 Abs. 1 ZPO), aber die Vollstreckung des Urteils gefährden. In Betracht kommt daher ein Antrag auf Sicherungspfändung (§ 916 ZPO).

63 Thomas/Putzo/*Reichold* ZPO, 32. Auflage (2011), Vor § 284, Rn. 18, 37.

64 *Schack* stellt die Kritik dar und weist sie zurück, *Haimo Schack* (Fn. 54), Rn. 370 ff.

65 BGH, Urteil vom 2. Juli 1991, Az. XI ZR 206/90, juris-Rn. 12 und 17 ff; *Haimo Schack* (Fn. 54), Rn. 373: „Es gibt keine allgemeine Regel des Völkerrechts, welche die vielfältigen exorbitanten Zuständigkeiten, die alle nur einen relativ schwachen Inlandsbezug aufweisen, verbieten würde." So befand auch der IGH in *Lotus*, das Völkerrecht beinhalte kein allgemeines Verbot der Ausdehnung der eigenen Gesetze und Gerichtszuständigkeit auf Personen, Eigentum oder Verhalten außerhalb des eigenen Staatsgebiets, sondern überlasse den Staaten insoweit weitgehendes Ermessen, das nur in besonderen Fällen durch Verbote begrenzt sei, PCIJ, Series A, No. 10, 1927 (*Lotus*). Im anglo-amerikanischen Rechtskreis herrscht ein strengeres Souveränitätsverständnis, s. *Jan Wouters* und *Cedric Ryngaert*, Litigation for Overseas Corporate Human Rights Abuses in the European Union: The Challenge of Jurisdiction, George Washington International Law Review 40 (2009), 939, S. 951 ff.

nur vorbereitende, der letzten Produktverarbeitung vorgelagerte Produktionsabschnitte übernehmen.[66]

### c) ATCA-Klagen in den Vereinigten Staaten als Alternative?

Bisher wurden transnationale Zivilverfahren gegen europäische Unternehmen fast[67] ausschließlich bei Zivilgerichten in den Vereinigten Staaten anhängig gemacht.[68] Die Kläger berufen sich dabei auf den Alien Tort Claims Act (ATCA), ein Gesetz aus dem Jahr 1789, das die Zuständigkeit der Bundesgerichte der USA begründet, wenn Nicht-US-Bürger gegen Nicht-US-Bürger wegen eines im Ausland verwirklichten Deliktes klagen, das einen Verstoß gegen Völkerrecht darstellt.[69] Im Jahr 1996 klagten Bürger des Staates Burma in Kalifornien gegen das Unternehmen Unocal wegen vermeintlicher Beteiligung an Menschenrechtsverletzungen durch das Regime von Myanmar/ Burma während des Baus einer Erdgas-Leitung.[70] Einige Gruppen ausländischer Kläger haben sich seitdem auf den ATCA berufen, in der Hoffnung, dass dieser eine Zuständigkeit der US-Gerichte für Klagen gegen Unternehmen mit Sitz außerhalb der USA begründet.[71] Vereinzelt kam es zu vergleichsweisen Streitbeilegungen.[72] Noch immer ist die Zuständigkeit der US-Gerichte umstritten, vor allem weil fraglich ist, ob und in wie weit auch Unternehmen ein »völkerrechtliches Delikt« i.S.d. ATCA begehen können. Der U.S. Supreme Court hat kürzlich einen Streit über die Anwendung

66 Zur Struktur globaler Lieferketten s. *Li-Wen Lin* (Fn. 12), 329; *Charu Chandra* und *Sameer Kumar*, Enterprise architectural framework for supply-chain integration, Industrial Management & Data Systems 101 (2001), 290.

67 Zwei Ausnahmen s. Fn. 60. Zudem hat das House of Lords im Jahr 2000 englische Gerichte für zuständig befunden, über eine Klage von Südafrikanern gegen ein englisches Unternehmen wegen Asbestschädigungen durch ein südafrikanisches Tochterunternehmen zu entscheiden, *Lubbe v. Cape*, UKHL 41, [2000], 1 WLR 1545; die *forum non conveniens*-Regel sei in diesem Fall nicht einschlägig gewesen, *ebd.*

68 Eine Ursache dafür wird darin gesehen, dass in den USA, nicht aber in den Prozessordnungen der EU, Sammelklagen möglich sind, *John Ruggie* (Fn. 30), Rn. 109-112. Zudem kennen die Rechtsordnungen in Europa keinen Strafschadensersatz.

69 28 USC § 1350, häufig auch als Alien Tort Statute bezeichnet. Vor allem hatte es der U.S.-Kongress bei Erlass des Gesetzes auf eine Zuständigkeit amerikanischer Gerichte in Fällen der Piraterie abgesehen, s. Urteil des U.S. Supreme Court, *Sosa v. Alvarez-Machain* (2004) 542 US 692, 715.

70 *Doe I v. Unocal Corp* (1997), 963 F. Supp. 880. Nachdem am 18. September 2002 ein U.S. Berufungsgericht die Zulässigkeit der Klage bestätigte, legten die Parteien den Streit im Dezember 2004 durch Vergleich bei.

71 *Wiwa v. Shell* (2000) 226 F.3d 88; *Bigio v. Coca-Cola* (2000) 239 F.3d 440; *Flores v Southern Peru Copper Corporation* (2003) 414 F.3d 233; *Khulumani v. Barclay* (2007) 504 F.3d 254; *Viet. Assoc. for Victims of Agent Orange v. Dow Chem.* (2008) 517 F.3d 104; *Abdullahi v. Pfizer* (2009) 562 F.3d 163; *Presbyterian Church of Sudan v. Talisman Energy* (2009) 582 F.3d 244.

72 *Lisa Girion*, Unocal to Settle Rights Claims, 14. December 2004, LA Times, S. A1; *Jad Mouawad*, Shell Agrees to Settle Abuse Case for Millions, 9. Juni 2009, NY Times, S. B1.

des ATCA auf Klagen gegen Unternehmen zur Revision zugelassen.[73] Er könnte die internationale Zuständigkeit hinsichtlich einiger klar definierter völkerrechtlicher Verstoße für gegeben halten.[74] Ggf. wäre dann in europäischen Staaten zu klären, ob die hiesigen Behörden die Zustellung von ATCA-Klageschriften verweigern dürfen.[75]

Wegen dieser Schwierigkeiten werden Klagen am Sitz der europäischen Unternehmen mehr Aussicht auf Erfolg zugeschrieben,[76] zumal vor deutschen Gerichten die Anwaltsvergütung gem. § 4a RVG nunmehr auch auf Erfolgsbasis vereinbart werden kann und die Gewährung von Prozesskostenhilfe für mittellose Kläger nicht von deren Staatsbürgerschaft oder Wohnsitz abhängt.[77] Die Zuständigkeitsregeln der EuGVO durchlaufen z.Zt. ein Überarbeitungsverfahren. Der aktuelle Neuentwurf[78] enthält jedoch keine hier relevanten Einschränkungen der Zuständigkeit.[79] Nachteilig ist aus Sicht der Kläger aber, dass es in den kontinental-europäischen Rechtsordnungen keine Möglichkeiten der Sammelklage und des Strafschadensersatzes gibt.

### 2. Kollisionsrecht

Ist die Zuständigkeit deutscher Gerichte geklärt, stellt sich als nächstes die Frage, wessen Staates materielles Recht anzuwenden ist. Damit befasst sich das so genannte Kollisionsrecht bzw. Internationale Privatrecht. Auch das Kollisionsrecht ist auf europäischer Ebene weitgehend vereinheitlicht, und zwar soweit hier relevant durch zwei Verordnungen für vertragliche (Rom I-VO) und für außervertragliche Schuldverhältnisse (Rom II-VO), die unmittelbar und zwingend von europäischen Zivilgerichten

73 In *Kiobel v. Royal Dutch Petroleum*, U.S. Supreme Court, docket no. 10-1491, wird seit dem (zweiten) Verhandlungstermin vom 1. Oktober 2012 mit einem baldigen, richtungsweisenden Urteil gerechnet. Es geht um eine Klage mehrerer Nigerianer gegen das niederländische Unternehmen Shell und andere wegen vermeintlicher Beteiligung an einer gewaltsamen Unterdrückung von Protesten gegen Ölfördervorhaben.

74 Vgl. *Sosa v. Alvarez-Machain*, 542 U.S. 692 (2004) bzgl. der Anwendbarkeit des ATCA auf natürliche Personen.

75 *Rolf Schütze*, Die Verweigerung der Klagezustellung bei völkerrechtswidriger Usurpierung internationaler Zuständigkeit, RIW 2008, 676.

76 *Wouters/Chanet* (Fn. 14), S. 299; *Michael Peel*, European Lawyers in Hunt for Big Game, 30. Januar 2008, Financial Times, http://www.ft.com/cms/s/0/927bab82-cf57-11dc-854a-0000779fd2ac.html (zuletzt aufgerufen am 20. Juli 2012).

77 Thomas/Putzo/*Reichold* ZPO, 32. Auflage (2011), § 114, Rn. 2.

78 Proposal for a regulation of the European Parliament and the Council on jurisdiction and the recognition and enforcement of judgments in civil and commercial matters (14. Dezember 2010), Dok.-Nr. COM(2010) 748 final.

79 *Johannes Weber*, Universal Jurisdiction and Third States in the Reform of the Brussels I Regulation, RabelsZ 75 (2011), 619, S. 629 ff.

anzuwenden sind.[80] Je nach der Rechtsnatur des Streitgegenstands bieten die einschlägigen Kollisionsnormen Anknüpfungspunkte, die zur Anwendung des materiellen Rechts führen sollen, dass am engsten mit dem Rechtsstreit verbunden ist.

In den hier betrachteten Fällen bestehen in der Regel keine vertraglichen Beziehungen zwischen den Parteien. Zumindest kommen dann deliktsrechtliche Ansprüche in Betracht; unter a) wird erläutert, wessen Staates Deliktsrecht das deutsche Gericht anwenden würde. Nur in wenigen Konstellationen kommen arbeitsrechtliche Ansprüche in Frage; dazu siehe b). Sodann stellt sich die Frage, ob ein deutsches Gericht besondere deutsche Rechtsnormen in gesamtgesellschaftlichem oder menschenrechtlichem Interesse auch dann anwenden darf, wenn eigentlich ausländisches Recht zur Anwendung berufen ist (c). Auch ist fraglich, ob deutsche Sorgfalts-, Organisations- und Verkehrspflichten zu berücksichtigen sind, wenn ein Unternehmen seine Geschäftsführung von Deutschland aus ausübt (d). Besondere Fragen, die nicht dem Schuldrecht unterfallen, sind die der Zurechnung von Kenntnis, Verhalten und Verschulden sowie des Haftungsdurchgriffs (e).

### a) Bestimmung des anwendbaren Delikts- und Verjährungsrechts

Begehrt ein Anspruchsteller Schadensersatz oder Unterlassen von einem Anspruchsgegner ohne vertragliche Beziehungen, so bestimmt sich anhand der Rom II-VO, wessen Staates außervertragliches Haftungsrecht anzuwenden ist.[81]

Nach der Grundanknüpfung für deliktsrechtliche Sachverhalte, Art. 4 Abs. 1 Rom II-VO, ist das Recht des Staates anwendbar, in dem die Rechtsverletzung eingetreten ist.[82] Ein Ausweichen auf das Recht am Ort der Geschäftsführung (in Deutschland) kommt in Betracht, wenn die Schädigung des Anspruchstellers zugleich eine Umweltschädigung darstellt, Art. 7 Rom II-VO. Andernfalls kann der Sachverhalt nur dann dem Recht eines anderen Staates als dem des Verletzungsortes unterstellt werden, wenn er mit dem anderen Staat »wesentlich enger« verbunden ist (Art. 4 Abs. 3 Rom II-VO), wobei allein der Umstand, dass sich die Geschäftsleitung in Deutschland zuträgt, noch nicht annehmen lassen dürfte, dass das vermeintliche Delikt mit dem deut-

80 Verordnung (EG) Nr. 593/2008 des Europäischen Parlaments und des Rates vom 17. Juni 2008 über das auf vertragliche Schuldverhältnisse anzuwendende Recht (Rom I-VO); Verordnung (EG) Nr. 864/2007 des Europäischen Parlaments und des Rates vom 11. Juli 2007 über das auf außervertragliche Schuldverhältnisse anzuwendende Recht (Rom II-VO).

81 *Ebd.* Sie ist anwendbar, wenn sich die umstrittene Rechtsverletzung nach dem 11 Januar 2009 zugetragen hat, Art. 32 Rom II-VO. Zur Sonderrolle Dänemarks s. Art 1 Abs. 4 Rom II-VO.

82 Unter dem Begriff „Schaden" in Art. 4 Rom II-VO wird außerhalb romanisch geprägter Rechtsordnungen die Rechtsverletzung verstanden, vgl. Erwägungsgrund 17.

schen Deliktsrecht »wesentlich enger« verbunden ist als mit dem des Verletzungsortes.[83]

Damit ist in der Regel ausländisches Deliktsrecht zur Anwendung berufen. Dieses Recht entscheidet auch über die Verjährung des Anspruchs, Art. 15 lit. f Rom II-VO. Die relativ kurze deutsche dreijährige Verjährungsfrist, von der die Rechtsprechung auch bei schweren Menschenrechtsverletzungen keine Ausnahme zulässt,[84] ist somit unbeachtlich.

### b) Bestimmung des anwendbaren Arbeitsrechts

Vertragliche Beziehungen zu einem Arbeitgeber, der in Deutschland verklagt werden soll, kommen in den hier betrachteten transnationalen Fällen nur selten in Betracht. Wegen des globalen Outsourcings werden zu einem Unternehmen mit Sitz in Deutschland i.d.R. keine vertraglichen Beziehungen bestehen. Ein Ausländer kann gegen einen ausländischen Arbeitgeber wegen eines Auslandssachverhalts nur unter den Voraussetzungen des § 23 Abs. 1 S. 1 ZPO vor einem deutschen Gericht klagen, die nur schwer darlegbar sind, s. III.1.b.

Gelingt dies aber, so ist gemäß Art. 8 Abs. 2 der Rom I-VO dem Rechtsstreit das Arbeitsrecht des Staates zu Grunde zu legen, in dem der Arbeitnehmer seine Tätigkeit ausübt. Dass Waren von Deutschland aus geordert und dorthin geliefert wurden, dürfte kaum eine »engere Verbindung« des Sachverhalts zu Deutschland i.S.d. Art. 8 Abs. 4 der Rom I-VO begründen, die zur Anwendung deutschen Rechts führen würde. Denn das Arbeitsverhältnis an sich spielt sich vollständig in dem jeweiligen ausländischen Staat ab.

### c) Eingriffsnormen als kollisionsrechtliche Schnittstelle der Menschenrechte

Obwohl es somit grundsätzlich zur Anwendung des Rechts am Ort der Rechtsverletzung kommt, können deutsche Gerichte gemäß Art. 9 Rom I-VO bzw. Art. 16 Rom II-VO sogenannten »Eingriffsnormen« des deutschen Rechts den Vorrang geben. Dabei handelt es sich um Normen, deren Einhaltung für die Wahrung der öffentlichen Interessen der politischen, sozialen oder wirtschaftlichen Organisation als entscheidend erachtet wird. Welche Normen einen derartigen allumfassenden Geltungsanspruch

83 Zur restriktiven Anwendung der Ausnahme s. *Abbo Junker*, Die Rom II-Verordnung: Neues Internationales Deliktsrecht auf europäischer Grundlage, NJW 2007, 3675, 3678. Die bisherige grundsätzliche Anknüpfung an den Handlungsort (Art. 40 Abs. 1 S. 1 EGBGB) spielt in der Rom II-VO gerade keine Rolle mehr.

84 OLG Stuttgart, NJW 2000, 2680 (*Zwangsarbeit*).

haben ist durch Auslegung zu ermitteln.[85] Dabei ist auf den überwiegenden Normzweck abzustellen.[86]

Zum Beispiel lassen die in § 7 Abs. 1 AWG genannten zwingenden öffentlichen Interessen der Bundesrepublik keine Zweifel daran, dass Waffenexportverbote als Eingriffsnormen anzuerkennen sind.[87] Ein aus deutscher Sicht illegaler Waffenexport ist damit auch im Rahmen einer ausländischen deliktsrechtlichen Anspruchsgrundlage als widerrechtliche Handlung zu werten, selbst wenn der Staat des Schadensortes den Handel mit den Waffen erlaubt.

§ 823 Abs. 2 BGB i.V.m. Schutznormen des StGB als Eingriffsnormen anzuerkennen, wird in der Literatur bisher überwiegend befürwortet.[88] Dass Schutznormen (auch) Individualinteressen dienen, steht dem jedenfalls nicht entgegen.[89] Darüber hinaus dient das Völkerstrafrecht »den fundamentalen Interessen der Völkergemeinschaft«.[90] Der Eingriffsnormcharakter der Tatbestände des VStGB ist somit nicht zu bezweifeln – wohl aber ihr Schutznormcharakter.[91] Erkennt man letztlich an, dass z.B. der Plünderungstatbestand des § 9 VStGB sowohl Eingriffs- als auch Schutznorm ist, so könnte beispielsweise ein deutscher Baustoffhersteller, der sich in einem internationalen oder nichtinternationalen bewaffneten Konflikt mit Genehmigung der einen Partei in Steinbrüchen Rohstoffe der Gegenpartei aneignet,[92] gemäß § 823 Abs. 2 BGB, § 9 Abs. 1 VStGB auf Schadensersatz haften, ohne dass es auf das schwer ermittelbare Deliktsrecht in der Konfliktzone ankäme.

Fraglich ist, ob auch weitere, dem Menschenrechtsschutz dienende Normen als Eingriffsnormen gelten können. Generell spricht für eine zwingende, gesamtgesellschaftliche Bedeutung einer Norm, dass dem Betroffenen gesetzlich institutioneller

85 BGH, Urt. vom 13.12.2005 - XI ZR 82/05, juris Rn. 25-29; s. auch EuGH, Urt. vom 23.11.1999 - verb. Rs. C-369/96 und C-376/96 (*Arblade*); MüKo/*Junker* BGB, Bd. 10, 5. Auflage (2010), Art. 16 Rom II-VO Rn. 11.

86 LAG Hessen, Urt. vom 13.11.2006 – 17 Sa 816/06, vom BAG zurückverwiesen zur weiteren Prüfung der Gesamtheit der Umstände, BAG, Urt. vom 13.11.2007 - 9 AZR 134/07.

87 Vgl. PWW/*Schaub/Remien* BGB, 6. Auflage (2011), Art. 16 Rom II, Rn. 3. Zur Problematik der Waffenexporte s. *Gustavo Olvera*, Fn. 19.

88 Dafür: Bamberger/Roth/*Spickhoff* BGB, Bd. 3, 2. Auflage (2008), Rom II-VO, Rn. 116; PWW/*Schaub/Remien* (Fn. 87); a.A. *Bernd v. Hoffmann*, Sonderanknüpfungen zwingender Normen im internationalen Deliktsrecht, in: *Peter Gottwald* (Hrsg.), Festschrift für Dieter Henrich, 2000, 283, S. 285 ff.

89 Beides widerspräche jedenfalls einander nicht, *Thomas Rauscher*, Internationales Privatrecht, 3. Auflage (2009), S. 1204.

90 *Gerhard Werle*, Völkerstrafrecht, 2. Auflage (2007), Rn. 86 ff.

91 Str., laut *Werle*, *ebd.*, ist hinsichtlich des Individualschutzes im Völkerstrafrecht zwischen den einzelnen Völkerrechtsverbrechen zu differenzieren.

92 Dies wird dem deutschen Unternehmen HeidelbergCement und seinem Tochterunternehmen Hanson Israel von Palästinensern in besetzten Gebieten der West Bank vorgeworfen, http://whoprofits.s483.sureserver.com/node/22394, 10. Februar 2012 (zuletzt aufgerufen am 20. Juli 2012).

Schutz bei der Durchsetzung seiner Ansprüche garantiert wird.[93] In der Literatur will man als Kriterium auch heran ziehen, ob eine Norm als sanktionsbewehrtes Verbots- oder Gebotsgesetz formuliert ist.[94] Zudem erscheint es angezeigt, zu berücksichtigen, ob und wie stark eine Norm ein Menschenrecht verkörpert. Denn in Art. 1 Abs. 2 GG bekennt sich das »Deutsche Volk« (also die Gesellschaft insgesamt) zu den »Menschenrechten als Grundlage jeder menschlichen Gemeinschaft, des Friedens und der Gerechtigkeit in der Welt«. Die Gesellschaft verweist damit an der Spitze der Normenpyramide auf ein Regelungsregime, das seiner Idee nach universell gilt[95] und durch die Ewigkeitsgarantie gem. Art. 79 Abs. 3 GG selbst die verfassungsgebende Mehrheit bindet.

§ 5 Abs. 1 JArbSchG erfüllt diese Kriterien. Gemäß dieser Norm ist die Beschäftigung von Kindern (unter 15 Jahren) mit Arbeit verboten. Dieses Verbot ist straf- und bußgeldbewährt, §§ 58 f JArbSchG. Aufsichtsbehörden auf Landesebene wachen über seine Einhaltung und haben das Recht zur Besichtigung von Arbeitsstätten, § 51 JArbSchG. Das Pendant des JArbSchG auf völkerrechtlicher Ebene ist das ILO-Übereinkommen Nr. 138 aus dem Jahr 1976, welches von 161 Staaten ratifiziert worden ist (Stand: Februar 2012). Gemäß Art. 1, 2 Abs. 3 des ILO-Übereinkommens 138 darf das Mindestalter von Arbeitenden auf keinen Fall unter 15 Jahren liegen. Gemäß Art. 9 sollen Staaten Verstöße hiergegen strafrechtlich sanktionieren. Gemäß Art. 22 ff. der ILO-Verfassung ist das Internationale Arbeitsamt mit der Beobachtung der Umsetzung der einzelnen ILO-Übereinkommen in den Mitgliedsstaaten und mit der Verhandlung von Beschwerden von Gewerkschaften betraut. Zudem erwarten auch die UN-Leitprinzipien ausdrücklich von Unternehmen aller Wirtschaftssektoren weltweit, dass sie zumindest die in ILO-Übereinkommens 138 und einigen anderen Völkerverträgen verkörperten Menschenrechte respektieren, und zwar entlang ihrer gesamten globalen Geschäftstätigkeit, ganz gleich wie freizügig oder lückenhaft nationale Rechtsordnungen sein mögen.[96] Ein Interesse, das sogar zwischen den Völkern derart umsorgt wird, ist offenbar für die Gesellschaft(en) insgesamt von tragender Bedeutung. Man kommt daher kaum umhin, § 5 Abs. 1 JArbSchG als Eingriffsnorm anzuerkennen. Das bedeutet konkret: Wenn Kinderarbeit in Nigeria[97] Gegenstand eines deutschen Gerichtsverfahrens werden sollte, so wäre die Rechtswidrigkeit der Beschäftigung des Kindes auf der Grundlage von § 5 Abs. 1 JArbSchG i.V.m. Art. 9 Rom I-VO bzw. Art. 16 Rom

93 Wegen der Einbindung von Arbeitsbehörden im Fall von Massenentlassungen, bei Schwerbehinderten und beim Schutz von Betriebsratsmitgliedern vor außerordentlichen Kündigungen hat das BAG insoweit bereits Eingriffsnormen anerkannt, BAG, Urteil vom 24.8.1989, NZA 1990, 841, 845, vgl. aber BAG Urteil vom 29.10.1992 - 2 AZR 267/92.

94 MüKo/*Sonnenberger* BGB, Einl IPR, Rn. 62.

95 *Ludger Kühnhardt*, Die Universalität der Menschenrechte, 2. Auflage (1991), S. 281 ff.

96 Nr. 11, Commentary, Abs. 1 und Nr. 12, Commentary, Abs. 2, UN-Leitprinzipien (Fn. 50).

97 Reuters, Workplace violence, child labour said rife in Nigeria, 27. Juni 2011, http://af.reuters.com/article/topNews/idAFJOE75Q0BB20110627 (zuletzt aufgerufen am 20. Juli 2012).

II-VO festzustellen und es könnte dahin stehen, dass das nigerianische Recht die Beschäftigung von Kindern bereits ab einem Alter von 12 Jahren erlaubt.[98]

Der Eingriffsnormcharakter der Diskriminierungsverbote des AGG wurde bereits von *Thüsing* anerkannt.[99] Das verdient Zustimmung. Auch die Diskriminierungsverbote des AGG haben eine solch tragende gesellschaftliche Bedeutung, dass sie durch gesondert eingerichtete Institutionen überwacht werden.[100] Schon die Gesetzesbegründung des AGG lässt einleitend verlauten: »Der Schutz aller Menschen vor Diskriminierungen ist ein Menschenrecht.«[101] Auf völkerrechtlicher Ebene ist u.a. an prominenter Stelle in Art. 1 AEMR der Gleicheitsgrundsatz enthalten. Spezieller verpflichtet Art. 2 Abs. 1 IPBPR jeden Vertragsstaat, die im IPBPR enthaltenen Menschenrechte allen Menschen ohne Unterschied wie insbesondere der Rasse, der Hautfarbe, des Geschlechts, der Sprache, der Religion, der politischen oder sonstigen Anschauung, der nationalen oder sozialen Herkunft, des Vermögens, der Geburt oder eines sonstigen Status zu gewährleisten. Das UN-Menschenrechtskomitee überwacht gem. Art. 28, 40 IPBPR die Umsetzung dieser Pflicht. Laut den UN-Leitprinzipien sollen Unternehmen auch dieses Diskriminierungsverbot entlang ihrer globalen Geschäftstätigkeiten respektieren.[102] Die Diskriminierungsverbote des AGG haben mithin eine derart tragende Bedeutung, dass man sie als Eingriffsnormen anerkennen muss. Eine ähnliche Argumentation ließe sich u.a. für die Gewerkschaftsfreiheit herleiten.[103]

Im Ergebnis können Menschenrechte somit punktuell bewirken, dass es auf extrem niedrige Menschenrechtsstandards im Globalen Süden bei der Entscheidung eines Rechtsstreits nicht ankommt. Stützt man den Eingriffscharakter einer Norm u.a. auf verbreitete Menschenrechtsabkommen und internationale Verhaltenskodizes wie die UN-Leitprinzipien, ist damit zugleich der Vorwurf geschwächt, man habe mangelhaften Respekt vor fremden Rechtsordnungen und betreibe durch das Pochen auf eigene Standards Nord/Süd-Chauvinismus.

98 §§ 59 ff. und 91 des Labour Act, Laws of the Federation of Nigeria 1990, Vol. X, Chapter 198.

99 MüKo/*Thüsing* BGB, 5. Auflage (2007), Band 1/2: AGG, Rn. 86: „kaum bezweifelbar". *Augenstein* ist hinsichtlich Arbeits- und Diskriminierungsschutznormen als Eingriffsnormen im englischen Rechtssystem skeptisch, *Daniel Augenstein*, Study of the Legal Framework on Human Rights and the Environment Applicable to European Enterprises Operating Outside the European Union, University of Edinburgh, 2010, S. 72.

100 Vgl. u.a. Erzwingungsverfahren, Antidiskriminierungsverbände, Antidiskriminierungsstelle des Bundes (§§ 17, 23 und 25-30 AGG).

101 BT-Drucks. 16/1780 S. 1 und 20.

102 UN-Leitprinzipien (Fn. 96).

103 Vgl. Erwägungsgrund Nr. 28 der Rom II-VO, der eine Berücksichtigung der Gewerkschaftsfreiheit in Form von Eingriffsnormen im Fall von Klagen *gegen* Arbeitnehmer schon ausdrücklich vorgibt.

d) Sorgfalts-, Organisations- und Verkehrspflichten als zu berücksichtigende Sicherheits- und Verhaltensregeln

Wird der Geschäftsführung des beklagten Unternehmens vorgeworfen, dass sie an ihrem deutschen Sitz tätig wurde bzw. tätig hätte werden müssen, und so die Verletzung im Ausland (mit)verursachte, könnten die in Deutschland geltenden Sorgfaltspflichten, insbesondere die Organisations- und Verkehrspflichten bei der Anwendung des ausländischen Rechts zu beachten sein. Dies ist von Bedeutung, weil Verhaltensregeln im Globalen Süden oft erheblich lascher sind als solche im Globalen Norden.[104]

Art. 17 Rom II-VO normiert den schon länger verbreiteten Grundsatz des Delikts-Kollisionsrechts, dass bei der Beurteilung des Verhaltens der Person, deren Haftung geltend gemacht wird, faktisch und soweit angemessen die Sicherheits- und Verhaltensregeln am Ort des haftungsbegründenden Ereignisses zu berücksichtigen sind.[105] Der Begriff »Sicherheits- und Verhaltensregeln« umfasst alle Vorschriften, die in Zusammenhang mit Sicherheit und Verhalten stehen.[106] Unerheblich ist, ob die Verhaltensregel gesetzgeberisch oder richterlich geschaffen wurde,[107] ob sie dem öffentlichen oder dem Privatrecht angehört[108] und ob ein Platz- oder (grenzüberschreitendes) Distanzdelikt streitgegenständlich ist.[109] Art. 17 Rom II-VO umfasst nicht nur spezielle Regeln, sondern auch allgemeine Grundregeln,[110] nach teilweise vertretener Ansicht auch den allgemeinen Sorgfaltsmaßstab des § 276 Abs. 2 BGB.[111]

Als eine solche Verhaltensregel des deutschen Rechts kommt die Organisationspflicht in Betracht. Sie ist Ausdruck der Idee, dass der Unternehmensträger es organisatorisch in der Hand hat, Fehlern in den betrieblichen Abläufen entgegen zu wirken. Ihr Ursprung liegt in der Beobachtung, dass die Geschäftsherrenhaftung für Fehlverhalten von Hilfspersonen gem. § 831 BGB ein eigenes Verschulden des Geschäftsherrn erfordert und deswegen dem Zeitalter komplexer Großunternehmen nicht gewachsen ist.[112] Ein Verschulden des Unternehmens wegen Verletzung seiner Organisations-

104 *Sarah Joseph*, Corporations and Transnational Human Rights Litigation (2004), S. 4-6 und 11-12; *Liesbeth Enneking*, Crossing the Atlantic? The political and legal feasibility of European foreign direct liability cases, The George Washington International Law Review 40 (2009), 903, S. 908.

105 MüKo/*Junker*, BGB, Bd. 10, 5. Auflage (2010), Art. 17 Rom II-VO Rn. 1.

106 Beispielsweise der Straßenverkehrssicherheit im Falle eines Unfalls und der Vorsicht und Rücksichtnahme im Sportbereich, Erwägungsgrund 34 Rom II-VO; MüKo/*Junker* BGB, Art. 17 Rom II-VO, Rn. 11.

107 MüKo/*Junker*, Art. 17 Rom II-VO, Rn. 10; zu der entsprechenden früher im deutschen IPR geltenden Regel: OLG München NJW 1977, 502, 503 („natürliche Rechtsgrundsätze“).

108 MüKo/*Junker*, *ebd.*; Staudinger/*v. Hoffmann* EGBGB, Vor Art. 40 EGBGB, Rn. 56.

109 MüKo/*Junker*, *ebd.*, Rn. 9.

110 MüKo/*Junker*, *ebd.*, Rn. 16, nennt die spezielle Sorgfaltspflicht beim Ein- und Aussteigen (§ 14 StVO) sowie die Generalklausel des § 1 StVO.

111 *Gerhard Wagner*, Die neue Rom II-Verordnung, IPRax 2008, 1, S. 6; a.A. MüKo/*Junker*, *ebd.*, Rn. 16.

112 *Annemarie Matusche-Beckmann*, Das Organisationsverschulden, 2001, S. 2.

pflicht wird angenommen, wenn der Betrieb nicht so organisiert ist, dass die notwendige Anleitung und Überwachung aller Angestellten gewährleistet ist, bzw. wenn ein eingetretener Schaden verhindert hätte werden können, indem allgemeine Aufsichtsanordnungen getroffen worden wären, die eine ordentliche Betriebsführung nach Möglichkeit garantiert hätten, wobei die Organisationspflicht mit der Größe des Unternehmens wächst.[113]

Die Verkehrspflicht (auch »Verkehrssicherungspflicht« genannt) ist nahezu seit Inkrafttreten des BGB richterlich als ein deliktsrechtlicher Grundsatz anerkannt. Ihr zufolge muss, wer eine Gefahrenquelle dem Verkehr eröffnet, zumutbare Maßnahmen dafür ergreifen, dass die Gefahren kontrolliert und begrenzt werden und niemand Schaden nimmt.[114] Beispielsweise müssen ein morscher Baum an einem Gehweg beseitigt, eine öffentlich zugängliche Treppe im Winter gestreut werden.[115] Auch die von einer Tätigkeit ausgehenden Gefahren müssen abgesichert werden. Die Pflicht zur Verkehrssicherung ist umso leichter anzunehmen, wenn die Sache oder Tätigkeit zu einem eigenen (finanziellen) Vorteil betrieben wird.[116] Auch bei vorsätzlichem Zwischenverhalten Dritter ohne oder gegen den Willen des Pflichtigen reichen die Sorgfaltspflichten noch so weit, wie der Pflichtige den Geschehensablauf vorhersehen und vermeiden kann.[117] Die Geschäftsführer eines Unternehmens können die Aufgabe der Verkehrssicherung an andere Angestellte delegieren, müssen dann aber umso mehr ihrer Organisationspflicht (s.o.) gerecht werden.[118]

Erkennt man die Organisations- und Verkehrspflichten als Sicherheits- und Verhaltensregel an, kann man sie gem. Art. 17 Rom II-VO während der Beurteilung des Rechtsstreits berücksichtigen, soweit dies im Einzelfall »angemessen« ist. Diese Einschränkung soll einen Interessenausgleich zwischen den Parteien erreichen,[119] insbesondere in Fällen, in denen sich der Schädiger vorübergehend in einem ihm fremden Staat aufhielt und die dortigen Sicherheits- und Verhaltensregeln nur schwer erkennen konnte.[120] Im Falle der transnationalen Geschäftsführung vom Globalen Norden aus sollte man jedoch davon ausgehen dürfen, dass die Geschäftsführer mit den Organisations- und Verkehrspflichten „ihres" Staates vertraut sind. Es wird dann als unbillig empfunden, ihnen „die Flucht in fremde Niedrigstandards zu erlauben."[121] Zudem wird

113 BGHZ 109, 297 (*Baustoff*); *Annemarie Matusche-Beckmann*, *ebd.*, S. 2 f. Die genauen Konturen der Organisationspflicht sind indes noch nicht geklärt, *ebd.*

114 MüKo/*Wagner*, § 823 Rn. 238.

115 RG, Urteil vom 30.10.1902, RGZ 52, 373 (*morscher Baum*); RG, Urteil vom 23.2.1903, RGZ 54, 53 (*Glatteis*).

116 MüKo/*Wagner*, § 823 Rn. 240.

117 MüKo/*Wagner*, § 823 Rn. 266.

118 MüKo/*Wagner*, § 823 Rn. 298.

119 Erwägungsgrund 34 Rom II-VO.

120 MüKo/*Junker*, Art. 17 Rom II-VO, Rn. 26 f.

121 *Symeon Symeonides*, Rome II and Tort Conflicts: A Missed Opportunity, American Journal of Comparative Law 56 (2008) 173, S. 213 f.; a.A.: Huber/*Bach*, Rome II Regulation (2011), Art. 17, Rn. 11.

bei der Angemessenheitsprüfung wohl eine besondere Schutzbedürftigkeit der Betroffenen zu berücksichtigen sein, wenn ihnen das Unternehmen als ein mächtiges Abstraktum in Erscheinung tritt, dessen schwer durchschaubaren globalen Vorhaben und Wirkungsweisen sie wenig entgegen zu setzen haben.

Auch ein Blick auf das *soft law* zeigt, dass man nicht zu viel verlangt, wenn man von in Deutschland ansässigen Geschäftsführern Sorgfalt, Organisation und Verkehrssicherung auch hinsichtlich der Auslandswirkungen ihrer Entscheidungen erwartet. Insbesondere lassen die UN-Leitprinzipien einen breiten Konsens dahin gehend erkennen, dass Unternehmen mit Sorgfalt (*due diligence*) tätig werden sollen und Anweisungen und Informationsströme derart einrichten sollen, dass durch ihre Geschäftstätigkeit eröffnete oder verstärkte Gefahrenquellen erkannt und minimiert werden.[122] Ähnlich wie die Verkehrspflicht soll auch die *due diligence* gem. Nr. 13 und 14 UN-Leitprinzipien Gefahren erfassen, die von dem Konzern selbst oder von dem Verhalten Dritter ausgehen, die in direkter Geschäftsbeziehung stehen (z.B. Zulieferbetriebe), und um so stärker sein, je größer die Gefahr und komplexer das Unternehmen ist. Das entscheidende Mehr der *due diligence* gegenüber den Sorgfaltspflichten des Deliktsrechts ist die Klarstellung, dass die Maßnahmen der Gefahrenerkennung und -minimierung nicht an Landesgrenzen enden dürfen sondern durch die gesamte globale Unternehmensstruktur und Geschäftsbeziehungen ausgeübt werden sollen.[123]

Die deutschen Sicherheits- und Verhaltensregeln gem. Art. 17 Rom II-VO zu berücksichtigen, dürfte daher i.d.R. angemessen sein. Es verstößt auch grundsätzlich nicht gegen die Prinzipien der Staatensouveränität und Außenwirtschaftsfreiheit, Pflichten der sorgfältigen Unternehmensleitung und -organisation durch globale Konzernstrukturen hindurch anzuerkennen.[124] Inwieweit global tätige Unternehmen (in Konzernstrukturen oder Zulieferketten) überhaupt die Möglichkeit haben, global Sorgfalt walten zu lassen, und was die Berücksichtigung dieser Pflichten konkret bedeuten könnte, soll unter III.4 betrachtet werden.

### e) Teilfragen: Zurechnung und Haftungsdurchgriff

Die Frage, wessen natürlicher Personen Kenntnis, Verhalten und Verschulden außerhalb vertraglicher Beziehungen dem beklagten Unternehmen zugerechnet werden

122 UN-Leitprinzipien (Fn. 50), Nr. 16 entspricht weitgehend der Organisationspflicht, Nr. 17-20 und 14 der Verkehrspflicht. Die Leitprinzipien sind unter breiter Beteiligung und Zustimmung von Unternehmen entstanden, *ibid.*, S. 4, Para. 11 f. Zu vielen Einzelaspekten der *due diligence*: *Tineke Lambooy*, Corporate Due Diligence as a Tool to Respect Human Rights, Netherlands Quarterly of Human Rights 28 (2010), 404; *Mark Taylor*, The SRSG Ruggie Framework: Polycentric regulation and the implications for corporate social responsibility, Nordic Journal of Applied Ethics 5 (2011), 9.

123 UN-Leitprinzipien (Fn. 50), Nr. 16 ff. Vgl. auch Nr. 11, Commentary, Abs. 1, S. 1.

124 *Kirsten Schmalenbach* (Fn. 42), S. 72-80; vgl. *Weilert* (Fn. 34), S. 893.

können, ist nicht schuldrechtlicher Art, und deswegen gibt das gemäß den Rom-Verordnungen anzuwendende Schuldrecht darüber auch keine Auskunft.[125] Es handelt sich um Gesellschaftsrecht. Für eine in Deutschland gegründete juristische Person ist das deutsche Gesellschaftsrecht maßgeblich,[126] speziell § 31 BGB. Das Gericht wird somit § 31 BGB i.V.m. der jeweiligen ausländischen schuldrechtlichen Anspruchsgrundlage anwenden. Es herrscht Einigkeit darüber, dass die Zurechnung von Kenntnis, Verhalten und Verschulden nicht die Probleme eines Haftungsdurchgriffs (s.u.) aufwirft.[127] Dies muss auch dann gelten, wenn das Mutterunternehmen selbst seinen Kenntnis- und Wirkungsbereich durch eine Personalvermischung mit dem Tochterunternehmen erweitert hat. Man kann beispielsweise nicht nachvollziehbar vertreten, ein eigener angestellter Staudammarchitekt habe die Überflutung von Dörfern beim Bau eines Staudamms im Sudan nicht vorgenommen und nicht bemerkt, denn er sei nur in seiner Eigenschaft als Geschäftsführer des Tochterunternehmens tätig geworden.[128]

Um eine gesellschaftsrechtliche Frage handelt es sich auch, wenn ein Anspruch, der vermeintlich gegen ein ausländisches Tochterunternehmen besteht, gegen ein beherrschendes deutsches Mutterunternehmen durchgesetzt werden soll. Das deutsche gesellschaftsrechtliche Prinzip der getrennten Rechtspersönlichkeiten ist vergleichsweise streng und lässt einen Haftungsdurchgriff in den hier betrachteten Konstellationen nicht zu.[129] Ankommen dürfte es aber nicht auf das deutsche Gesellschaftsrecht sondern das am Sitz des (ausländischen) Tochterunternehmens, denn es ist *dessen* Rechtsform, die sich einem Haftungsdurchgriff ggf. in den Weg stellt. Das dortige Gesell-

125 MüKo/*Junker* (Fn. 85), Rom II-VO, Art. 15, Rn. 24.

126 Das Gesellschafts-Kollisionsrecht ist nicht europäisch vereinheitlicht und auch nicht gesetzlich geregelt. Gem. der Rspr. ist aber auf in Deutschland gegründete Gesellschaften deutsches Gesellschaftsrecht anzuwenden. Bei außerhalb der EU gegründeten Gesellschaften kommt es auf deren Sitz der effektiven Verwaltung an. Einzelheiten s. MüKo/*Sonnenberger* (Fn. 85), Einl. IPR, Rn. 165.

127 Großkommentar-AktG/*Brändel*, 4. Auflage (2004), § 1, Rn. 91; MüKo/*Heider* AktG, 3. Auflage (2008), § 1 Rn. 62; *IComJ (Fn. 37)*, S. 47 f; *Wouters/Ryngaert* (Fn. 65), S. 947; vgl. BVerfGE 21, 6, S. 10 f.; *Beda Wortmann*, Durchgriffshaftung im Joint Venture, 1995, S. 109. Offenbar nur versehentlich die beiden Herangehensweisen vermengend: Oxford Pro Bono Publico (Fn. 58), S. 356, und *Katarina Weilert* (Fn. 34), S. 895.

128 Vgl. zur Strafanzeige gegen Geschäftsführer von Lahmeyer International, Fn. 13.

129 Vgl. *Holger Altmeppen,* Abschied vom „Durchgriff" im Kapitalgesellschaftsrecht, NJW 2007, 2657; *Lars Kolks*, Die Durchgriffshaftung im deutschen und kanadischen Recht der Kapitalgesellschaften, 2004, S. 333; *Martin Wolf*, Konzernhaftung in Frankreich und England, 1995, S. 22-23. Zum Haftungsdurchgriff in der Schweiz: *Rolf Weber* und *Romana Weber*, Unlauteres Marktverhalten des Importeurs bei Nichteinhaltung von Arbeitsbedingungen durch ausländische Lieferanten?, GRUR 2008, 899, 903; zu Südafrika: *International Commission of Jurists*, Human Rights Abuses Involving Corporations: South Africa, 2009, S. 10 f.

schaftsrecht regelt, ob und in welchem Umfang die Gesellschaft haftungsbeschränkt ist und wann ausnahmsweise nicht.[130]

Somit würde ein deutsches Gericht, eine ausländische schuldrechtliche Anspruchsgrundlage entweder i.V.m. § 31 BGB anwenden (nämlich soweit dem deutschen Unternehmen eigenes Fehlverhalten vorgeworfen wird) oder i.V.m. ausländischem Haftungsdurchgriffsrecht anwenden (soweit es statt um eigenes Fehlverhalten um einen Haftungsdurchgriff geht).

### 3. Überblick über Haftungsvoraussetzungen im ausländischen Deliktsrecht

Wie soeben unter 2. dargestellt, würde ein deutsches Gericht in transnationalen Rechtsstreiten wegen Rechtsverletzungen im Ausland ein Potpourri aus Normen verschiedener Rechtsordnungen anwenden. Im Wesentlichen wären arbeits- bzw. deliktsrechtliche Anspruchsgrundlagen aus der ausländischen Rechtsordnung am Ort der Rechtsverletzung maßgeblich, auch wenn man einige deutsche bedeutende Rechtsnormen als Eingriffsnormen anerkennt und die hiesigen Sorgfalts-, Organisations- und Verkehrspflichten als Sicherheits- und Verhaltensregeln berücksichtigt. Hier seien aus Platzgründen nur die wesentlichen Grundzüge der Deliktsrechte verschiedener Rechtskreise dargestellt bevor in Teil III.4 auf die Möglichkeiten der Einwirkung von Völkerrecht und *soft law* auf das Deliktsrecht aufgezeigt werden.

In jeder Rechtsordnung kann ein Akteur zivilrechtlich haften, wenn er durch vorsätzliches oder fahrlässiges Verhalten einen anderen verletzt.[131] Stark vereinfacht zusammengefasst setzt ein Schadensersatzanspruch überall i.d.R. voraus, dass eine Schädigung durch ein schuldhaftes Verhalten verursacht worden ist.[132]

Der Schaden[133] muss an einem rechtlich geschützten Interesse eingetreten sein. In jeder Rechtsordnung sind zumindest Leben, Freiheit, Würde, körperliche und geistige Integrität und das Eigentum derart geschützte Interessen.[134] Die Zivilrechtssysteme bedienen sich zwar generell nicht der Menschenrechtssprache; es ist aber offensichtlich, dass einige der geschützten Interessen weitestgehend anerkannte Menschenrechte sind.[135]

130 Laut *Katarina Weilert* (Fn. 34), S. 894 ist „das nationale Recht“ maßgeblich. Ihre Ausführung zum ausländischen Haftungsdurchgriffsrecht lässt nur erahnen, dass sie nicht das deutsche Gesellschaftsrecht meint.

131 IComJ (Fn. 37), S. 10. Nur selten kommt abgesehen von einer Haftung für Verschulden ein Tatbestand der Gefährdungshaftung in Betracht, ein Beispiel s. u., III.4.

132 *Ebd.*, S. 10 ff.

133 Im germanischen Rechtskreis wird zwischen Rechtsverletzung und Schaden unterschieden. Die haftungsausfüllende Kausalität und das Schadensausmaß werden von deutschen Zivilgerichten gem. § 287 Abs. 1 ZPO unter Würdigung aller Umstände nach freier Überzeugung bemessen.

134 IComJ (Fn. 37), S. 11.

135 IComJ (Fn. 37), S. 11.

Die Kausalität setzt in allen Rechtsordnungen über die äquivalent-kausale Verursachung des Schadens hinaus eine gewisse hinreichende Verknüpfung zwischen Verhalten und Schaden voraus. Die Kennzeichen einer solchen Verknüpfung lassen sich schwer verallgemeinern, zumal die Arten unternehmerischer Verwicklungen in Menschenrechtsverletzungen vielgestaltig sind und in vielen Fällen mehreren Akteuren Vorwürfe zu machen sind. Bspw. könnte das Verhalten eines Unternehmens »nur« darin bestehen, einem (mafia-ähnlichen) Sicherheitsdienstleister angeheuert oder einem (unterdrückerischen) Regime Mobilfunkdaten von Dissidenten übermittelt zu haben. Jedenfalls unerheblich ist die Art des Unternehmensbeitrags zur Verursachungskette und ob die Verletzung auch ohne den Beitrag ähnlich erfolgt wäre, solange der Beitrag dem konkreten Geschehensverlauf ein Gepräge gab.[136]

Das Verschulden taucht in allen Rechtsordnungen in den Formen des Vorsatzes und der Fahrlässigkeit auf. Insbesondere setzt Fahrlässigkeit voraus, dass die Schädigung vom Anspruchsgegner vorhergesehen und vermieden hätte werden können und müssen.

Zur Konkretisierung des Fahrlässigkeitsbegriffs bedienen sich die Rechtsordnungen der Figur einer wohlgesinnten, vernünftigen Person.[137] Im anglo-amerikanischen Rechtskreis wird die Haftung an dieser Stelle auf Verletzungen innerhalb von der Sorgfaltspflicht (*duty of care*) erfasster Personenkreise beschränkt. In den germanisch geprägten Rechtsordnungen bedient man sich eher eines Merkmals der »Widerrechtlichkeit« des Verhaltens. Im französisch-romanischen Rechtskreis nimmt man stattdessen Einschränkungen bei der Kausalität vor.[138]

Bereits an diesem groben Überblick zeigen sich einige deliktsrechtliche Tatbestandsmerkmale, deren Bedeutung im Kontext unternehmerischer Verwicklungen in Menschenrechtsverletzungen Fragen aufwirft. Im folgenden Teil sollen Möglichkeiten aufgezeigt werden, wie Völkerrecht und *soft law* bei derartigen Fragen als Richtschnur dienen können.

### 4. Einwirkung des Völkerrechts und des soft law auf die Rechtsanwendung

Anhand dreier Beispiele soll dargestellt werden, wie Völkerrecht und *soft law* bei der Anwendung ausländischen Deliktsrechts für mehr Klarheit sorgen könnten.

136 IComJ (Fn. 37), S. 22 f.
137 IComJ (Fn. 37), S. 16; vgl. im deutschen Recht § 276 Abs. 2 BGB.
138 IComJ (Fn. 37), S. 16 f.

a) Völkerrecht und Zivilrecht

Auch in vielen ausländischen Rechtsordnungen spielt das Völkerrecht bei der Anwendung nationalen Rechts eine Rolle, weil es (oder ein Teil davon) als Bestandteil des nationalen Rechts anerkannt wird oder allgemein bei einer völkerrechtskonformen Auslegung nationalen Rechts zur Wirkung kommt.[139]

Auch in der deutschen Rechtsprechung ist die Idee der völkerrechtskonformen Auslegung nationalen Rechts anerkannt.[140] Der BGH befasste sich im Jahr 1980 in seinem Asbestimporte-Urteil mit der Frage ob der Verkauf von Asbestimporten in Deutschland wettbewerbswidrig i.S.d. UWG sei, wenn am Produktionsort in Südkorea zwar nicht gegen dortige Arbeitsschutzvorschriften verstoßen werde, wohl aber gegen die Schutzvorschriften des Übereinkommens Nr. 139 der Internationalen Arbeitsorganisation (ILO) über die Verhütung und Bekämpfung der durch krebserzeugende Stoffe und Einwirkungen verursachten Berufsgefahren. Nach Ansicht des BGH habe die Rechtsprechung die international variierenden Schutzstandards grds. – wenn auch nicht grenzenlos – zu respektieren. Übereinkommen der ILO hielt er nicht prinzipiell für unbeachtlich. Indes sei das Berufskrebs-Übereinkommen nicht maßgeblich, da die in dem Übereinkommen aus dem Jahr 1974 enthaltenen Schutzvorschriften noch recht neu waren und erst 15 Staaten das Übereinkommen ratifiziert hatten.[141] Auf dieser Grundlage könne der Auffassung, in dem Übereinkommen spiegele sich ein selbstverständliches, naturrechtlich vorgegebenes Gemeingut und elementare sittliche Grundvorstellungen wieder, »in dieser Allgemeinheit (…) nicht beigetreten werden.«[142]

Inzwischen haben 39 Staaten das ILO-Übereinkommen Nr. 139 ratifiziert. Die vom BGH betrachtete Frage könnte sich in ähnlicher Weise erneut stellen, z.B. in dieser Konstellation: Ein Verletzter klagt gegen ein deutsches Unternehmen, weil er wegen sorglosen Umgangs mit Asbest in dessen ausländischem Tochter- oder Zulieferunternehmen Schäden davon getragen habe. In einigen Deliktsrechten könnte eine Haftung von einem Merkmal wie dem der »Widerrechtlichkeit« der Verletzung abhängen (s.o. III.3). Das ILO-Übereinkommen könnte dann zu der Erkenntnis beitragen, dass das sorglose Bereitstellen von Asbest als Arbeitsmittel »widerrechtlich« ist, auch wenn es im jeweiligen Ausland keine, vage oder nur unzureichende nationale Arbeitsschutzvorschriften gibt.

139 S.o. II.2., insbes. Fn. 40.

140 In BGH, NJW 1972, 1575 (*Nigerianische Kulturgüter*) legte der BGH den Begriff „gute Sitten“ anhand einer noch nicht ratifizierten Unesco-Konvention aus. *Rudolf Geiger* (Fn. 35), S. 170 f.

141 BGH, NJW 1980, 2018 (*Asbestimporte*).

142 *Ibid.*, S. 2020.

## b) Rolle des soft law bei der Anwendung von Deliktsrecht

Art. 927 § *ún.* des brasilianischen Código Civil von 2002 ist eine außergewöhnliche Generalklausel der Gefährdungshaftung:

> Eine vom Verschulden unabhängige Schadensersatzpflicht besteht neben den im Gesetz geregelten Fällen auch dann, wenn die vom Verursacher des Schadens gewöhnlich ausgeübte Tätigkeit aufgrund ihrer Natur ein Risiko für die Rechtsgüter anderer mit sich bringt.[143]

Dieser verschuldensunabhängige Haftungstatbestand gilt für alle in der brasilianischen Rechtsordnung anerkannten Rechtsgüter, umfasst gar reine Vermögensschäden und wurde bewusst nicht auf bestimmte Tätigkeiten beschränkt.[144] Die Norm wurde in Brasilien überwiegend als international einzigartig und vorbildlich begrüßt.[145] Sie zielt bewusst auf unternehmerische Tätigkeiten ab, denen eine gewisse Gefährlichkeit anhaftet.[146] Davon dürfte in vielen Fällen die Haftung abhängen. Ist eine »Gefährlichkeit« anzunehmen, wenn ein deutscher Stahlerzeuger und sein brasilianisches Tochterunternehmen lateinamerikas größtes Stahlwerg nebst Schiffsanlegestelle in einer von 5.000 Fischern befischten Bucht bei Rio de Janeiro erbauen und dabei durch Aufwühlen von Schwermetallen den gesamten Fischbestand vernichten?[147] Wäre es weiter »gefährlich«, einen beliebigen Sicherheitsdienstleister mit der laufenden Sicherung des Werksgeländes zu beauftragen und jahrelang beauftragt zu lassen, während das Sicherheitspersonal – Angehörige einer Mafia – das Leben des Anführers protestierender Fischerorganisationen fortdauernd derart bedrohen, dass die brasilianische Regierung ihn in ein offizielles Schutzprogramm aufnimmt?[148]

Aufschlussreich kann hier ein Blick auf die *Voluntary Principles on Security and Human Rights* sein, die vom *International Council on Mining & Metals* mitherausgegeben wurden. Sie regen an, dass Unternehmen bei der Planung von Vorhaben im Bergbau- oder Metallgewerbe anhand »dreier oder mehr unabhängiger Quellen« ermitteln, ob es »einen Nachweis oder Verdacht auf Vorbelastungen der Umwelt (Boden, Luft, Wasser)« gebe und ob »frühere Industrien oder andere Akteure in dem Land oder der Region mangelhaft mit der Umwelt umgegangen« seien.[149] Zu dem Risiko, dass

143 Übersetzung von *Jan Schmidt*, Zivilrechtskodifikation in Brasilien, (2009), S. 508.

144 *Ebd.,* S. 533. Die Norm soll dem Richter die Anordnung einer Schadensersatzpflicht immer dann ermöglichen, „wenn eine sozioökonomische Struktur vorliegt, die aufgrund ihrer Natur Rechte und Interessen Dritter gefährdet.“, *ibid.*, S. 527. Der Brasilianische Gesetzgeber und die dortige Literatur nennen hierfür Argumente, die an die Begründung der Verkehrspflichten in Deutschland erinnern, *ebd.,* S. 509 f.

145 *Ibid.*, S. 523, m.w.N.

146 *Ibid.*, S. 529 und 530. Der Eigennutz der Tätigkeit rechtfertige diese weite Haftung, *ebd.*

147 Fishermen to seek $148 mln from CSA Brazil, Reuters, 9. April 2007, www.reuters.com/assets/print?aid=USN0933868320070409 (zuletzt aufgerufen am 20. Juli 2012).

148 Erklärung des Leiters des Nationalen Programms zum Schutz von Menschenrechtsverteidigern, *Fernando Matos*, 4. November 2009, liegt dem Autor in Kopie vor.

149 International Council on Mining & Metals, Voluntary Principles on Security and Human Rights, 2011, S. 26.

von externen Sicherheitsdienstleistern ausgeht, enthält der Verhaltenskodex einen Katalog mit gleich 15 Prüfpunkten.[150] Tatsächlich plagen paramilitärische Pseudo-Sicherheitsdienstleister die Region um Rio de Janeiro seit den 1990er Jahren.[151] Eine gewisse Gefährlichkeit dürfte der Tätigkeit des Stahlerzeugers also wohl anhaften; eine Haftung gem. Art. 927 § *ún.* CC liegt nahe.

Durch diese Berücksichtigung des *soft law* beim Subsumtionsvorgang wird somit die Rechtsanwendung erleichtert und die Rechtssicherheit erhöht, ohne dass es dabei darauf ankäme, dass *soft law* an sich gerichtlich nicht einklagbar ist. Eine derartige Anwendung sagen auch zwei Mitglieder der kenianischen National Commission on Human Rights den UN-Leitprinzipien voraus. Diese böten einen Verhaltensmaßstab, der sicherstelle, dass Grundrechte gewährleistet werden, die gemäß der Kenianischen Verfassung von 2010 der Anerkennung und dem Schutz der Menschenrechte dienen, auch Unternehmen unmittelbar binden und vor dem kenianischen Zivilgericht High Court mit Schadensersatzklagen gegen Unternehmen durchgesetzt werden können.[152] In derartigen Rechtsstreiten würde u.a. von Bedeutung sein, so die beiden Kommissarinnen, ob Unternehmen die von den Leitprinzipien geforderte *due diligence* beachtet hätten.[153]

### c) Soft law und deutsche Sorgfalts-, Organisations- und Verkehrspflichten

Eine Voraussetzung der Verschuldenshaftung ist, dass die Geschäftsführer des deutschen Unternehmens die Verletzung vorhersehen und vermeiden hätten können und müssen.

Die Möglichkeit der Gefahrerkennung und -vermeidung ist häufig weniger problematisch. Unternehmen ist schon zum Zwecke des Qualitätsmanagements und der Investitionssicherung daran gelegen, Kenntnis von den und Einfluss auf die Tätigkeiten ihrer Konzernteile und Zulieferbetriebe zu erlangen. Insbesondere wenn viel Kapital in ein Tochterunternehmen investiert wird oder große Mengen an Waren unter Termindruck bestellt werden, ist der Anreiz groß, sich die Kenntnis von und den Einfluss auf die Geschäftstätigkeiten des Tochterunternehmens bzw. Zulieferers zu sichern – gerade in fernen und politisch instabilen Regionen. Es ist daher schon jetzt üblich, sich

150 *Ibid.*, S. 27.
151 Dies ergab der parlamentarische Bericht: Assembléia Legislativo do Estado do Rio de Janeiro, Relatório Final da Comissão Parlamentar de Inquérito Destinada a Investigar a Ação de Milícias no Âmbito do Estado do Rio de Janeiro, 14. November 2008.
152 *Wambui Kimathi* und *Louiza Kabiru*, Kenya: How the UN Human Rights Framework Affects Business, Business Daily, Nairobi, 16. Juni 2011; Art. 19 Abs. 2, 20 Abs. 1 und 165 der Verfassung von Kenia von 2010.
153 *Kimathi/Kabiru, ebd.*; vgl. *ibid.*, Kenya: What Government and KPC Should Do to Avert Future Tragedies in the Wake of Mukuru-Sinai Slum Disaster, Business Daily, Nairobi, 16. September 2011.

Informationsaustausch und Kontrolle vertraglich zuzusichern sowie Geschäftsführer und andere Angestellte mit der Beobachtung, Geschäftsführung und anderen Einflussnahmen im Tochterunternehmen bzw. Zulieferbetrieb zu beauftragen.[154] Einer deutschen Muttergesellschaft auch bei einer Personalvermischung Kenntnis, Verhalten und Verschulden natürlicher Personen gem. § 31 BGB zuzurechnen, wirft keine Bedenken hinsichtlich des gesellschaftsrechtlichen Prinzips der getrennten Rechtspersönlichkeiten auf (s.o. III.2.e). Üblicherweise bestehen also bereits Informations- und Kontrollstrukturen innerhalb Konzernen und gegenüber Zulieferbetrieben.

Allein fehlt die klare Erkenntnis, dass sich diese Möglichkeiten der Gefahrerkennung und -vermeidung nicht nur auf Gefahren für die Produktqualität und Kapitalrendite beziehen, sondern auch auf Rechtsgüter Dritter.[155] Auch wenn man nämlich (wie unter III.2.d dargestellt) deutsche Sorgfalts-, Organisations- und Verkehrspflichten bei der Anwendung ausländischen Deliktsrechts berücksichtigen will, ist damit noch nicht geklärt, was diese Pflichten im globalen Wirtschaftskontext bedeuten. Was ist »die im (globalen) Verkehr erforderliche Sorgfalt« i.S.d. § 276 BGB? Wie richtet man »ordnungsgemäß« i.S.d. Organisationspflicht in einem transnationalen Konzern Personal, Anweisungen und Informationsflüsse ein? Eröffnet man eine Gefahr für den Verkehr, wenn man bei einem Zulieferbetrieb in Bangladesch große Mengen überraschend günstiger Textilien bestellt oder in der Nähe afrikanischer Dorfgebiete einen Staudamm baut? Wie hat man ggf. die jeweilige Gefahr abzusichern?

Es gibt Vorschläge in der Literatur, *soft law*-Mechanismen als Hilfsmittel beim juristischen Subsumtionsvorgang heran zu ziehen.[156] Ihnen eine Art gesetzeskonkretisierende Wirkung zuzuschreiben (ähnlich der von Rechtsverordnungen oder der TA Lärm) erscheint indes sehr zweifelhaft, solange es ihnen an einer parlamentarischen Legitimierung fehlt.[157] Jederzeit möglich ist aber, *soft law*-Instrumente als Substantiierung des Parteivortrags zur »im Verkehr erforderlichen Sorgfalt« sowie Organisation

154 Zu Lieferketten: *Chandra/Kumar*, (Fn. 66); *Jonathan Todres* führt aus, dass Hersteller durch ihre bereits bestehenden Mechanismen des *supply chain monitorings* bereits jetzt gut gerüstet seien, Menschenrechtsverletzungen zu verhindern, *ibid.*, (Fn. 26), S. 196. Zu Konzernbeziehungen: *Norbert Schulte* und *Dirk Pohl*, Joint-Venture-Gesellschaften, 2. Auflage (2008), S. 136; *Beda Wortmann* (Fn. 127), S. 67 ff. Ein Abgleich der öffentlichen Handelsregister bietet Aufschluss über das Personal beider Unternehmen.

155 Das House of Lords hielt es in *Lubbe v. Cape* für streitentscheidend, ob die Geschäftsführer eine Sorgfaltspflicht gerade gegenüber Menschen im Ausland haben, wenn bekanntermaßen von einem ausländischen Unternehmen, deren Tätigkeiten es faktisch beherrscht, Gefahren für Angestellte oder Dritte ausgehen (Fn. 67), S. 1551.

156 *Rudolf Geiger* (Fn. 35), S. 171; *Radu Mares*, Global Corporate Social Responsibility, Human Rights and Law: An Interactive Regulatory Perspective on the Voluntary-Mandatory Dichotomy, Transnational Legal Theory 1 (2010), 221, 265 ff; *ibid.*, Defining the limits of corporate social responsibilities against the concept of legal positive obligations, George Washington International Law Review 40 (2009) 1157, S. 1204 ff; *Götz Schulze* (Fn. 40), S. 296 (zum Konzept narrativer Normen); *Michael Torrance*, Persuasive Authority Beyond the State: A Theoretical Analysis of Transnational Corporate Social Responsibility Norms as Legal Reasons Within Positive Legal Systems, German Law Journal 12 (2011), 1573.

157 *Radu Mares*, Global Corporate Social Responsibility, *ibid.*, S. 266 f.

und Verkehrssicherung anzubringen. Wie soeben unter III.4.b am Beispiel des Stahlwerks bei Rio de Janeiro erläutert wurde, betrachtet ein spezieller Verhaltenskodex der Metallindustrie die Anfertigung mehrerer interner oder externer Expertisen zu Umweltaltlasten vor der Realisierung von Vorhaben als einen Standard. Gleiches gilt für die Überprüfung externer Sicherheitsdienstleister auf bisheriges kriminelles Verhalten. Etwas allgemeiner erwarten auch die UN-Leitprinzipien von Unternehmen, dass sie die möglichen Auswirkungen ihrer Vorhaben über Landesgrenzen hinweg im spezifischen Kontext anhand interner oder externer Expertisen erforschen.[158] Unterlässt das Unternehmen diese im Verkehr üblichen Maßnahmen, wird es dem Vorwurf eines Sorgfaltspflichtverstoßes nicht durch einfaches Bestreiten entkommen.

### 5. Ermittlung und Nichtermittelbarkeit ausländischen Rechts

Fraglich ist wie in einem Zivilverfahren vor deutschen Gerichten ausländisches Recht ermittelt werden kann. In kontinentalen Rechtsordnungen müssen die Parteien dem Gericht nur die Tatsachen vortragen, denn man geht davon aus, dass sich das Gericht mit dem Recht bestens auskennt (*iura novit curia*). Anders als die französischen und englischen Prozessrechte, die ausländisches Recht als Tatsache behandeln und vom Kläger hierzu Vortrag und Beweisangebote erwarten, regelt § 293 ZPO, dass das Gericht bei Zweifeln an der ausländischen Rechtslage Beweis über diese erheben kann.[159] Ermessensfehlerfrei muss das Gericht von sich aus – auch ohne Antrag einer Partei – entscheiden, ob ihm das ausländische Recht hinreichend bekannt ist; ggf. muss es von sich aus Ermittlungen einleiten, und zwar mittels Strengbeweis, so dass das jeweilige Beweismittel in die mündliche Verhandlung einfließt und die Parteien hierzu ergänzende Anträge stellen können.[160] So wird das Gericht in der Regel bei in- oder ausländischen rechtsvergleichenden Instituten oder Professoren ein Sachverständigengutachten einholen, dessen Kosten wegen des Amtsermittlungsgrundsatzes zu den Gerichtskosten zählen und nicht vom Kläger vorzuschießen sind.[161] Lässt sich trotz aller Sorgfalt das ausländische Recht nicht feststellen, so kommen ersatzweise die

158 UN-Leitprinzipien (Fn. 50), Nr. 17 lit. a (Erstreckung der *due diligence* auf Beeinträchtigungen, die Geschäftspartner und Dienstleister auf Dritte ausüben), Nr. 18 (Heranziehung externer Gutachten und Konsultation mit Interessengruppen), Nr. 16 ff. und Nr. 11, Commentary, Abs. 1, S. 1 zur extraterritorialen Erstreckung der Sorgfalt.

159 So aber das oberste Gericht in Frankreich, die *Cour de Cassation* (s. *Andreas Spickhoff*, Fremdes Recht vor inländischen Gerichten: Rechts- oder Tatfrage?, ZZP 1999, 265, 282) und Gerichte in England, s. *Clemens Trautmann*, Ausländisches Recht vor deutschen und englischen Gerichten, ZeuP 2006, 283, 286.

160 BGH NJW 1975, 2142.

161 *Musielak/Huber* ZPO, 8. Auflage (2011), § 293 Rn. 6; zur Prozesskostenhilfe s.o. Fn. 77.

Anwendung der nächstverwandten Rechtsordnung und des deutschen Rechts in Betracht.[162]

### *IV. Zusammenfassung und Stellungnahme*

Die relativ neuen globalen Geschäftswege lassen sich im Rechtssystem aus Völker-, Prozess- und Kollisionsrecht sowie materiellen Rechtsordnungen noch nicht sicher verorten. In Ermangelung bisheriger Zivilverfahren in Deutschland wurde hier der Versuch unternommen, einen eher theoretischen Überblick über die Rechtslage und ihre Problemstellen zu geben. Angesichts ernüchternder Ergebnisse transnationaler Zivilverfahren jenseits des Atlantiks gewinnt der europäische zivilgerichtliche Rechtsschutz an Bedeutung. Hiesige Prozessordnungen bieten zwar keine Möglichkeiten der Sammelklage und des Strafschadensersatzes. Sie haben aber zumindest – wenn auch auf unsicherer Grundlage – in einigen Konstellationen Aussicht auf Erfolg.

Die Zuständigkeit deutscher Zivilgerichte für auf Unterlassen oder Schadensersatz zielende Verfahren ist demnach unproblematisch, wenn sich das Verfahren gegen ein Unternehmen mit Sitz in Deutschland richtet. Gegen ein außerhalb der EU registriertes Unternehmen ist die Zuständigkeit gegeben, wenn das Unternehmen in Deutschland belegenes Vermögen hat, d.h. eine Forderung gegen ein Mutterunternehmen, einen Warenbesteller oder anderen Geschäftspartner.

Ein deutsches Gericht würde einem internationalen Rechtsstreit Vorschriften aus verschiedenen Rechtsordnungen zugrunde legen. Grundsätzlich kommt es in der Sache auf ausländisches Schuldrecht an. Nicht immer, aber häufig wird man dabei auf eine unbefriedigende oder nicht feststellbare Rechtslage stoßen.

Das Kollisionsrecht hält jedoch mit den Figuren der Eingriffsnormen und der Sicherheits- und Verhaltensregeln zwei Möglichkeiten bereit, einige wenige aber wichtige deutsche Rechtsnormen zur Anwendung gelangen zu lassen. Damit wären besonders niedrige und international nicht anerkannte Menschenrechts- und Verhaltensstandards des Globalen Südens nicht maßgeblich. Insbesondere deutsche Gebots- oder Verbotsnormen, die einem bedeutenden gesamtgesellschaftlichen Interesse dienen und deren Einhaltung institutionell überwacht wird, können als Eingriffsnormen das anzuwendende ausländische Schuldrecht überlagern. Eine deutsche Norm kann umso sicherer als Eingriffsnorm qualifiziert werden, wenn sie in einem ähnlich ausgestalteten völkerrechtlichen Menschenrecht verwurzelt ist. Darin zeigt sich ein bisher nicht realisiertes Potential der Menschenrechte.

Soweit in Deutschland agierenden Geschäftsführern ein Fehlverhalten vorgeworfen wird, können die hiesigen Sorgfalts-, Organisations- und Verkehrspflichten als sog.

162 BGH NJW 1978, 496, 498; Heidel/Hüßtege/*Ludwig* BGB AT, 1. Auflage (2005), EGBGB Art. 25, Rn. 114; Staudinger/*Dörner* BGB (2007), EGBGB, Art. 25, Rn. 701 ff.

Sicherheits- und Verhaltensregeln des Handlungsortes zu berücksichtigen sein. Damit kann dann dahin stehen, ob die Rechtsordnung am Ort des Schadenseintritts ein weniger rücksichtsvolles Verhalten billigt. Dies erscheint unter Berücksichtigung der Interessenlage und der UN-Leitprinzipien angemessen. In Deutschland war die Entwicklung der Organisationspflicht die rechtsfortbildende Antwort auf industrialisierte Großbetriebe – sie nunmehr als Sicherheits- und Verhaltensregel anzuerkennen wäre die historisch konsequente Antwort auf globalisierte Geschäftswege.

Zudem haben die zahlreichen *soft law*-Initiativen inzwischen stark differenzierte Verhaltensregeln für den globalen Geschäftsbetrieb ausgebildet. Diese Praxisstandards sind oft von beachtlichem Konsens getragenen. Sie können bei der Subsumtion moderner, globaler Geschäftspraktiken unter herkömmliche deliktsrechtliche Haftungstatbestände als Leitlinien dienen. So vom *hard law* an die Hand genommen können Teile des *soft law* für Rechtssicherheit sorgen, ohne selbst den Status von Recht zu beanspruchen.

Es wird nicht immer erkannt, dass in transnationalen Zivilverfahren regelmäßig verschiedene Rechtsordnungen kombiniert anzuwenden sind und die Relevanz des *soft law* fraglich ist. Die Bundesregierung äußerte, es bestehe kein gesetzgeberischer Handlungsbedarf, um den zivilgerichtlichen Rechtsschutz gegen Beeinträchtigungen von Menschenrechten durch transnationale Unternehmen zu verbessern, da das neue deutsche Schuldrecht für diese Fälle bestens ausgerüstet sei.[163] Statt dieser groben Einschätzung erscheint es vielmehr fraglich, wie bei der Bestimmung und Auslegung materiellen ausländischen und deutschen Rechts im Rahmen des europa-kollisionsrechtlich Möglichen völkerrechtlich verbindlichen Menschenrechtsstandards zur Wirkung zu verhelfen ist. Dazu sind Staaten verpflichtet – und zwar auch im transnationalen Wirtschaftskontext.[164] Die gegenwärtige Rechtsunsicherheit kann jedenfalls weder Betroffene noch Unternehmen befriedigen.

163 Antwort der Bundesregierung auf die Kleine Anfrage „Haltung der Bundesregierung zur Klage von Apartheidsopfern gegen deutsche Konzerne", 12. März 2010, BT-Drucksache 17/992, Fragen und Antworten Nr. 14 und 15.

164 *Jochen v. Bernstorff*, Extraterritoriale menschenrechtliche Staatenpflichten und Corporate Social Responsibility, Archiv des Völkerrechts 49 (2011) 34.

# Access to Effective Remedies for Individuals against Corporate-Related Human Rights Violations

*Nina Schniederjahn, Erlangen**

The influence of Multinational Enterprises on the daily life of people worldwide is growing rapidly, and this is reflected in the increasing number of human rights violations by corporations. Initiatives on international and regional levels are trying to overcome the limited access for victims of human rights violations to legal remedies; at the same time, companies are becoming increasingly perceptive with regard to this topic, partly because many global corporations have had to face litigation for violating human rights in the scope of the Alien Tort Claims Act. More than anything, the review process of the OECD Guidelines for Multinational Enterprises and the Guiding Principles of the Special Representative on Business & Human Rights were followed very closely since the modifications proposed could offer potential recourse for parties seeking redress for corporate-related human rights violations.

Economic globalization has led to an increase in the importance of Transnational Corporations (TNCs) or Multinational Enterprises (MNEs).[1] Some corporations gain revenues exceeding the GDP of many nations: Wal-Mart Stores, for example, generated bigger revenues in 2009 than the GDP of most countries in the world and employed more people than the State of Qatar populate.[2] This enormous economic power, combined with their global operations, enables these companies to sustainably influence governments and people's lives. In particular, companies working in public services such as health care, education, energy or security can easily violate the human rights of a large number of people. Nevertheless, a survey conducted by the UN Secretary-General's Special Representative on business and human rights shows that companies from all industrial sectors impact human rights.[3]

First and foremost, the rights of workers are affected: the right to work, the right to just and favourable remuneration, the right to a safe working environment and the right

* Nina Schniederjahn ist wissenschaftliche Mitarbeiterin am Lehrstuhl für Öffentliches Recht und Völkerrecht an der Friedrich-Alexander-Universität Erlangen-Nürnberg.

1 The definition of the terms Transnational Corporations respectively Multinational Enterprise are not undisputed, for an overview of the discussion see *Peter Muchlinski*, Multinational Enterprises and the Law, 2007, at 5 ff.

2 *Tracey Keys/Thomas Malnight*, Corporate Clout: The Influence of the World's Largest 100 Economic Entities, 2009, http://www.globaltrends.com/features/shapers-and-influencers/66-corporate-clout-the-influence-of-the-worlds-largest-100-economic-entities (last visited Sept. 12, 2012).

3 Report of the Special Representative of the Secretary-General on the issue of human rights and transnational corporations and other business enterprises, Addendum 2, Corporations and human rights: a survey of the scope and patterns of alleged corporate-related human rights abuse, A/HRC/8/5/Add.2, 23 May 2008, at para.4.

to rest and leisure. Besides that, non-labour rights, such as the right to physical and mental health, the right to life liberty and security of the person, the freedom from torture and the right to a fair trial, are frequently violated as well.[4] Many violations occur due to the corporations' complicity with government entities or paramilitary groups. One incident which has attracted enormous attention in recent years was the Chiquita case, in which the company Chiquita was allegedly complicit in the killings of 173 individuals by a Columbian paramilitary group due to financial support provided to the group in question.[5]

For the victims of such crimes, access to effective remedy is crucial, but the international community is in the early stages of developing human right regimes against corporate-related violations. This paper seeks to analyse the effectiveness and availability of remedies for persons affected by the human rights abuses of corporations.

At first, existing means by which victims of corporate human rights abuses can seek redress are examined. Judicial and non-judicial mechanisms are illustrated and shortcomings are presented. A special focus is placed on the revision of the OECD Guidelines on Multinational Enterprises. Subsequently the Guiding Principles for Corporations from the Special Representative on Business and Human Rights, designed to fill the gaps in existing legislation, are evaluated.

## *I. Instruments providing redress*

Currently, there are several judicial and non-judicial instruments able to provide victims of corporate-related human rights violations with remedy. Their accessibility and effectiveness vary widely.

### 1. Judicial Mechanisms

In normal circumstances, victims of human rights violations can turn to domestic courts to seek redress. However, a majority of human rights violations by TNCs occur in regions where the national legal systems or the governments may be unable or reluctant to prosecute complaints.[6] This has led to victims increasingly resorting to the courts of the company's home state. In general, courts deny jurisdiction on grounds of *forum non convenience* if the violation did not occur on their territory and there is a foreign

4 A/HRC/8/5/Add.2, supra note 3, at para. 17 ff.

5 Complaint to the United States District Court for the District of Columbia, http://www.earthrights.org/sites/default/files/legal/cbi-final-complaint-signed.pdf (last visited Sept. 12, 2012).

6 According to the survey of the scope and patterns of alleged corporate-related human rights abuse by the Special Representative 28% of the allegations occurred in Asia & the Pacific, 22 % in Africa and 18% in Latin America, A/HRC/8/5/Add.2, supra note 3, at p. 10.

court more appropriate to hear the case.[7] This leaves victims with no judicial avenue to seek justice for the wrongdoings by companies.

One major exception is the United States Alien Tort Claims Act (ATCA).[8] It provides every non-US citizen with the right to sue any individual or juridical person in an US court for breaches of customary international law.[9] Adopted as early as 1789, the statute has been transformed over the last two decades to a widely used tool against human rights abuses committed by individuals and corporations.[10]

A landmark decision regarding the application of the ATCA to private corporations was Doe v. Unocal.[11] Burmese locals sued Unocal for its role in violations, including forced labor, forced relocation, murder, rape and pillage, committed by the Burmesean military in connection with the construction of a pipeline. The court held that US Courts had jurisdiction *ratione personae*, because companies can be considered legally responsible under ATCA. Furthermore, the case established that Unocal should at the very least have been aware of the violations carried out by the army and that its payments contributed to the abuses, by which action Unocal can be held responsible for the violations.[12] In the end, the victims were compensated by Unocal and a big victory had been achieved for all victims of corporate-related human rights violations.[13]

Following the Unocal case, several claims against Transnational Corporations were submitted in US courts and involved companies such as Chevron, Coca-Cola, Yahoo!, Dow Chemical Co. and Exxon. However, the initial enthusiasm about the ATCA as chief weapon in the fight against corporate human rights violations,[14] eased off in the years following Doe v. Unocol. In Sosa v. Alvarez-Machain the US Supreme Court held that ATCA should only enable federal courts to hear "claims in a very limited category defined by the law of nations and recognized at common law".[15] This seems to limit ATCA litigation to the most serious human rights violation, e.g. war crimes,

7 *Marion Weschka*, Human Rights and Multinational Enterprises: How can Multinational Enterprises be held responsible for human rights violations committed abroad?, ZaöRV 66 (2006), 629.

8 Also referred to as Alien Tort Statute.

9 The act stipulates that: "*The district courts shall have original jurisdiction of any civil action by an alien for a tort only, committed in violation of the law of nations or a treaty of the United States.*".

10 For an overview of the key judicial cases in ATCA litigation against TNCs see *Niels Beisinghoff*, Corporations and Human Rights, 2009.

11 United States District Court for the Central District of California (1997), Doe v. Unocal Corp., 963 F.Supp. 880.

12 United States Court of Appeals for the Ninth Circuit (2002), Doe v. Unocal Corp., 14227, http://www.earthrights.org/legal/doe-v-unocal (last visited Sept. 12, 2012).

13 Although the court decision was challenged, Unocal agreed to settle and compensate in 2005.

14 *Saad Gul*, The Supreme Court Giveth and the Supreme Court Taketh Away: An Assessment of Corporate Liability Under § 1350, 109 West Virginia Law Review, 379 (2007), p. 379.

15 United States Supreme Court, Sosa v. Alvarez-Machain et.al, 542 U.S. (2004).

crimes against humanity, or torture.[16] Victims can thus only seek redress for a small number of rights.

The second ATCA case, which is currently under review at the Supreme Court, is Kiobel v. Royal Dutch Petroleum. Esther Kiobel is suing Royal Dutch Petroleum for aiding the Nigerian government in conducting crimes against humanity, including arbitrary arrests and torture. The question in dispute is whether corporations can be sued in federal courts for human rights violations. The Second Circuit held that corporations cannot be subjected to liability for human rights violations under the ATCA, but the D.C. Circuit Court of Appeals and the Seventh Circuit contradicted the decision and ruled in favor of corporate liability under ATCA; the Supreme Court will now decide the Circuit split. The Court furthermore reopened argument on the question of "*whether and under what circumstances the Alien Tort Statute, 28.U.S.C. § 1350, allows courts to recognize a cause of action for violations of the law of nations occurring within the territory of a sovereign other than the United States*".[17] While the question of extraterritoriality was not directly addressed in the decision on Sosa v. Alvarez-Machain it is now a fundamental issue. It follows from this that the Supreme Court decision in Kioble v. Royal Dutch Petroleum is not only crucial for ATCA as instrument to sue corporations for violations of international law, but as a whole.[18]

Although the ATCA has a broad applicability, it is also restricted by the principle of *forum non conveniens*, since only US corporations or subsidiaries with a close link to the US parent company as well as businesses with substantial business activities in the United States are within the court's jurisdiction.[19] Further possible obstacles are the legal expenses payable by every party regardless of the outcome of the lawsuit and an underfunded US legal aid system.[20] This prevents ATCA from becoming a general corporate accountability measure and ATCA litigation provides only a small number of victims with the possibility of obtaining justice.

16 Discussed in *Beth Stephens*, Sosa v. Alvarez-Machain: The Door ajar for Human Rights Litigation in US Courts, 70 Brooklyn Law Review 533 (2004).

17 Kiobel v. Royal Dutch Petroleum Co., et al., 621 F. 3d 11, order for reargument (U.S. Mar. 5, 2012), available at http://www.supremecourt.gov/orders/courtorders/030512zr.pdf (last visited Sept. 12, 2012).

18 *Mike Sacks*, Supreme Court to Rule on Corporate Personhood For Crimes Against Humanity, Huffington Post, 17th October 2011, http://www.huffingtonpost.com/2011/10/17/supreme-court_n_1015953.html (last visited Sept. 12, 2012).

19 Wiwa v. Royal Dutch Petroleum Co., 226 F.3d. 88, C.a.2 (N.Y.), 2000; Aguinda v. Texaco, 945 FSupp 625, D.C.S.D.N.Y. (1996), at 627 f.

20 Oxford Pro, Bono Publico, Obstacles to Justice and Redress for Victms of Corporate Human Rights Abuses, 2008, p. 327 f., http://198.170.85.29/Oxford-Pro-Bono-Publico-submission-to-Ruggie-3-Nov-08.pdf (last visited Sept. 12, 2012).

## 2. OECD Guidelines on Multinational Enterprises

A less well known grievance instrument for victims of corporate-related human rights violations are the National Contact Points (NCP) for the OECD Guidelines for Multinational Enterprises.[21] These Guidelines are the only corporate responsibility mechanism adopted by states. Although merely 43 OECD and non-OECD governments adopted the Guidelines, the territory of these states is home to 97 of the top-100 multinational enterprises and almost 90 per cent of foreign direct investment flows.[22]

The Guidelines propose a number of recommendations for responsible business conduct for multinational companies, including labor rights, environment, taxation and corruption. However, they are non-binding for the corporation, they only imposing a duty on the states to promote the Guidelines among multinational enterprises operating in or from their territory. Established in 1976, they were revised several times, with the latest revision on 25 May 2011.[23] In the 10 years leading up to the last review of the OECD Guidelines, criticism about the objectivity, the efficiency and the expertise of NCPs arose. Nevertheless, all critics agreed on the potential of the OECD Guidelines and proposed suggestions for improvement.[24] In March 2010 the Working Party of the OECD Investment Committee developed Terms of Reference for the Revision of the Guidelines which included substantive, procedural and institutional issues regarding the improvement of the Guidelines.[25] The objective of the update was to ensure the Guidelines' role as a leading international instrument for the promotion of responsible business conduct. At the OECD Ministerial Council Meeting in May 2011 the updated Guidelines were approved by the 42 adhering governments.[26]

The Guidelines install a unique complaint procedure. The decision of the Council on the OECD Guidelines obliges all contracting states to establish NCPs to promote the Guidelines. Additionally, they handle complaints against multinationals operating

21 The OECD Guidelines are available at http://www.oecd.org/dataoecd/56/36/1922428.pdf (last visited Sept. 12, 2012).

22 *UN Global Compact Office/OECD Secretariat,* The UN Global Compact and the OECD Guidelines for Multinational Enterprises: Complementarities and Distinctive Contributions, 26/04/2005, DAF/INV(2005)6, at 3, http://www.oecd.org/dataoecd/23/2/34873731.pdf (last visited Sept. 12, 2012).

23 *Jernej Letnar Černič,* Corporate Responsibility for Human Rights: A critical Analysis of the OECD Guidelines for Multinational enterprises, 4 Hanse Law Review 2008, p. 77 f.

24 OECD Watch, 10 Years On - Assessing the contribution of the OECD Guidelines for Multinational Enterprises to responsible business conduct, p. 54. http://oecdwatch.org/publications-en/Publication_3550 (last visited Sept. 12, 2012); Comments by *John Morrison* on the 10th OECD Roundtable on Corporate Responsibility: "Launching an Update of the OECD Guidelines for Multinational Enterprises"; International Coordinating Committee of National Institutions for the Promotion and Protection of Human Rights, Review of OECD Guidelines for Multinational Enterprises.

25 OECD, Terms of Reference for an update of the OECD Guidelines for Multinational Enterprises, p. 2, http://www.oecd.org/dataoecd/61/41/45124171.pdf (last visited Sept. 12, 2012).

26 OECD Website, http://www.oecd.org/document/19/0,3746,en_21571361_44315115_48029523_1_1_1_1,00.html (last visited Sept. 12, 2012).

in or from contracting states which have violated the Guidelines.[27] In theory, NCPs have wide accessibility, since trade unions or NGOs who may be acting on behalf of a victim can make an inquiry regarding any part of the Guidelines.[28] After receiving a complaint, the states are required to conduct an initial assessment of whether the issues raised merit further investigation. If further examination seems necessary, NCPs are intended to provide a forum for discussion and "*offer good office to help the parties involved to resolve the issues*".[29] In practice however, it is not unusual that complaints are completely ignored or outright rejected by NCPs.[30]

The UN Secretary-General's Special Representative on Business and Human Rights, John Ruggie, considered NCPs a potentially important vehicle for providing remedy.[31] Yet in the ten years of their existence, NCPs have thus far fallen short of expectations. The inconsistency of the diverse national NCPs is an important hindrance, with some NCPs dealing more effectively and transparently with complaints than others.[32] The 2011 revision tried to overcome these obstacles.

Although the principles in the Guidelines are very extensive and various important issues are addressed, until 2011, no chapter on human rights was included. Hitherto, the human rights provisions lacked specificity and the Guidelines simply determined that enterprises should respect the human rights of those affected by their activities.[33] This did not meet current needs and did not reflect the achievements in the field of human rights and business. One substantive enhancement achieved by the review process was the inclusion of a new chapter on human rights, consistent with the UN Guiding Principles on Business and Human Rights. Enterprises should "*respect human rights, which means they should avoid infringing on the human rights of others and should address adverse human rights impacts with which they are involved*".[34] They should seek to prevent or mitigate human rights violations and carry out human rights due diligence.[35] Furthermore, enterprises should "*provide for or cooperate through legitimate processes in the remediation of adverse human rights impacts where they identify that they have caused or contributed to these impacts*".[36] The commentary to

27 Decision of OECD Council, 27 June 2000, C(2000)96/FINAL.

28 The OECD Guidelines for Multinational Enterprises: Frequently Asked Questions, available at: http://www.oecd.org/document/58/0,3746,en_2649_34889_2349370_1_1_1_1,00.html (last visited Sept. 12, 2012).

29 Procedural Guidance for NCPs, I.C.2.

30 OECD Watch, 10 years on: Assessing the contribution of the OECD Guidelines for Multinational Enterprises to responsible business conduct, p. 11, http://www.oecd.org/document/58/0,3746,en_2649_34889_2349370_1_1_1_1,00.html (last visited Sept. 12, 2012).

31 Report of the Special Representative of the Secretary-General on the issue of human rights and transnational corporations and other business enterprises, Protect, Respect and Remedy: a Framework for Business and Human Rights, A/HRC/8/5, para. 98.

32 *Černič*, supra note 23, p. 95.

33 OECD Guidelines on Multinational Enterprises, General Policies, Guideline 2.

34 Chapter IV 1 OECD Guidelines.

35 Chapter IV 3 and 5 OECD Guidelines.

36 Chapter IV 6 OECD Guidelines.

the Guidelines explicitly mentions cooperation with judicial and state-based non-judicial mechanisms to fulfill this obligation. Operational-level grievance mechanisms are also approved insofar as they are legitimate, accessible, predictable, equitable as well as transparent and compatible with the Guidelines.[37]

Most NCPs are based in the economic ministries of the adhering governments, which is a mixed blessing. On the one hand, states have unique possibilities to facilitate proceedings because of their convening power to induce companies to participate in discussions about the Guidelines and their privileged access to information and resources.[38] On the other side, governmental involvement raises questions about conflicts of interests. Moreover, many NCPS do not have the resources or training to provide adequate investigations of complaints and effective mediation. Furthermore, the procedure and its outcome are often not transparent to the parties involved.[39]

The revised version is supposed to offer greater direction on the functioning of the NCPs. NCPs shall be "*composed and organized such that they provide an effective basis for dealing with the broad range of issues covered by the Guidelines and enable the NCP to operate in an impartial manner*".[40] To improve the effectiveness of the NCPs, adhering countries shall make human and financial resources available to their NCPs.[41] The commentary also encourages cooperation between the NCPs of the home and the host country of a given multinational enterprise when necessary.[42] In order to reduce the efficiency gaps between different NCPs, joint peer learning through the OECD or direct cooperation between NCPs is envisaged.[43] Furthermore, an indicative timeframe provides guidance towards the steps of procedure and NCPs are encouraged to conclude the procedure within 12 months from receipt of the specific instance.[44]

Apart from these positive aspects, the revised text fails to provide guidance on many key aspects such as impartiality. Findings and statements by NCPs cannot be questioned or reviewed, because no impartial oversight mechanism is established. Despite the inclusion of references to the impartiality of NCPs, no guidance as to how to avoid conflicts of interests are included; in this matter, it would have been favorable to root NCPs outside of the governmental structure and equip them with a statutory basis.

37 Commentary on the OECD Guidelines, para. 46.

38 *Marion Marmorat*, Non-Judicial Remedies in Norway for Corporate Social Responsibility Abroad, 2009, p.15, http://www.fafo.no/pub/rapp/10088/10088.pdf (last visited Sept. 12, 2012).

39 A/HRC/8/5, supra note 25, para. 98.

40 I.A.1 Procedural Guidance.

41 Amendment of the Decision of the Council on the OECD Guidelines for Multinational Enterprises, I 4.

42 Commentary on the Implementation Procedures of the OECD Guidelines for Multinational Enterprises, para. 23.

43 Commentary on the Implementation Procedures of the OECD Guidelines for Multinational Enterprises, para. 19.

44 Commentary on the Implementation Procedures of the OECD Guidelines for Multinational Enterprises, para. 40 and 41.

Furthermore, NCPs should have a mandate to investigate on their own initiative and conduct fact-finding missions in order to be able to impartially assess complaints.

One of the most serious complaints made by NGOs in the past was the weakness of the Guidelines as a sanctioning mechanism.[45] Possible outcomes of the procedure could be remediation or compensation if agreed by the parties. NCPs could not render binding decisions comparable to judgments. Their primary aim was to mediate between the parties and, in the event that the parties failed to reach an agreement, the NCP issued recommendations to the parties on how to implement the Guidelines.[46] No coercive measure existed if companies were unwilling to abide by the Guidelines or refused to cooperate with the NCP. For this reason, many companies did not collaborate and disregarded the proceedings brought forward by NCPs.[47]

Even though improving these shortcomings was an important intention of the revision process and the section concerning the conclusion of the procedure underwent the most changes, the improvements reached were marginal. Transparency was strengthened to emphasize the importance of the accountability of NCPs. Specific cases dealt with by the NCPs and their outcome should be handled more transparently by making the results publicly available.[48] Even if the parties failed to reach an agreement on the issue raised, or the NCP decides that the issues raised no further consideration, the statements and reports issued by the NCP should be published.[49] However, the Guidelines lack regulations regarding NCPs' abilities to monitor and follow up on their own recommendation and on the agreements reached by the parties. Crucially, there is still no enforcement mechanism in case companies fail to comply with the Guidelines or refuse to participate in mediation. The commentary on the Procedural Guidance limits itself to suggesting that the NCPs forward their statements and reports to the government agencies to foster policy coherence.[50] Some NCPs conduct monitoring, such as the German NCP, which can ask the parties to report on the implementation of its recommendation and publishes progress on its website.[51]

The inclusion of a human rights chapter is a significant first step since it unambiguously establishes that companies should respect human rights and calls upon enterprises to remediate human rights violations. However, these positive changes will not make a substantial difference if no effective implementation procedure exists. The

45 OECD Watch, supra note 24, p. 50 http://www.oecd.org/document/58/0,3746,en_2649_34889_2349370_1_1_1_1,00.html (last visited Sept. 12, 2012); *Weschka*, supra note 7, p. 649 f.
46 Procedural Guidance for NCPs, I.C.3.
47 OECD Watch, supra note 24, p. 50.
48 C 3 Procedural Guidance; Commentary on the Procedural Guidance for NCPs, para. 9.
49 C 3 a und c Procedural Guidance.
50 Commentary on the Procedural Guidance for NCPs, para. 37.
51 Leitfaden zum Verfahren in besonderen Fällen („Beschwerde“) bei der deutschen Nationalen Kontaktstelle für die OECD-Leitsätze für multinationale Unternehmen, S. 4, available at: http://www.bmwi.de/BMWi/Redaktion/PDF/M-O/oecd-leitfaden-zum-beschwerdeverfahren,property=pdf,bereich=bmwi2012,sprache=de,rwb=true.pdf (last visited Sept. 12, 2012).

updated text entails only a marginal progress regarding the work and efficiency of NCPs. Therefore, the review process regarding NCPs falls short of expectations and many NCPs will continue under-performing.

### 3. Further non-judicial mechanisms

In countries where litigation is virtually unavailable for victims, non-judicial mechanisms are vitally important; but also in states with adequate and effective access to courts, grievance mechanisms can be an additional tool that provides more immediate, economic and predictable proceedings. These dispute mechanisms have become increasingly established on national, company and industry level in recent years.

#### a) National human rights institutions

National human rights institutions (NHRI) have great potential in offering victims an avenue for domestic remedy. NHRIs are administrative bodies established to protect and promote human rights. Although they are usually created by state legislation, they are autonomous from the government. The Paris Principles contain recommendations on the composition, status and functions of NHRIs so that they can effectively fulfill their role. 85 NHRIs exist on a national level and there is a considerable variance between countries. However, many are mandated to receive and handle complaints; of these, at least 40 are able to accept corporate-related complaints.[52] To promote capacity building, strategic collaboration, advocacy and outreach by NHRIs in the human rights and business area, the International Coordinating Committee of National Institutions for the Promotion and Protection of Human Rights (ICC) established a working group in March 2009.

A prominent example of an NHRI with a corporate complaint mechanism is the Kenyan National Commission on Human Rights, established in 2002.[53] The Commission can receive the complaints of individuals, and private or public organizations alleging the violation of human rights by either the government or corporations. The parties have the opportunity to respond to the case and the Commission possesses investigative power.[54] It can conduct conciliation or public hearings and redress measures include written apologies and monetary compensation.[55] Another NHRI that offers a complaint service is the Human Rights Commission of New Zealand. This Com-

52 A/HRC/8/5, supra note 31, at. 96.
53 http://www.knchr.org (last visited Sept. 12, 2012).
54 Art. 16 of the Kenya National Commission on Human Rights Act, http://www.knchr.org/dmdocuments/knhcr_Act.pdf (last visited Sept. 12, 2012).
55 Art. 19 of the Kenya National Commission on Human Rights Act.

mission can also receive complaints, but its power is limited to complaints regarding discrimination.[56]

Not all NHRIs have a complaint mechanism for human rights violations.[57] Other NHRIs may only accept complaints against state-owned enterprises or private corporations providing a public service.[58] Some handle complaints against every kind of company, but only regarding certain rights, such as the Human Rights Commission of New Zealand. Furthermore, individuals are often unaware of the possibility of complaining to their NHRI or lack information about their functions.[59]

### b) Company or multi-stakeholder initiatives

Companies and industries have reacted to increased criticism about their disregard for human rights. Companies, industries and multi-stakeholder initiatives have started to establish means for dealing with external complaints by consumers, employees or other people affected by their actions. Most measures, however, have limited access, placing stipulations either on the admissibility of persons filing a complaint or on that of the rights violated. As an example, the Fair Labor Association (FLA) is a multi-stakeholder initiative, involving universities, NGOs and companies, which provides a third-party complaint process against FLA members available for any person or group. The rights protected are only those related to fair labor conditions.[60] Similarly, a project by Hewlett-Packard with a Mexican NGO only provides Mexican workers with a grievance mechanism against labor rights violations.[61] Moreover, the creation of grievance mechanisms on a company or industry level is, notwithstanding these examples, exceptional. Furthermore, many persons affected by corporate-related human rights violations are not aware of the mechanisms provided by companies and a regulatory authority providing oversight is missing.

### c) Ombudsmen

In 1999, the Compliance Advisor Ombudsman of the World Bank was established. The Ombudsman accepts complaints regarding violations of the International Finance Corporation's (IFC) and the Multilateral Investment Guarantee Agency's (MIGA) So-

56 http://www.hrc.co.nz (last visited Sept. 12, 2012).
57 For example the NHRIs of Germany, Greece and Malaysia have only advisory roles.
58 Examples are the NHRIs of Portugal, Argentina and India.
59 A/HRC/8/5, supra note 31, at para 102.
60 http://www.fairlabor.org (last visited Sept. 12, 2012).
61 *Caroline Rees/ David Vermijs,* Mapping Grievance Mechanisms in the Business and Human Rights Arena, 2008, S. 16 ff.

cial & Environmental Policies. Companies financed or guaranteed by the agencies are contractually bound by the policies; claims may include any kind of human rights abuses and every affected or potentially affected person or group can file a complaint to the Ombudsman. He or she tries to resolve the issue through mediation or conciliation leading to a party agreement. The Ombudsman does not adjudicate decisions and therefore relies on the cooperation of the companies.[62] On national and company level Ombudsmen that can receive complaints by individuals have been established on a national or company level, and in recent years, NGOs have started recommending an independent global ombudsperson with a mandate to investigate complaints of alleged violations by companies.[63]

### *II. Guiding Principles of the Special Representative on Business & Human Rights*

As a reaction to the rising debate about corporate-related human right breaches, the UN Secretary-General appointed in 2005 John Ruggie as Special Representative on the issue of human rights and transnational corporations and other business enterprises. He reported annually to the UN Human Rights Council. At the beginning of his work, he observed that a major cause of difficulties in the business and human rights domain is the lack of a generally accepted framework. To fill this gap, the Special Representative developed the "Protect, Respect and Remedy" Framework for Business and Human Rights,[64] which was unanimously endorsed by the Human Rights Council in 2008.[65] To further implement this framework, the Special Representative was tasked with preparing the Guiding Principles.[66] A first draft of these Guiding Principles was issued on 22 November 2010 and open for discussion until the end of January 2011. After consideration of the proposition put forward by various NGOs and companies, the final version of the Guiding Principles was issued in May 2011 and, on June 16th, endorsed by the United Nations Human Rights Council.

The Guiding Principles are based on three pillars: firstly, the state's duty to protect against human rights violations by third parties, including corporations; secondly, the responsibility of businesses to respect human rights; and thirdly, the need for greater access by victims to effective remedies.[67] Guiding Principles 25 to 31 offer orientation regarding access to remedy.

62 http://www.cao-ombudsman.org (last visited Sept. 12, 2012).
63 Caritas International/ CIDSE, Business as Usual, Direct Access: Giving power back to the poor?, 2010, http://www.gsdrc.org/go/display&type=Document&id=3924 (last visited Sept. 12, 2012).
64 A/HRC/8/5, supra note 31.
65 Human Rights Council, A/HRC/RES/8/7.
66 The draft is available at http://www.reports-and-materials.org/Ruggie-UN-draft-Guiding-Principles-22-Nov-2010.pdf (last visited Sept. 12, 2012).
67 "Protect, Respect and Remedy"-Framework, at para 9.

## 1. Foundation

Guiding Principle 23 serves as foundation for the part concerning the victim's access to effective remedy. It states that governments are obligated to ensure, through judicial, administrative, legislative or other appropriate means, that affected persons have access to effective remedy if abuses occur within their territory and/or jurisdiction.

This provision reflects the request for diverse judicial and non-judicial measures to provide victims of human rights violations by companies with effective remedies. The principle is very narrow, as it refers only to those affected by human rights violations. NGOs or institutions may, however, be able to take more efficient measures than individuals and remedies sought by those on behalf of parties affected can be more successful.

## 2. State-based judicial mechanisms

Courts are the most powerful avenue for victims of corporate-related human rights violations, and form the basis of a remedy system. Guiding Principle 26 therefore stipulates that states "*should take appropriate steps to ensure the effectiveness of domestic judicial mechanisms when addressing business-related human rights abuses, including considering ways to reduce legal, practical and other relevant barriers that could lead to a denial of access to remedy*". This provision is very general and only the commentary offers more guidance on practical and procedural barriers that should be dismantled. Even though it is a positive signal that the commentary recognizes the fact that legal obstacles exists, the language of the guideline is too vague to significantly increase victims' access to justice on a national level. The Guiding Principle should be strengthened by requiring states to take binding measures to eliminate obstacles regarding access to the domestic judicial system.

A further shortcoming is that home states are not required to investigate and adjudge abuses abroad of corporations affiliated with local companies. According to Principle 25, only abuses within the territory or jurisdiction of a state should lead to access to remedy. The issue is, however, that the commentary to Guiding Principle 26 lists this issue as a potential barrier to domestic jurisdiction. Since many host states do not have the capacity or willingness to conduct proceedings, the access to remedy in the home states of businesses is of great importance. Therefore, the home states' responsibility to provide access to remedy should be clearly inserted into the guidelines, to enable victims to seek justice in the home state of a given company.

### 3. State-based non-judicial mechanisms

Besides judicial mechanisms, the Guidelines propose non-judicial grievance mechanisms. States should provide effective and appropriate non-judicial means, along with judicial remedies, such as National Human Rights Institutions. The commentary to Guiding principle 27 underlines the importance of NHRIs, but as mentioned above, many NHRIs only provide limited access. The Guiding Principles, or the commentary, should include a precise description of the minimum standard for NHRIs and should address the problems of these institutions, preferably accompanied by proposals for solutions.

The National Contact Points under the OECD Guidelines for Multinational Enterprises are only mentioned briefly in the commentary to Principle 25 as a state-based grievance mechanism, even though the "Protect, Respect and Remedy" Framework considers NCPs an "important vehicle for providing remedy".[68] At very least, however, the Special Representative engaged in the current revision process of the OECD Guidelines by providing a discussion paper[69] and the propositions made for revision partly rely on the achievements of this work.

### 4. Non-state grievance mechanisms

The guidelines also try to promote non-state based grievance mechanisms in Guiding Principles 28 to 30. Business enterprises, as well as industry and multi-stakeholder initiatives, should provide effective grievance mechanisms for people allegedly affected by their actions. It constitutes significant progress that the responsibility of companies and businesses to provide grievance mechanisms is now recognized by the international community. However the guidelines are very vague on how those mechanisms should be enhanced and how they should be operated in order to comprise an effective tool for victims seeking redress. These questions remain unresolved, which could cause insecurity for companies implementing the Principles. To secure the functionality and efficiency of non-state grievance mechanisms, oversight by governmental human rights authorities is necessary. The installment of ombudsmen on a company-level is not mentioned. In addition, considerations about how to avoid misuse of both state and non-state grievance mechanisms, for example complaints initiated by competitors to impair business, are currently missing. Media coverage of and an increased

68 "Protect, Respect and Remedy"-Framework, at para 98.

69 Special Representative on human rights and businesses, 10th OECD Roundtable on corporate responsibility: Updating the Guidelines for Multinational Enterprises, 2010, http://www.oecd.org/dataoecd/17/35/45545887.pdf (last visited Sept. 12, 2012).

profile is crucial in order to raise awareness about these measures, the promotion of the possibilities and grievance mechanisms of these institutions.

### *III. Conclusion*

Currently, victims of human rights violations seeking remedies face many obstacles. Access to courts is limited; the reluctance and unwillingness of host and of home states to prosecute TNCs allows companies to evade any judicial responsibility. The Alien Tort Claim Act is the main vehicle for victims to gain redress for violations, but access to it is restricted and the Supreme Courts decision in Kiobel v. Royal Dutch Petroleum may well close this door. The Guiding Principles by the UN Special Representative on Business and Human Rights try to cope with these difficulties, but they do not substantially promote the homes states' responsibility to provide access to remedy. Since only courts are empowered to render enforceable judgments, and given that the threat of litigation could encourage companies to comply with human rights regulations, it is of great importance that victims of corporate related human rights violations have access to courts.

Several non-judicial grievance mechanisms exist, but most of them are far too underdeveloped to offer effective remedy for victims. The Guiding Principles represent an important step for the international community in addressing and improving non-judicial grievance mechanisms for human rights violations by businesses. However, many propositions need further deliberation. NCPs are still the most effective non-judicial avenue for victims, but the 2011 update did not significantly advance the rights of victims. The Guidelines are voluntary and rely on the goodwill of the companies to implement them. Many deficiencies, especially the unenforceability of the Guidelines, remain and limit the possibility for NCPs to become an effective complaint mechanism for victims of human rights violations.

With the endorsement of the Guiding Principles, the UN Human Rights Council established a working group on the issue of human rights and transnational corporations and other business enterprises. They focus on the effective and comprehensive dissemination and implementation of the Guiding Principles and the implementation of the "Protect, Respect and Remedy" Framework.[70] They should further continue to recommend improvements on the national, regional and international level to enhance access to effective remedies.[71] For example, an independent global ombudsman accepting complaints against corporations could also further the enforcement of human rights against businesses and assist victims of corporate-related human rights violations in their search for justice.

70 Human Rights Council, A/HRC/RES/17/4, 6 (a).
71 Human Rights Council, A/HRC/RES/17/4, 6 (e).

Even though the Guiding Principles are not binding, their chances of being followed by states as well as companies are substantial; and years to come, they may even become binding. They embody the emerging global consensus that victims of business-related human rights violations should have access to effective remedy. This in itself does not enable victims to greater access to remedies, and many persons will still be left without any court or mechanism to turn to; but the Guidelines still have the capability to improve the situation of many people affected by corporate activities.

# Der Investor als partielles Subjekt im Völkerrecht – Zum Verhältnis des Internationalen Investitionsrechts zum Recht der Staatenverantwortlichkeit

*Tillmann Rudolf Braun, Berlin*[*]

> „[...] few could have foreseen the extent to which the individual or the corporation would acquire status as independent actors on the international stage. For decades the procedural incapacity of non-State entities was proclaimed as an article of faith. Today that incapacity is scarcely recognizable. (...) Yet while it is possible to contemplate changes in [substantive] standard, it is difficult to see the denial to individuals of the procedural competence that has now been so widely conferred to them. It is an old maxim that freedom once conferred cannot be withdrawn. [...] while the procedures will stay there because they are a reflection of the major societal move toward the acknowledgement of the individual as the ultimate unit of our international community.“ (*Lauterpacht*, 1997)[1]

Der souveräne Staat war bislang nicht nur der Schöpfer, sondern auch *der* zentrale Akteur des modernen Völkerrechts. Unverkennbar ist jedoch die gegenwärtige *entstaatlichende* Wirkung der Globalisierung mit ihrer weltwirtschaftlichen Verflechtung und Verdichtung, mit der weltweiten Verknüpfung der Kapitalmärkte, mit der Entstehung von Herausforderungen jenseits nationalstaatlicher Grenzen, und nicht zuletzt mit dem Aufkommen neuer nicht-staatlicher Akteure in den internationalen Beziehungen.[2] Welche Auswirkungen haben diese Entwicklungen auf die Souveränität der Staaten, die Völkerrechtsbildung im 21. Jahrhundert und damit auf das Völkerrecht selbst?[3] Offensichtlich kristallisieren sich in dieser Rechtsordnung Bereiche heraus,

* Dr. iur.; M.P.A. (Harvard); der Autor ist Beamter im Bundesministerium für Wirtschaft und Technologie, Berlin, und Lehrbeauftragter an der Humboldt-Universität zu Berlin sowie der Universität Köln. Der vorliegende Aufsatz beruht auf einer Arbeit, die von der Rechtswissenschaftlichen Fakultät der Universität zu Köln im Wintersemester 2011/2012 als Dissertation angenommen wurde, *Braun*, Ausprägungen der Globalisierung: Der Investor als partielles Subjekt im Internationalen Investitionsrecht – Qualität und Grenzen dieser Wirkungseinheit –, Studien zum Internationalen Investitionsrecht (Baden-Baden, 2012), 354 Seiten. Die hier vertretene Auffassung ist ausschließlich die persönliche Meinung des Verfassers.

1 *E. Lauterpacht*, International Law and Private Foreign Investment, 4 Ind. J. Global Leg. Studies (1997), 259 (275/276). [Alle zitierten Websites sind vom Stand 31. Juli 2012].

2 *Hobe*, New Trends of International Law in the Era of Globalization, 3 The Xiamen Academy of International Law, Collected Courses 2010 (2011), 3 (9); *Paulus*, Die internationale Gemeinschaft im Völkerrecht (2001), 96 „*Kann das Völkerrecht an einer allein staatlich verfaßten internationalen Rechtsordnung festhalten, wenn die sozialen Voraussetzungen einer Staatenwelt nicht mehr gegeben sind?*“.

3 *Delbrück*, Das Staatsbild im Zeitalter der Globalisierung, Heft 3, Halle-Wittenberg (2002); *Hobe*, Die Zukunft des Völkerrechts im Zeitalter der Globalisierung – Perspektiven der Völkerrechtsentwicklung im 21. Jahrhundert, in: 37 AVR (1999), 253.

die in ganz unterschiedlicher Weise auf die ‚spannungserzeugende Kraft'[4] der Globalisierung reagieren: Gelegentlich kommt das Völkerrecht kaum der sich beschleunigenden Globalisierung hinterher, teilweise versucht es auf die sich aus der Globalisierung ergebenden Notwendigkeiten zu reagieren, schließlich gibt es Fälle, in denen das Völkerrecht die Globalisierung gestaltet und prägt.

Letzteres gilt in besonderer Weise für das Internationale Investitionsrecht, welches in seiner modernen Ausprägung mit der Unterzeichnung des weltweit ersten, bilateralen Investitionsschutzvertrages seiner Art vom 25. November 1959 zwischen Deutschland und Pakistan[5] begann. Einst ein ‚exotisches'[6] Teilgebiet hat das Internationale Investitionsrecht seit den späten 1990er Jahren in eindrucksvoller Weise an praktischer Bedeutung gewonnen. Es gehört zu den dynamischsten Gebieten des Völkerrechts[7] und hat sich neben dem Welthandelsrecht als *die* zweite eigenständige Säule völkerrechtlicher Einhegungen ökonomischer Globalisierungsprozesse etabliert.[8] Die Entwicklung zum modernen Internationalen Investitionsrecht beruht auf dem komplexen Zusammenspiel zwischen den gegenwärtig über 2800 bilateralen Investitionsschutzverträgen und weiteren 300 regionalen, oft plurilateralen Abkommen von insgesamt rund 180 Staaten[9] und den zahlreichen Entscheidungen internationaler Schiedsgerichte.

Aufgabe der Investitionsschutzverträge ist es, durch völkervertragliche Standards und Rechte den Schutz grenzüberschreitender Direktinvestitionen gegenüber möglichen „souveränen Risiken" zu gewährleisten. Auftrag der internationalen Schiedsgerichte ist es, das Interesse des Investors am Schutz seines Auslandsengagements gegen das Interesse des Gaststaates an der Durchsetzung öffentlicher Belange, wenn er diese

4 *Nolte*, Zur Zukunft der Völkerrechtswissenschaft, 67 ZaöRV (2007), 657 (662).

5 II BGBl. (1964), 794; Treaty for the Promotion and Protection of Investments, Protocol, F.R.G.-Pak., Nov 25, 1959, 457 U.N.T.S. 24. Deutschland hat gegenwärtig (letzter Stand 27. April 2012) geltende Investitionsschutzverträge mit 131 Staaten. - Das im eigentliche Sinne moderne internationale Investitionsrecht begann mit der ‚Entdeckung' und Nutzung von Investor-Staat Schiedsklauseln in den 1990er Jahren.

6 Fragmentation of International Law: Difficulties Arising from the Diversification and Expansion of International Law: Report of the Study Group on the Fragmentation of International Law, finalized by Martti Koskenniemi, UN Doc A/CN.4/L.682 (2006), Ziff. 8 „*(…) and even such exotic and highly specialized knowledges as "investment law"*.".

7 73% aller bekanntgewordenen Schiedsentscheidungen stammen allein aus den vergangenen fünf Jahren [Stand 2009], *Sachs / Sauvant*, BITs, DTTs and FDI flows: An Overview, in: *Sauvant / Sachs* (Hrsg.), The Impact of Bilateral Investment Treaties and Double Taxation Treaties on Foreign Direct Investment Flows (2009), xxxix.

8 Formulierung entlehnt von *Marauhn* (Hrsg.), Streitbeilegung in den internationalen Wirtschaftsbeziehungen. Völkerrechtliche Einhegung ökonomischer Globalisierungsprozesse (2005).

9 *UNCTAD,* World Investment Report 2011, 100; UNCTAD trifft dabei keine Unterscheidung zwischen unterzeichneten und tatsächlich in Kraft getretenen Investitionsschutzverträgen; von denen wiederum die weitaus überwiegende Anzahl eine Investor-Staat Schiedsvereinbarung enthält, *OECD*, Improving the System of Investor-State Dispute Settlement: An Overview 2006/1, (2006), 4.

verfolgt, abzuwägen.[10] Gegenwärtig werden bzw. sind über 390 solcher öffentlich bekannter Investitionsstreitigkeiten zwischen Investoren und Gaststaaten durchgeführt, insbesondere nach den Verfahrensregeln des bei der Weltbank angesiedelten ICSID-Schiedszentrums,[11] den Regeln der Kommission der Vereinten Nationen für internationales Handelsrecht (UNCITRAL), aber auch nach den Regeln der Handelskammer Stockholm (SCC) sowie der Internationalen Handelskammer in Paris (ICC).[12] Offensichtlich werden internationale Investor-Staat Schiedsverfahren[13] von Investoren wie von den Staaten nach wie vor – bei aller Kritik an Dauer und Kosten der Verfahren wie Konsistenz und Vorhersehbarkeit ihrer Entscheidungen – als das geeignete Instrument zur rechtsförmlichen, letztinstanzlichen Lösung solcher Streitigkeiten angesehen.[14]

Entscheidend für die Entwicklung des Internationalen Investitionsrechts könnte die bemerkenswerte Bereitschaft der vertragsschließenden Staaten sein, in den modernen Investitionsschutzverträgen dem Investor zu ermöglichen, selbständig diese völkervertraglichen Schutzstandards auf völkerrechtlicher Ebene gegen den Gaststaat geltend zu machen und für deren Verletzung Schadensersatz einzufordern. Der Kern der rechtlichen Absicherung im modernen Investitionsschutz ist die *Rechtsweggarantie mittels Schiedsklagerecht* für Investoren.[15]

Vor dem Hintergrund dieser bemerkenswerten Entwicklung stellt sich die Frage, welche *Qualität* die dem Investor ermöglichten Rechte haben, aber auch, welche *Grenzen* diesen gezogen sind. Die Beantwortung dieser Problemstellung möchte dem gegenüber der Investitionsschiedsgerichtsbarkeit gelegentlich erhobenen Vorwurf der

10 *Saluka Investments BV (The Netherlands) v Czech Republic* (Partial Award), UNICTRAL, Partial Award (17. März 2006), Rdz. 306 „(…) *a weighing of the* [investor's] *legitimate and reasonable expectations on the one hand and the* [host State's] *legitimate regulatory interests on the other.*"; grundsätzlich am Maßstab der in diesen völkerrechtlichen Verträgen verkörperten Standards sowie des Völkergewohnheitsrechts, *Eastern Sugar v. Czech Republic*, SCC No. 088/2004 (2007).

11 Nach denen rund zwei Drittel aller öffentlich bekannten Verfahren durchgeführt werden, *UNCTAD*, Latest Developments in Investor-State Dispute Settlement No. 1, März 2011).

12 Nach diesen drei weiteren Verfahrensordnungen werden rund ein Drittel aller öffentlich bekannten Verfahren durchgeführt, *UNCTAD*, Latest Developments in Investor-State dispute settlement, IIA MONITOR No. 1 (2009), UNCTAD/WEB/DIAE/IIA/2009/6, 2.

13 Seit der ersten Schiedsentscheidung auf der Grundlage einer Investor-Staat Schiedsklausel in einem Investitionsschutzvertrag, *AAPL v Sri Lanka* (27. Juni 1990), 4 ICSID Rep 246; hierzu *Newcombe*, 20 Years of Investment Treaty Jurisprudence, http://kluwerarbitrationblog.com/blog/2010/06/27/20-years-of-investment-treaty-jurisprudence/, „*AAPL turned out to be the launching point for a body of distinct investment treaty jurisprudence and the first of over 350 investment treaty cases that have arisen over the past 20 years.*".

14 *UNCTAD*, Latest Developments in investor-State dispute settlement, IIA MONITOR No. 1 (2009), [UNCTAD/WEB/DIAE/IIA/2009/6], 2.

15 *National Grid plc v. The Argentine Republic* (UNCITRAL), Decision on Jurisdiction, (20. Juni 2006), Ziff. 49 „[A]*ssurance of independent international arbitration is an important—perhaps the most important—element in investor protection.*"; *Eastern Sugar BV* v. *Czech Republic* (UNCITRAL), SCC Case No. 088/2004, Partial Award and Partial Dissenting Opinion (27. März 2007), Ziff. 165.

– bislang – mangelnden theoretischen Durchdringung[16] begegnen und *einen* Beitrag für eine stärkere dogmatische Verortung des Charakters der durch bilaterale Investitionsschutzverträge ermöglichten Rechte leisten. Die Darstellung lenkt das Augenmerk der völkerrechtlichen Bestandsaufnahme auf den *Investor* als einer völkerrechtsfähigen ‚Wirkungseinheit'[17] in seiner im Internationalen Investitionsrecht angelegten Rolle: Der Investor macht zuvörderst im eigenen *privaten* Interesse unmittelbar völkervertragliche Standards geltend, zugleich dient er damit mittelbar auch dem *öffentlichen* Interesse an einer effektiveren Durchsetzung des Völkerrechts insgesamt.[18]

Die Frage nach der *Qualität* und den *Grenzen* der dem Investor durch Investitionsschutzverträge ermöglichten Rechte ist nicht nur von theoretischem Interesse, sie ist für das Verhältnis des Internationalen Investitionsrechts zum Recht der Staatenverantwortlichkeit auch praktisch bedeutsam:[19] Wie ist dieses Verhältnis der völkervertraglichen Investorenrechte zu den völkerrechtlichen Beziehungen zwischen Heimat- und Gaststaat zu beschreiben? Lässt sich eine Beeinträchtigung der Rechtsposition des Investors als Gegenmaßnahme rechtfertigen und hat der Investor diese daher hinzunehmen? Drei Schiedsentscheidungen, *Archer Daniels* (2007) und die weiteren Schiedsfälle in der gleichen Sachverhaltskonstellation, *Corn Products* (2008) wie *Cargill* (2009), kommen in dieser Frage zu diametral unterschiedlichen Ansätzen (I.). Es kommt also auf die Einordung der *Qualität* der dem Investor ermöglichten Rechte an (II.), es ist ihr Verhältnis zum Recht der Staatenverantwortlichkeit zu verorten (III.) und schließlich in einem Ergebnis zusammenzufassen (IV.).

16 *Bering / Braun / Lorz / Schill / Tams / Tietje*, General Public International Law and International Investment Law - A Research Sketch on Selected Issues (2011), 1 „(...) *many conceptual questions relating to international investment law remain insufficiently studied.*".

17 *Mosler*, Die Erweiterung des Kreises der Völkerrechtssubjekte, 4 BDGVR (1961), 1 (7).

18 *Alvarez*, Contemporary foreign investment law: an "empire of law" or the "law of empire"?", 60 Ala. L. Rev. (2009), 943 *„private attorney general"*; *van Aaken*, Effectuating Public International Law Through Market Mechanisms?, Working Paper No. 2010-08, 2 „(...) *that international legal scholarship has largely overlooked private market actors as enforcers as well as (self-enforcing) market mechanisms that might serve that purpose under certain circumstances to be identified. (...) private market actors have been neglected in the analysis – certainly as actors who are able to contribute to the effectuation of Public International Law.*".

19 Die Frage nach der Qualität und den Grenzen der Investorenrechte wird noch in einer weiteren Problemstellung praktisch bedeutsam: Kann ein Investor auf seine Rechte aus einem völkerrechtlichen Investitionsschutzvertrag und deren Geltendmachung in einem Investor-Staat Schiedsverfahren mittels einer privatvertraglichen Vereinbarung mit dem Gaststaat verzichten, da die Möglichkeit eines Verzichts das Bestehen einer eigenen Rechtsposition voraussetzt? *Braun*, Ausprägungen der Globalisierung: Der Investor als partielles Subjekt im Internationalen Investitionsrecht – Qualität und Grenzen dieser Wirkungseinheit –, Studien zum Internationalen Investitionsrecht (2012), 71.

*I. Internationales Investitionsrecht und das Recht der Gegenmaßnahmen*

In den Schiedsfällen *Archer Daniels*, *Corn Products* und *Cargill*[20] war die Beziehung zwischen der Rechtsposition des Investors zu den völkerrechtlichen Gegenmaßnahmen der Staaten entscheidend. Dabei war die Frage maßgebend, ob der Investor durch bilaterale Investitionsschutzverträge *eigene* Rechte erlangt hat und zu einem partiellen Völkerrechtssubjekt aufgewertet wurde, oder ob diese völkervertraglichen Standards zwischenstaatliche Verpflichtungen bleiben, die der Investor als *abgeleitete* Rechte als Statthalter des Heimatstaates geltend macht; oder ob drittens zwischen den materiellen Schutzrechten und dem prozessualen Schiedsklagerecht zu differenzieren ist?

Ließe sich bilateralen Investitionsschutzverträgen die Intention entnehmen, ein eigenes abgeschlossenes System schaffen zu wollen, könnten die dort niedergelegten Standards als *eigene* Rechte des Investors anzusehen sein, die auch nicht durch Maßnahmen beeinträchtigt werden dürften, welche sich als völkergewohnheitsrechtlich anerkannte Gegenmaßnahmen von Staaten rechtfertigen lassen. Betrachtet man hingegen das System der bilateralen Investitionsschutzverträge mit einem einheitlichen Verständnis des Völkerrechts, begreift man die Rechte des Investors als zwischenstaatliche Verpflichtungen und *abgeleitete* Rechte, dann können diesen wiederum Gegenmaßnahmen der Staaten entgegengehalten werden.

Während das Schiedsgericht *Archer Daniels* zu der Schlussfolgerung gelangte, dass die Investitionsschutz-Standards des NAFTA reine zwischenstaatliche Verpflichtungen blieben, die der Investor nur als abgeleitete Rechte prozessual geltend machen könne, qualifizierten die Schiedsgerichte *Corn Products* wie auch *Cargill* jene Standards als eigene Rechte des Investors.[21] Daher konnte nach *Archer Daniels* ein Staat grundsätzlich Gegenmaßnahmen ergreifen – die mangels Verhältnismäßigkeit hier gleichwohl nicht rechtfertigend wirkten, während sich nach *Corn Products* und *Cargill* überhaupt die Rechtfertigung einer Maßnahme als Gegenmaßnahme verbot, da diese nicht eigene Rechte Dritter – wie der durch das NAFTA[22] verliehenen materiellen Rechte zugunsten des Investors – verletzen dürften.

Bereits hier lässt sich bezweifeln, ob die kategorialen Ansätze beider Entscheidungen der Frage nach dem Verhältnis von Internationalem Investitionsrecht und allge-

20 *Archer Daniels Midland Company and Tate & Lyle Ingredients Americas, Inc v Mexico*, Award and Separate Opinion, ICSID Case No ARB(AF)/04/05 (NAFTA), 26. September 2007; *Corn Products International, Inc. v. The United Mexican States*, (Decision on Responsibility), ICSID Case No. ARB(AF)/04/01, 15. Januar 2008; *Cargill, Incorporated v. United Mexican States*, ICSID Case No. ARB(AF)/05/2, 18. September 2009.

21 Siehe die nachfolgenden Abschnitte I. 3.-6.

22 Das *North American Free Trade Agreement*, einem zwischenstaatlichem Abkommen zwischen Kanada, Mexiko und den Vereinigten Staaten, enthält in den Artikel 1101-1139 ein Investitionskapitel samt Investor-Staat Schiedsklausel zum wechselseitigen Schutz der Investitionen.

meinem Völkerrecht hinreichend gerecht werden.[23] Dem Standpunkt von *Archer Daniels*, es handele sich um bloße abgeleitete Rechte des Investors, ließe sich entgegenhalten, dass dann der Investor für das sonstige völkerrechtliche Gebahren – hier in Form der von ihm nicht vorhersehbaren und kontrollierbaren Anwendung von Gegenmaßnahmen – zwischen den Staaten kollektiv ‚mithaften' oder ‚bestraft' und auf einen bloßen Kollateralschaden reduziert werden würde.[24] Der Standpunkt von *Corn Products* dagegen, dass der Investor über unantastbare eigene Rechte verfüge, würde einen bemerkenswert weiten Schutz der Investorenrechte zur Folge haben.

Daher muss die Problematik, inwieweit der Umfang der dem Investor in Investitionsschutzverträgen verliehenen Rechte von den völkerrechtlichen Beziehungen zwischen Heimat- und Gaststaat des Investors abhängig bleibt, in das Spannungsverhältnis zwischen dem allgemeinen Völkerrecht und den an Bedeutung zunehmenden Spezialgebieten des Völkerrechts eingebettet werden. Daran schließt sich die Frage an, ob – wenn man die Rechte des Investors als seine eigenen und gleichzeitig diese in ihrem Inhalt auch weiterhin von den völkerrechtlichen Beziehungen der Staaten abhängig ansieht –, dann nicht dem Investor für die Hinnahme staatlicher Gegenmaßnahmen ein *Ausgleichsanspruch* zusteht und sich gerade darin die *Qualität* seiner eigenen Rechtspositionen zeigt?

### 1. Zum Recht der Gegenmaßnahmen

Als Gegenmaßnahmen (‚*Countermeasure*', ‚*reprisals*') werden grundsätzlich verstanden

> „(…) measures which would otherwise be contrary to the international obligations of the injured State vis-à-vis the responsible State if they were not taken by the former in response to an internationally wrongful act by the latter in order to procure cessation and reparation."[25]

23 *Alvarez*, Are Corporations "Subjects" of International Law?, New York University Public Law and Legal Theory Working Paper 238 (2010), 36 / 38 „(...) *to what extent are the underlying rules of customary international law, which now often apply as valuable gap-fillers unless expressly ousted by the terms of a treaty, affected by investor personhood? (…) Neither of these black/white outcomes dictated by a finding of person/subject-hood is desirable.*".

24 *Crawford,* Third Report on State Responsibility, A/CN.4/507 Add.3, Rdz. 312 d „*A more persuasive justification for sub-paragraph* [Art. 50 ILC (Prohibited countermeasures) (d) Any conduct which derogates from basic human rights] *is the point that countermeasures are "essentially a matter between the States concerned" and that such measures should have minimal effects on private parties* ***in order to avoid collective punishment.***" (Hervorhebung durch Verfasser).

25 *ILC 2001 Draft Articles on Responsibility of States for Internationally Wrongful Acts with Commentaries*, Official Records of the General Assembly, Fifty-Sixth Session, Supplement No. 10 (A/56/10) 20, 128; Art. 22, Rdz. 49-54; IGH, *Case concerning the Gabčíkovo-Nagymaros Project* (Hungary v. Slovakia), (1997) I.C.J Rep., Rdz. 83.

Gegenmaßnahmen gehören in einer von gleichrangigen Staaten gebildeten und dezentralen Rechtsordnung wie dem Völkerrecht zu den wenigen Möglichkeiten der Staaten, auf vorangegangenes, völkerrechtswidriges Handeln eines anderen Staates zu reagieren und damit dem Völkerrecht zu seiner Geltung zu verhelfen.[26] Die Voraussetzungen für eine zulässige Gegenmaßnahme, damit eine grundsätzlich völkerrechtswidrige staatliche Maßnahme überhaupt gerechtfertigt sein kann, sind anspruchsvoll, um etwaigem Missbrauch zu begegnen.[27] Auch wenn sich die Gegenmaßnahme in erster Linie gegen den das Völkerrecht verletzenden Staat wendet, richtet der diese Maßnahme vornehmende Staat sie häufig auch gegen den Angehörigen jenes Staates. Diese Praxis wurde in den Werken eines *Grotius* und *Vattel* wie auch im 19. Jahrhundert regelmäßig völkergewohnheitsrechtlich anerkannt.[28] Seinerzeit wurden Gegenmaßnahmen häufig von *Heimat*staaten genutzt, um Ansprüche ihrer Investoren gegenüber dem jeweiligen Gaststaat durchzusetzen (‚*gunboat diplomacy*'),[29] wie es *Padilla Nervo* in seiner *separate opinion* in der *Barcelona Traction*-Entscheidung des IGH plastisch formulierte:

> „The history of the responsibility of States in respect to the treatment of foreign nationals is the history of abuses, illegal interference in the domestic jurisdiction of weaker States, unjust claims, threats and even military aggression under the flag of exercising rights of protection, and the imposing of sanctions in order to oblige a government to make the reparations demanded."[30]

Im 20. Jahrhundert wurden Gegenmaßnahmen durch die *Gast*staaten gegenüber ausländischem Eigentum und Investitionen ausgeübt. So wurden häufig das Vermögen und die Konten dieser Staatsangehörigen vorübergehend eingefroren oder Handelsbeschränkungen gegen Unternehmen des das Völkerrecht verletzenden Staates erlassen,[31] nicht zuletzt häufig deshalb, weil deren Vermögen und Investition bereits auf

26 *Draft Articles on Responsibility of States for Internationally Wrongful Acts*, Report of the International Law Commission (2001), Official Records of the General Assembly, Fifty-sixth session, Supplement No. 10 (A/56/10), Kommentierung vor Art. 49.

27 Sie sind in den Art. 49 ff. ILC Articles on State Responsibility zusammengefasst.

28 *Air Services Arbitration (France v United States),* 18 RIAA (1979), 416; *Elagab*, The Legality of Non-Forcible Countermeasures in International Law (1988), 9, 15 unter Verweis auf *Scott* (Hrsg.), *Grotius*, De Jure Belli Ac Pacis Libri Tres (1925), Book III, 628–29; *Chitty* (Hrsg.), *Vattel*, The Law of Nations: or, Principles of the Law of Nature, Applied to the Conduct of Nations and Sovereigns (1834), Book II, 287; *Halleck*, International Law, Or, Rules Regulating the Intercourse of States (1861), 297 *„the forcible taking of items belonging to the offending state, or of its subjects.*".

29 Was denn auch zu einer spezifischen Wahrnehmung nicht zuletzt durch die Entwicklungsländer beigetragen hat, *Paparinskis*, Investment Arbitration and the Law of Countermeasures, SIEL (Inaugural Conference 2008), 6.

30 IGH, *Barcelona Traction, Light and Power Company, Limited*, Judgment, ICJ Reports (1970), 3, Individual Opinion of Judge Padilla Nervo, 246.

31 *Borchard*, Reprisals on Private Property, 30 American Journal of International Law (1930), 108 (109); *Elagab*, The Legality of Non-Forcible Countermeasures in International Law (1988), 17–18, 29, 38–39, 106–108.

dem Territorium des die Gegenmaßnahme ausübenden Staates lag und damit seinem Zugriff zugänglich war. Hierin könnte sich offenbar auch eine mögliche Konsequenz des Vorstellungsbildes jedenfalls des klassischen Völkerrechts ausdrücken, wonach das von der Gegenmaßnahme tatsächlich beeinträchtigte Individuum als Stellvertreter seines Heimatstaates steht.[32]

2. Hintergrund der Schiedsfälle

Die Kläger, die US-amerikanischen Unternehmen *ADM* und *TLIA*, *Corn* und *Cargill*, gehören zu den größten getreideverarbeitenden Unternehmen weltweit. Sie entwickelten in den 1970er und 1980er Jahren einen Süßstoff aus Getreide (Mais), *High Fructose Corn Syrup (HFCS)*, der wirtschaftlich günstiger zu erzeugen war als Zucker. Dieser wurde in der US-amerikanischen alkoholfreien Getränkeindustrie zu *dem* Süßstoff und löste Zucker für Coca Cola, Fanta und andere abgefüllte Fruchtgetränke ab. Mitte der 1990er Jahre ersetzte das US-amerikanische *HFCS* auch in Mexiko Zucker als Süßstoff, welcher wiederum die einheimische, mexikanische Zuckerindustrie zu verdrängen begann. Vor diesem Hintergrund begann Mexiko mit Handelsmaßnahmen gegen die Zunahme des US-amerikanischen *HFCS* auf dem mexikanischen Markt und versuchte auch auf dem bis dahin geschützten US-amerikanischen Zuckermarkt Fuß zu fassen.

Mexiko bemühte sich erfolglos, die Erhebung der Steuer (*HFCS Tax*) unter Hinweis auf eine behauptete Verletzung des Marktzugangs seitens der Vereinigten Staaten vor der WTO zu rechtfertigen.[33] Auch brachte Mexiko die Vereinigten Staaten vor ein Staat-Staat Schiedsgericht nach Kapitel 20 NAFTA, um einen größeren Umfang mexikanischen Zuckers zollfrei in den amerikanischen Markt exportieren zu können. Mexiko warf den Vereinigten Staaten vor, nicht nur den US-amerikanischen Zuckermarkt gegenüber der mexikanische Zuckerindustrie abzuschotten, sondern auch die Bildung des NAFTA-Streitschlichtungspanels nach Art. 2008 NAFTA zu verweigern. Am 31. Dezember 2001 verabschiedete das mexikanische Parlament – gegen das Votum der mexikanischen Regierung – eine neue Steuer in Höhe von 20% auf jene alkoholfreien Getränke, die einen anderen Süßstoff als Zucker enthielten (*HFCS Tax*).

32 IGH, *Barcelona Traction Light and Power Company (Belgium v Spain), Merits, (1970) ICJ Reports 3*, 269 „*The economic world today exhibits phenomena of State intervention in and responsibility for the economic activity of the subject within the national territory or abroad which is so frequent and thoroughgoing* ***that the separation of the interest of the individual from that of the State no longer corresponds to reality***." (Hervorhebung durch Verfasser).

33 WTO Panel Report *Mexico - Tax Measures on Soft Drinks and Other Beverages* (WT/DS308/R) / DSR 2006:I, 43; WTO Appellate Body Report *Mexico - Tax Measures on Soft Drinks and Other Beverages* (WT/DS308/ AB/R) / DSR 2006:I, 3.

Hiergegen richteten sich die Investor-Staat Schiedsklagen wie auch die US-Regierung in einem WTO-Verfahren gegen Mexiko.

In den Schiedsfällen argumentierten die US-amerikanischen Investoren, dass es das Ziel der Investitionsschiedsgerichtsbarkeit sei, die wirtschaftlichen Beziehungen zu entpolitisieren, indem man im Gegensatz zum diplomatischen Schutz dem Investor eigene Rechte einräume, die er selbst direkt gegen den Gaststaat geltend machen könne. Dann müssten diese eigenen Rechte auch unabhängig von den sonstigen völkerrechtlichen Beziehungen zwischen Gaststaat und Heimatstaat sein:

> „The Claimants' position is that qualified investors under Chapter Eleven [dem Investitionskapitel in NAFTA] are vested with *direct independent rights* and that they are immune from the legal relationship between the Member States. The investor's cause of action is grounded upon substantive investment obligations which are owed to it directly. A breach of these obligations does not therefore amount to a breach of an interstate obligation; thus the general rules of state responsibility — including those regarding the circumstances precluding wrongfulness — cannot be presumed. Accordingly, *investors are to be compensated* for the negative effects that measures adopted in breach of Chapter Eleven may have on their investments, including countermeasures between the Member States, if those measures, standing alone, constitute a breach of any of the rights addressed in Section A [die materiellen Investitionsschutz-Standards des NAFTA] of Chapter Eleven. (...) The Claimants (...) maintain that NAFTA case law, negotiating history, and scholarly writings demonstrate that investors possess individual substantive rights that may not be superseded or diminished by countermeasures directed against a non-party to the dispute between Claimants and Mexico."[34]

Demgegenüber vertrat Mexiko die Auffassung, dass der Inhalt der Rechtspositionen des Investors als abgeleitete Rechte nach wie vor von den allgemeinen völkerrechtlichen Beziehungen zwischen Gast- und Heimatstaat abhängig bleibe. Daher sei die von Mexiko erhobene Steuer (*HFCS Tax*) als völkergewohnheitsrechtlich[35] anerkannte Gegenmaßnahme gegenüber dem vorangegangenen völkerrechtswidrigen Verhalten der Vereinigten Staaten gerechtfertigt. Diese hätte sowohl den Zugang des US-Marktes für die mexikanische Zuckerindustrie[36] wie auch die Einrichtung eines Streitschlichtungspanels nach Art. 2008 NAFTA[37] verweigert.

34 *Archer Daniels Midland Company and Tate & Lyle Ingredients Americas, Inc v Mexico*, Award and Separate Opinion, ICSID Case No ARB(AF)/04/05 (NAFTA) (26. September 2007), § 162, 165 (Hervorhebungen durch Verfasser).

35 Mexiko berief sich nicht auf Art. 2019 NAFTA, welcher Vergeltungsmaßnahmen nach einer Panel-Entscheidung ermöglicht, sondern stützte sich auf das völkergewohnheitsrechtlich anerkannte Recht der Gegenmaßnahmen; wohl, weil das hier konstituierte NAFTA-Schiedsgericht nach Kapitel 11 keine Zuständigkeit über Maßnahmen nach Kapitel 20 NAFTA hat.

36 Und zwar entgegen den Verpflichtungen des Annex 703.2, §§ 13-26 zu Kapitel 7 (Agriculture) des NAFTA.

37 Artikel 2009.1 NAFTA formuliert ausdrücklich: „*The Parties shall establish and maintain a roster of up to 30 individuals who are willing and able to serve as panelists.*"; eine solche Liste existierte damals nicht und hätte auch der Zustimmung aller 3 NAFTA-Vertragsstaaten bedurft, Art. 2011 NAFTA.

„However, if the substantive investment obligations under Section A [die materiellen Investitionsschutzstandards des NAFTA] remain inter-state, the issue of whether the host State breached any of these obligations vis-à-vis qualified investors is to be considered in the context of the treaty relations with the other Member States. This approach is supported by a traditional *derivative theory*—pursuant to which when investors trigger arbitration proceedings against a State *they are in reality stepping into the shoes and asserting the rights of their home State*—and an intermediate theory—whereby investors are vested only with an exceptional procedural right to claim state responsibility under Section B [dem Investor-Staat Schiedsmechanismus des NAFTA] before an international arbitral tribunal, deciding the dispute in accordance with the rights and obligations defined under Section A, which remain inter-state. (...) [I]nvestment treaties provide a set of obligations which require the State to treat investments of qualified investors in accordance with the standards of the treaty, but (...) these obligations *are owed only to the State* of the investors' nationality."[38]

### 3. Archer Daniels and Tate & Lyle v The United Mexican States Award (2007)

Im Ergebnis ließ die Mehrheit der Schiedsrichter zwar eine Rechtfertigung der erhobenen Steuer des beklagten Staates Mexiko als völkergewohnheitsrechtlich anerkannte Gegenmaßnahme zu; sie sahen jedoch die für eine Gegenmaßnahme erforderlichen Voraussetzungen, insbesondere die Verhältnismäßigkeit und Geeignetheit, durch diese Maßnahme nicht als erfüllt an. So liege der Zweck der HFCS-Steuer offensichtlich darin,

„to *protect the domestic cane sugar industry*, rather than inducing the United States to comply with the NAFTA [and was thus] *not a valid countermeasure* within the meaning of Article 49 of the ILC Articles on State Responsibility. (...) a clearly disproportionate measure may well be judged not to have been necessary to induce the *responsible* State to comply with its obligations but to have had a punitive aim and to fall outside the purpose of countermeasures enunciated in article 49. (...) Therefore the Tax was not necessary and reasonably connected with the aim purportedly pursued."[39]

38 *Archer Daniels Midland Company and Tate & Lyle Ingredients Americas, Inc v Mexico*, Award and Separate Opinion, ICSID Case No ARB(AF)/04/05 (NAFTA) (26. September 2007), §§ 163, 167 (Hervorhebungen durch Verfasser). Der verklagte Staat Mexiko führt *Loewen Group, Inc. & Raymond v. United States of America*, ICSID Case No. ARB(AF)/98/3 (June 26, 2003) an, Rdz. 233: *„There is no warrant for transferring rules derived from private law into a field of international law where claimants are permitted for convenience to enforce what are in origin the rights of Party states"*, sowie die Verteidigung Kanadas in *S.D. Myers Inc. v. Government of Canada* vor dem Court of Ottawa an [The Attorney General of Canada v. S.D. Myers. Inc., T-225-01, Rdz. 67 „(...) *the obligations listed in Section A of NAFTA Chapter Eleven are not owed directly to individual investors. Rather, the disputing investor must prove that the NAFTA Party claimed against has breached an obligation owed to another NAFTA Party under Section A* (...)".

39 *Archer Daniels Midland Company and Tate & Lyle Ingredients Americas, Inc v Mexico*, Award and Separate Opinion, ICSID Case No ARB(AF)/04/05 (NAFTA) (26. September 2007), § 144/148/152/153 (Hervorhebung durch Verfasser).

In seiner Entscheidung differenzierte die Mehrheit der Schiedsrichter, Cremades und Siqueiros, im Unterschied zum dritten Schiedsrichter, Rovine, zwischen prozessualen und materiellen Rechten des Investors. Der Investor habe im NAFTA-Kontext nur prozessuale, aber keine substantiellen eigenen Rechte. Daher bleibe der Inhalt der materiellen Rechte immer noch abhängig von den allgemeinen völkerrechtlichen Beziehungen zwischen Gast- und Heimatstaat.[40] Während die Investitionsschutz-Standards des NAFTA („Section A") zwischenstaatliche Verpflichtungen blieben, ermögliche der Investor-Staat Schiedsmechanismus („Section B") dem Investor nur, diese abgeleiteten Rechte – als Stellvertreter des Heimatstaates – prozessual geltend zu machen.[41] Danach seien Investoren nur *„objects or mere beneficiaries"*[42] jener zwischenstaatlichen Rechte. Während der Investor auf seine prozessualen Rechte verzichten könne, sei ihm dies bei den materiellen Schutzstandards als zwischenstaatliche Verpflichtungen gerade nicht möglich.[43] Die Stellungnahmen der NAFTA-Vertragsparteien in den bisherigen Schiedsverfahren belegten den Willen der vertragsschließenden Staaten, dem Investor keine unmittelbaren, materiellen Rechte zu verleihen.[44]

Die Mehrheit der Schiedsrichter folgerte daraus, dass es allenfalls um die – hier zu verneinende – Frage gehen könne, ob diese prozessualen Rechte des Investors durch ‚Countermeasures' verletzt worden seien.[45] Sie kam zu dem Schluss, dass weder der Investor über eigene materielle Rechte verfüge noch die Gegenmaßnahmen seine pro-

40 *Archer Daniels Midland Company and Tate & Lyle Ingredients Americas, Inc v Mexico*, Award and Separate Opinion, ICSID Case No ARB(AF)/04/05 (NAFTA) (26. September 2007), § 171.

41 *Archer Daniels Midland Company and Tate & Lyle Ingredients Americas, Inc v Mexico*, Award and Separate Opinion, ICSID Case No ARB(AF)/04/05 (NAFTA) (26. September 2007), § 173 *„What Section B does is to set up the investor's exceptional right of action through arbitration that would not otherwise exist under international law, when another NAFTA Party has breached the obligations of Section A."*.

42 *Archer Daniels Midland Company and Tate & Lyle Ingredients Americas, Inc v Mexico*, Award and Separate Opinion, ICSID Case No ARB(AF)/04/05 (NAFTA) (26. September 2007), § 178.

43 *Archer Daniels Midland Company and Tate & Lyle Ingredients Americas, Inc v Mexico*, Award and Separate Opinion, ICSID Case No ARB(AF)/04/05 (NAFTA) (26. September 2007), § 174.

44 *Archer Daniels Midland Company and Tate & Lyle Ingredients Americas, Inc v Mexico*, Award and Separate Opinion, ICSID Case No ARB(AF)/04/05 (NAFTA) (26. September 2007), § 176 *„The obligations undertaken by the three Parties, including those under NAFTA Chapter Eleven obligations, are owed by the Parties to one another and are subject to the dispute settlement procedures in NAFTA Chapter Twenty.* ***They are not owed directly to individual investors. Nor do investors derive any rights from obligations owed to the Party of which they are nationals.*** *Rather, the disputing investor must prove that the Party claimed against has breached an obligation owed to another Party under Section A (...)."* (Hervorhebungen im Original).

45 *Archer Daniels Midland Company and Tate & Lyle Ingredients Americas, Inc v Mexico*, Award and Separate Opinion, ICSID Case No ARB(AF)/04/05 (NAFTA) (26. September 2007), § 179 *„It therefore follows that the only individual rights investors enjoy under Chapter Eleven is the procedural right under Section B to invoke the responsibility of the host State. (...)The Arbitral Tribunal believes that the countermeasure did not impair the Claimants' procedural right to bring a claim against the Mexican State, as the countermeasure had no relation whatsoever with the Respondent's offer to submit the present dispute to arbitration."*.

zessualen Rechte beeinträchtigt hätten. Gleichwohl sei die von Mexiko in diesem Fall als Gegenmaßnahme erhobene Steuer (*HFCS Tax*) gegenüber den Vereinigten Staaten mangels der für eine Gegenmaßnahme erforderlichen Verhältnismäßigkeit und Geeignetheit nicht zulässig gewesen. Während das gesamte Schiedsgericht im Ergebnis darin übereinstimmte, dass die von Mexiko erhobene Steuer keine rechtfertigende Gegenmaßnahme darstellte, ließ die Mehrheit der Schiedsrichter, *Cremades* und *Siquieros,* die Frage offen, ob das prozessuale Recht des Investors, wie vom beklagten Staat Mexiko behauptet, aufgehoben werden konnte.[46] Hiergegen, also dem Offenlassen dieser Frage, richtete sich das Sondervotum des Schiedsrichters *Rovine.*

4. Sondervotum des Schiedsrichters Rovine

Dieser argumentierte, dass die Rechte des Investors seine eigenen seien und daher, selbst wenn man den Investor als bloßen ‚Drittbegünstigten' (‚*third-party beneficiary*') ansehe, völkerrechtliche Gegenmaßnahmen des Staates Mexiko gegen die Vereinigten Staaten diese Rechte des Investors nicht aussetzen oder beeinträchtigen dürften:

> „I disagree with my colleagues' formulations addressing NAFTA investors' individual rights under Chapter Eleven, diplomatic protection, and the implication concerning the possible suspension or defeat of NAFTA investors' rights through countermeasures. (…) Chapter Eleven investor rights to remedies belong to the investor, not the state, and cannot, under the circumstances of this case, customary international law and NAFTA, be suspended or eliminated by countermeasures taken against the state of the investor."[47]

In der Kommentierung zu Art. 49 der ILC Articles on State Responsibility[48] als autoritativer Formulierung des Völkergewohnheitsrechts werde hinsichtlich der Grenzen von Gegenmaßnahmen unterstrichen, dass diese zwar dritte Staaten oder andere Par-

46 *Archer Daniels Midland Company and Tate & Lyle Ingredients Americas, Inc v Mexico*, Award and Separate Opinion, ICSID Case No ARB(AF)/04/05 (NAFTA) (26. September 2007), § 177 „(…) *the investor* [is] *the holder of a procedural right, irrespective of whether this right may be suspended by the NAFTA Parties.*".

47 *Archer Daniels Midland Company and Tate & Lyle Ingredients Americas, Inc v Mexico*, Award and Separate Opinion, ICSID Case No ARB(AF)/04/05 (NAFTA) (26. September 2007), *Concurring Opinion of Arthur W. Rovine Issues of Independent Investor Rights, Diplomatic Protection and Countermeasures,* 64 § 82 / 83.

48 Art. 49 Abs. 1 [*Object and limits of countermeasures*]: „*An injured State may only take countermeasures against a State which is responsible for an internationally wrongful act in order to induce that State to comply with its obligations under Part Two*"; Abs. 2: „*Countermeasures are limited to the nonperformance for the time being of international obligations of the State*", *Draft Articles on Responsibility of States for Internationally Wrongful Acts*, Report of the International Law Commission (2001), Official Records of the General Assembly, Fifty-sixth session, Supplement No. 10 (A/56/10).

teien beeinträchtigten dürften, aber nur, wenn sie keine eigene Rechtsposition hätten.[49] Hieraus werde deutlich, dass weder zu unterscheiden sei zwischen prozessualen Rechten, welche durch Gegenmaßnahmen verdrängt werden dürften, und materiellen Rechten, für die dieses nicht gelte; noch dürfe unterschieden werden zwischen eigenen und abgeleiteten Rechten. Vielmehr werden mit den *„individual rights in the matter"* die Grenzen von Gegenmaßnahmen beschrieben.[50] Im Gegensatz zur Auffassung des beklagten Staates Mexiko gelte hier nicht länger – dem Modell des diplomatischen Schutzes folgend – die Vorstellung, wonach der Investor keine eigenen materiellen Rechte habe, sondern lediglich die prozessuale Möglichkeit erhalte, Rechte des Heimatstaates gegen den Gaststaat geltend zu machen. Die Staaten hätten vor dem Hintergrund der möglichen Unzulänglichkeiten des diplomatischen Schutzes bewusst bilaterale Investitionsschutzverträge bzw. NAFTA abgeschlossen und hierdurch den Investoren Rechte verliehen.

> „Yet, as is generally known, well before NAFTA, the international legal system had developed structures and processes establishing rights for investors permitting them to move directly against governments at their own initiative to protect their own individual investment interests rather than those of their home state, and to do so independently of their home state. (…) Instruments such as treaties between states, both bilateral and multilateral, and agreements between and among States and private parties, provided an *evolving legal framework for investor protection that differed in many respects from certain of the rules of diplomatic protection.*"[51]

Rechtslogik sowie die Entstehungsgeschichte und Zwecksetzung auch des NAFTA zeige, dass die in diesem Vertragswerk vorgesehene Möglichkeit für den Investor, bei

49 *Archer Daniels Midland Company and Tate & Lyle Ingredients Americas, Inc v Mexico*, Award and Separate Opinion, ICSID Case No ARB(AF)/04/05 (NAFTA) (26. September 2007), *Concurring Opinion of Arthur W. Rovine Issues of Independent Investor Rights, Diplomatic Protection and Countermeasures,* § 4 unter Verweis auf Art. 49 Rdz. 5 der *Draft Articles on Responsibility of States for Internationally Wrongful Acts*, Report of the International Law Commission (2001), Official Records of the General Assembly, Fifty-sixth session, Supplement No. 10 (A/56/10) wie auch unter Verweis auf die Kommentierung zu Art. 22 der ILC Articles, § 22 Rdz. 4 *„indirect or consequential effects of countermeasures on third parties, which do not involve an independent breach of any obligation to those third parties, will not take a countermeasure outside of the scope of Article 22.*".

50 *Archer Daniels Midland Company and Tate & Lyle Ingredients Americas, Inc v Mexico*, Award and Separate Opinion, ICSID Case No ARB(AF)/04/05 (NAFTA) (26. September 2007), *Concurring Opinion of Arthur W. Rovine Issues of Independent Investor Rights, Diplomatic Protection and Countermeasures,* § 56.

51 *Archer Daniels Midland Company and Tate & Lyle Ingredients Americas, Inc v Mexico*, Award and Separate Opinion, ICSID Case No ARB(AF)/04/05 (NAFTA) (26. September 2007), *Concurring Opinion of Arthur W. Rovine Issues of Independent Investor Rights, Diplomatic Protection and Countermeasures,* § 30 / 31 *„Among the central purposes of NAFTA and the system of Bilateral Investment Treaties is precisely to have the* ***States Parties disengage from key ongoing initiative decisions concerning investor protection, and to grant such decisions directly to investors****, while establishing a system of obligations to be enforced by investors.*" (Hervorhebungen durch Verfasser).

Verletzung der dort enthaltenen Schutzstandards Schadensersatz einzuklagen, ein materielles und individuelles, dem Investor zustehendes Recht darstelle:

> „(...) the substantive investment protections conferred by treaty upon NAFTA investors include the substantive right of legal redress for breaches of Section A of Chapter Eleven. Why is the right to legal redress a substantive rather than a procedural right? In my view, the logic of the law, both internal and international, necessarily entails that a claimant with a right to file a claim and be awarded damages for breach of an obligation by defendant, should claimant prevail, *has an individual right, owed to him directly*, and underlying the right to file and collect damages, not to have that obligation breached by defendant. (...) To confer upon investors these rights by treaty was clearly the intent of the States Parties to NAFTA.“[52]

Daran ändere auch die Tatsache nichts, dass die vertragschließenden Staaten die ‚Herren' dieses Vertragswerkes seien und es daher jederzeit korrigieren oder gar aufheben können, denn

> „(...) the legal capacity of governments to amend or repeal rights of non-state actors does not signify that the rights were never there, and do not remain as long as the rights are not amended or terminated. (...) *But so long as they have not done so*, the enforceable right not to have that contract breached remains. Repeal of the right to a remedy does not signify that there was no right to a remedy to begin with.“[53]

## 5. Corn Products International, Inc. v. United Mexican States Award (2008)

In der gleichen Konstellation erging eine weitere Schiedsentscheidung *Corn Products International, Inc. v. United Mexican States,* zunächst dem Grunde nach (*Decision on Responsibility*).[54] Danach habe die von Mexiko erhobene *HFCS Tax* zwar nicht den Tatbestand einer Enteignung erfüllt, Art. 1110 NAFTA, oder gegen das Verbot be-

52 *Archer Daniels Midland Company and Tate & Lyle Ingredients Americas, Inc v Mexico*, Award and Separate Opinion, ICSID Case No ARB(AF)/04/05 (NAFTA) (26. September 2007), *Concurring Opinion of Arthur W. Rovine Issues of Independent Investor Rights, Diplomatic Protection and Countermeasures,* § 46-49 (Hervorhebung durch Verfasser); siehe auch § 74-76 „*In my view, the States Parties to NAFTA intended to and did override the customary espousal rules of diplomatic protection for investors to enforce State obligations. A system that "assures" an investor within the NAFTA framework of "due process before an impartial tribunal" and that* ***entitles the investor to bring a claim "on its own behalf" expressly overrides for NAFTA the system of claims espousal by investors' governments under the mechanism of diplomatic protection.***“ (Hervorhebung durch Verfasser).

53 *Archer Daniels Midland Company and Tate & Lyle Ingredients Americas, Inc v Mexico*, Award and Separate Opinion, ICSID Case No ARB(AF)/04/05 (NAFTA) (26. September 2007), *Concurring Opinion of Arthur W. Rovine Issues of Independent Investor Rights, Diplomatic Protection and Countermeasures,* § 51 (Hervorhebung durch Verfasser).

54 *Corn Products International, Inc. v. The United Mexican States*, (Decision on Responsibility), ICSID Case No. ARB(AF)/04/01 (Additional Facility), 15. Januar 2008; *Separate Opinion of Andreas F. Lowenfeld.*

stimmter *‚performance requirements'*, Art. 1106 NAFTA, verstoßen. Die Maßnahme habe jedoch den Grundsatz des *‚National Treatment'*, Art. 1102 NAFTA, verletzt.[55] Das Schiedsgericht *Corn Products* kam zwar nicht im Ergebnis, aber in seiner Begründung zu einem genau entgegengesetzten Ansatz als die Schiedsentscheidung *Archer Daniels*. Denn die Schiedsrichter, *Greenwood, Lowenfeld, Serrano de la Vega*, lehnten einstimmig[56] die Möglichkeit einer Rechtfertigung der erhobenen Steuer als Gegenmaßnahme ab:

> „The Tribunal has concluded, however, that the doctrine of countermeasures, devised in the context of relations between States, is *not applicable to claims under Chapter XI of the NAFTA*. Those claims are brought by investors, not by States. A central purpose of Chapter XI of the NAFTA was to remove such claims from the inter-State plane and to ensure that investors could assert rights directly against a host State. The Tribunal considers that, in the context of such a claim, there is *no room* for a defence based upon the alleged wrongdoing not of the claimant but of its State of nationality, which is not a party to the proceedings."[57]

Das Schiedsgericht unterstützte in seiner Begründung die Argumentation, wie sie im Sondervotum *Rovines* in der Schiedsentscheidung *Archer Daniels* formuliert wurde. So seien nach dem Recht der Gegenmaßnahmen jene Maßnahmen nicht gerechtfertigt, die in Rechte Dritter eingriffen, denn die rechtfertigende Wirkung der Gegenmaßnahme sei *relativ*, sie wirke jeweils nur in dem Rechtsverhältnis zwischen dem verletzten und dem verantwortlichen Staat, nicht aber gegenüber Dritten, die für den Akt, gegen den sich die Gegenmaßnahme richte, nicht verantwortlich seien.[58] Während bloße Interessen Dritter durch Gegenmaßnahmen in der Tat beeinträchtigt werden könnten, was im Welthandelsrecht hinreichend anerkannt ist,[59] dürften Gegenmaßnahmen nicht

55 *Corn Products International, Inc. v. The United Mexican States*, (Decision on Responsibility), ICSID Case No. ARB(AF)/04/01 (Additional Facility), 15. Januar 2008; § 11 *"fails to accord CPI, and its investment, treatment no less favourable than that it accorded to its own investors in like circumstances, namely the Mexican sugar producers who were competing for the market in sweeteners for soft drinks*.". Mit dem - nicht veröffentlichten - *Award* vom 18. August 2009 erfolgte auch eine Entscheidung über die Höhe der Entschädigung von über US$ 58 Mio.

56 Die *Separate Opinion of Andreas F. Lowenfeld* fasste die Ablehnung einer Rechtfertigung als Gegenmaßnahme sogar noch schärfer.

57 *Corn Products International, Inc. v. The United Mexican States*, (Decision on Responsibility), ICSID Case No. ARB(AF)/04/01 (Additional Facility), 15. Januar 2008, § 12 (Hervorhebung durch Verfasser).

58 *Corn Products International, Inc. v. The United Mexican States*, (Decision on Responsibility), ICSID Case No. ARB(AF)/04/01 (Additional Facility), 15. Januar 2008; § 163-164, 168, unter Verweis auf die Kommentierung *Crawford*, The ILC Articles on State Responsibility (2002), Artikel 49 ILC Articles, 285 „*(...) even if a countermeasure is directed against that State, if it also entails action inconsistent with an obligation which the State taking countermeasures owes to another party, the doctrine of countermeasures does not preclude the wrongfulness of the measure as against that other party. 'In that sense the effect of countermeasures in precluding wrongfulness is relative. It concerns the legal relations between the injured State and the responsible State.' A countermeasure cannot, therefore, extinguish or otherwise affect the rights of a party other than the State responsible for the prior wrongdoing.*".

59 *Bronckers / van den Broek*, Financial Compensation in the WTO: Improving the Remedies of WTO Dispute Settlement, 8 JIEL (2005), 101 (103-104).

Rechte Dritter verletzen. Solche lägen hier in der Form der durch NAFTA verliehenen materiellen, eigenen Rechten zugunsten des Investors vor.[60] Das Schiedsgericht wies darauf hin, dass für eine dem diplomatischen Schutz entlehnte Fiktion abgeleiteter Rechte nicht mehr länger die Notwendigkeit bestehe, weil nun der Investor seine eigenen Rechte einklagen könne.[61]

### 6. Cargill, Inc. v. United Mexican States Award (2009)

Schließlich wurde in dieser Konstellation noch ein dritter Schiedsfall, *Cargill, Incorporated v. United Mexican States*,[62] am 18. September 2009 mit einem Schiedsspruch in Höhe von US$ 77,3 Mio. entschieden, der gleichermaßen das Argument Mexikos, es handele sich bei der erhobenen Steuer (*HFCS Tax*) um eine zulässige Gegenmaßnahme, zurückwies.[63] Das Schiedsgericht setzte sich insbesondere mit dem *Archer Daniels Award* auseinander und formulierte seinen eigenen Schiedsspruch im Wesentlichen ohne weitere Auseinandersetzung mit dem *Corn Products Award*, da es letzteren erst kurz vor seinem eigenen Schiedsspruch zur Kenntnis bekam;[64] gleichwohl kam es zu dem gleichen Schluss wie *Corn Products*. Das Schiedsgericht stellte fest, dass das Recht der Gegenmaßnahme nicht Maßnahmen rechtfertige, die in Rechte Dritter eingriffen.

> „Countermeasures may not preclude the wrongfulness of an act in breach of obligations owed to third States. The Tribunal is similarly of the opinion that *countermeasures would*

60 *Corn Products International, Inc. v. The United Mexican States*, (Decision on Responsibility), ICSID Case No. ARB(AF)/04/01 (Additional Facility), 15. Januar 2008; § 164/165/167/176 „(...) *In the Tribunal's view, the NAFTA confers upon investors substantive rights separate and distinct from those of the State of which they are nationals. (...) In the case of Chapter XI of the NAFTA, the Tribunal considers* ***that the intention of the Parties was to confer substantive rights directly upon investors****. That follows from the language used and is confirmed by the fact that Chapter XI confers procedural rights upon them.*“ (Hervorhebung durch Verfasser).

61 *Corn Products International, Inc. v. The United Mexican States*, (Decision on Responsibility), ICSID Case No. ARB(AF)/04/01 (Additional Facility), 15. Januar 2008; § 169, 173 „*The pretence that it was asserting a claim of its own was necessary, because the State alone enjoyed access to international dispute settlement and claims machinery. However, there is no need to continue that fiction in a case in which the individual is vested with the right to bring claims of its own.*“.

62 *Cargill, Incorporated v. United Mexican States*, ICSID Case No. ARB(AF)/05/2 (NAFTA) (*Pryles / Caron / McRae*), am 24. Februar 2011 veröffentlicht; der Versuch Mexikos, die Schiedsentscheidung anzufechten (in NAFTA-Verfahren gleichsam als Äquivalent zum ICSID-*Annulment* regelmäßig vor einem staatlichen Gericht des jeweils nicht-beteiligten Staates, hier also Kanada), scheiterte, *Judgment of the Ontario Superior Court of Justice on application to set aside award* (26. August 2010).

63 *Investment Arbitration Reporter*, 19. September 2009, Vol. 2, No.15, In largest NAFTA award to date, Cargill prevails in claim against Mexico; damit schuldet Mexiko aus diesen drei Schiedsurteilen einen gesamten Schadensersatz in Höhe von 169,2 Mio. US$.

64 *Cargill, Incorporated v. United Mexican States*, ICSID No. ARB(AF)/05/2 (NAFTA), 18. September 2009, 109 Rdz. 380.

*not necessarily have such effect in regard to specific obligations owed to nationals of the offending State*, rather than to the offending State itself."[65]

Auch weist es die Differenzierung zwischen prozessualen und materiellen Rechten zurück.

„It is not fruitful, in the Tribunal's view, to characterize the issue as whether the conferred upon the investor are substantive or merely procedural. The fact is that it is the investor that institutes the claim, that calls a tribunal into existence, and is the named party in all respects to the resulting proceedings and award."[66]

## *II. Abgeleitete Rechte (‚derivative rights'), eigene Rechte (‚direct rights') oder ‚contigent rights'?*

Die Frage nach der Beziehung zwischen der Rechtsposition des Investors und völkerrechtlichen Gegenmaßnahmen der Staaten, und damit nach der Qualität und den Grenzen der dem Investor verliehenen Rechtsposition gewinnt auch deswegen an Bedeutung, als es offensichtlich vermehrt einen Trend zu einer Berufung auf völkerrechtliche Rechtfertigungsgründe[67] in investitionsrechtlichen Schiedsverfahren gibt. Neben dem Recht der Gegenmaßnahmen sind strukturell vergleichbar die Argentinien-Schiedsfälle,[68] in denen sich im Rahmen einer Rechtsaussetzung im Staatsnotstand (Art. 25 ILC Articles on State Responsibility) die Frage stellt, ob ein Staat sich nicht auf Staatsnotstand berufen könne, wenn (eigene) Rechte nicht-staatlicher Akteure, etwa privater Dritter wie Investoren, betroffen wären:

„Be that as it may, in the context of investment treaties there is still the need to take into consideration the interests of the private entities who are the ultimate beneficiaries of those obligations, as explained by the English court case in OEPC noted. The essential interest of

65 *Cargill, Incorporated v. United Mexican States*, ICSID No. ARB(AF)/05/2 (NAFTA), 18. September 2009, 122 Rdz. 422 (Hervorhebung durch Verfasser).

66 *Cargill, Incorporated v. United Mexican States*, ICSID No. ARB(AF)/05/2 (NAFTA), 18. September 2009, 122 Rdz. 426.

67 ICSID-Generalsekretärin *Meg Kinnear* in ihrer Präsentation *‚Expectation of Fora'* auf der ‚50 Years of BITs Conference' am 3. Dezember 2009 in Frankfurt, *Hannemann / Sipiorski*, 50 Years of Bilateral Investment Treaties: Taking Stock and a Look to the Future, SchiedsVZ (2010), 268. - In diesem Zusammenhang stellt sich die Frage, ob die auf das Verhältnis zwischen Staaten zugeschnittenen Regeln der Staatenverantwortlichkeit auch auf das Investor-Staat Verhältnis angewandt werden können; da eine unmittelbare Anwendung *nicht* in Betracht kommt, wird allgemein eine *analoge* Anwendung angenommen, *Kriebaum*, Restitution in International Investment Law, in: *Hoffmann / Tams* (Hrsg.) International Investment Law and General International Law: From Clinical Isolation to Systemic Integration (2011), 201 (202).

68 *Hobe*, Völkerrechtlicher Notstand im Internationalen Investitionsrecht, KSzW (2011), 121; *Schill*, International Investment Law and the Host State's Power to Handle Economic Crises, 24 J. Int'l Arb. (2007), 265.

the Claimants would certainly be seriously impaired by the operation of Article XI or state of necessity in this case."[69]

Der Sache nach sind dogmatisch beide Auslegungen – eigene oder abgeleitete Rechte – möglich. So können Staaten im Rahmen eines Vertrages prozessuale Rechte zur Durchsetzung materieller Rechte delegieren. Danach blieben die völkervertraglichen Standards zwischenstaatliche Verpflichtungen, die der Investor als abgeleitete Rechte als Statthalter des Heimatstaates geltend macht. Andererseits können Staaten Individuen auch völkerrechtsunmittelbare Rechte durch völkerrechtlichen Vertrag zuerkennen. Wenn Individuen jedenfalls dem Grundsatz nach völkerrechtsfähig sind, können völkerrechtliche Verträge auch Individuen eigene, materielle Rechte zuweisen. Der Investor hat dann durch bilaterale Investitionsschutzverträge solche Rechte erlangt und wird zu einem partiellen Völkerrechtssubjekt aufgewertet, dessen Rechte von den sonstigen völkerrechtlichen Beziehungen zwischen Gast- und Heimatstaat möglicherweise unabhängig bleiben.

### 1. Abgeleitete Rechte (‚derivative rights')

Nach dieser Auffassung handelt es sich bei den in Investitionsschutzverträgen gewährten – und zwar materiellen wie prozessualen – Rechten um solche des Staates, welche der Investor als Stellvertreter des Heimatstaates gegen den Gaststaat geltend macht:

„There is no warrant for transferring rules derived from private law into a field of international law where claimants are permitted for convenience to enforce *what are in origin the rights of Party states*."[70]

69 *Enron Corporation and Ponderosa Assets, L.P. v. Argentine Republic,* Award (22. Mai 2007), ICSID Case No. ARB/01/3, Ziff. 303, 342; *BG Group Plc v. Argentina*, Award (24. Dezember 2007), UNCITRAL, Ziff. 408; im Ergebnis ließ die Schiedsentscheidung dies offen, da das Schiedsgericht davon ausging, dass selbst wenn die völkergewohnheitsrechtliche Rechtfertigung des Notstandes verfügbar gewesen wäre, die Maßnahmen Argentiniens seiner Ansicht nach deren anspruchsvolle Voraussetzungen nicht erfüllten, dort Ziff. 411; *Sempra Energy International v. The Argentine Republic,* Award (28. September 2007), ICSID Case No. ARB/02/16, Ziff. 344, 391, die Entscheidung wurde am 29. Juni 2010 aufgehoben, *Decision on the Argentine Republic's Application for Annulment of the Award.*

70 *The Loewen Group Inc. (Can.) v. United States*, ICSID Case No. ARB(AF)/98/3, Award (26. Juni 2003), Ziff. 233 (Hervorhebung durch Verfasser); auch wenn das Schiedsgericht an dem diplomatischen Modell abgeleiteter Rechte festhält, scheint es gleichwohl zu konzedieren, dass der Investor ein eigenes jedenfalls prozessuales Recht habe, (Ziff. 222-223) „*Chapter Eleven of NAFTA represents a progressive development in international law whereby the individual investor may make a claim on its own behalf and submit the claim to international arbitration as [the Loewen Group] has done in the instant case.*". - Die *Loewen*-Schiedsentscheidung ausdrücklich ablehnend *Occidental Exploration and Production Co. v. Republic of Ecuador*; English Court of Appeal (2005), EWCA Civ. 1116, Ziff. 22; 2 Lloyd's Rep. 707; gleichermaßen ablehnend: *Yukos Universal Limited (Isle of Man) v Russia,* PCA Case No AA 227, Interim Award on Juridiction and Admissibility (30. November 2009), Rdz. 551.

Der Berichterstatter der ILC zur Staatenverantwortlichkeit, *Crawford*, formulierte, dass die in bilateralen Investitionsschutzverträgen enthaltenen Rechte im Wesentlichen („*in some sense*") den diplomatischen Schutz verstärkten und solche des Staates blieben:

> „(…) a standard bilateral or regional investment treaty is an interstate agreement, to which individual investors are not privy. It is a matter of interpretation whether the primary obligations (e.g., of fair and equitable treatment) created by such treaties are owed to the qualified investors directly, or only to the other contracting state(s). (...) an interstate treaty may create individual rights, whether or not they are classified as "human rights". (...) on the other hand, one might argue that bilateral investment treaties *in some sense institutionalise and reinforce (rather than replace) the system of diplomatic protection, and that in accordance with the Mavrommatis formula, the rights concerned are those of the state, not the investor.*"[71]

Bilaterale Investitionsschutzverträge, die als Nachfolger der Freundschafts-, Handels- und Schifffahrtsverträge (‚*FCN Treaties*') angesehen werden können, enthalten im Vergleich zu jenen zwar dezidiertere investitionsrechtliche Schutzstandards und haben einen klaren ökonomischen Auftrag zur Förderung der wechselseitigen Investitionstätigkeit. Gleichwohl haben auch sie den privaten Investor nicht direkt angesprochen, sondern es blieb bei einer Berechtigung und Verpflichtung der vertragschließenden Staaten. Der Investor konnte allenfalls versuchen, eine Verletzung dieser Vereinbarungen seines Heimatstaates geltend zu machen, wovon dieser aber aus diplomatisch-politischen Erwägungen Abstand nehmen konnte. Nachdem das Investor-Staat Schiedsverfahren als Streitbeilegungsmechanismus Einzug in die Investitionsschutzverträge fand, gewährte es dem Investor nur die Möglichkeit, die Verletzung des staatlichen Rechts an seiner statt geltend zu machen.[72] Auch seien die Formulierungen der materiell-rechtlichen Schutzgarantien seit den ersten Investitionsschutzverträgen bis zu diesem Zeitpunkt im Wesentlichen weitgehend unverändert geblieben und hätten sich auch nicht anlässlich dieses neuen prozeduralen Wegs zur Durchsetzung der Ga-

71 *Crawford*, The ILC's Articles on Responsibility of States for International Wrongful Acts: A Retrospect, 96 AJIL 2002, 874 (888) (Hervorhebung durch Verfasser), ohne dass er hierzu eine klare Position einnimmt; *Wintershall Aktiengesellschaft v Argentina*, ICSID Case no ARB/04/14, Award, 8. Dezember 2008, Ziff. 112 „*Article 33(2) of the ILC's Articles, however, acknowledges the "possibility" (as yet only a possibility – the ILC having taken no definite stand on this) of a "secondary obligation" arising from a breach of a treaty accruing directly in favour of person or entity other than a State – as to which Mr. James Crawford says:* "(…) *at some level, a modern bilateral investment treaty disaggregates the legal interests that were dumped together under the Mavrommatis formula – though it is not accompanied by any detailed regulation in the Articles of the ways in which State Responsibility may be invoked by non-State entities.*".

72 *Sornarajah*, State Responsibility and Bilateral Investment Treaties, 20 J of World Trade L (1986), 79 (83) „*The breach of the treaty creates an international obligation between state parties to the treaty and no benefits or rights flow directly to the affected individual.*"; *ders.*, The International Law on Foreign Investment (1994), 266–267.

rantien gewandelt.[73] Dem Investor werde durch das Investor-Staat Schiedsverfahren lediglich die Möglichkeit eröffnet, als prozessual berechtigter Stellvertreter die Verletzung seinem Heimatstaat gegenüber eingegangener Verpflichtungen geltend zu machen. Seine Stellung sei etwa vergleichbar mit der Prozessstandschaft im deutschen Recht, also der Befugnis im eigenen Namen einen Prozess über ein fremdes Recht zu führen.

### 2. Eigene Rechte (‚direct rights')

Indem die Staaten[74] in ihren modernen Investitionsschutzverträgen dem Investor konkrete, materielle Rechte samt formellen Durchsetzungsverfahren gewährten, zeige sich, dass die vertragsschließenden Staaten eigene und unmittelbare Rechte des Investors begründen wollten. Diese Position wird etwa auch vom English Court of Appeal in seiner Entscheidung *Occidental Exploration and Production Co. v. Republic of Ecuador* sowie durch weitere Schiedsgerichte als die vorzugswürdige Auffassung vertreten:

> „[T]he fundamental assumption underlying the investment treaty regime is clearly that the investor is bringing a cause of action *based upon the vindication of its own rights rather than those of its national state.* (...) The case is not concerned with an attempt to invoke at a national legal level a Treaty which operates only at the international level. It concerns a Treaty intended by its signatories to give rise to rights in favour of private investors capable of enforcement, to an extent specified by the Treaty wording, in consensual arbitration

73 So vorsichtig *Société Générale v Dominican Republic,* LCIA Case UN 7927 (Preliminary Objections to Jurisdiction, 19. September 2008), Rdz. 109 „*The fact that such treaties have substituted for diplomatic protection and may even prohibit its exercise by the States that are parties to them, does not mean that the basic principles have also been automatically derogated as it is rather the means for materializing an international claim that have changed but not in all aspects its substantive reqirements.*", dagegen dezidiert *Wälde,* Interpreting Investment Treaties: Experiences and Examples, in: *Binder / Kriebaum / Reinisch / Wittich* (Hrsg.), International Investment Law for the 21st Century, Essays in Honour of Christoph Schreuer (2009), 724 (748) „*The reaction – introduction of direct investor-State arbitration, first adjudicated in AAPL v. Sri Lanka – fundamentally changed the character of BITs.*".

74 Bereits das *Iran / US Claims Tribunal* setzte sich mit der Frage nach der Rechtsqualität auseinander, *Islamic Republic of Iran and United States* (Case A/18) (Dual Nationality) (6. April 1984), DEC 32-A18-FT, (1984), 5 Iran-US CTR, 251 (261) „*While this Tribunal is clearly an international tribunal established by treaty and while some of its cases involve the interpretation and application of public international law, most disputes (including all those brought by dual nationals) involve a private party on one side and a Government or Government controlled entity on the other, and many involve primarily issues of municipal law and general principles of law. In such cases it is rights of the claimant, not of his nation, that are to be determined by the Tribunal.*" (Hervorhebung durch Verfasser); auch wurde keine vorherige Erschöpfung des nationalen Rechtsweges verlangt; für die Auslegung als abgeleitete Rechte, *Mohebi*, The International Law Character of the Iran-United States Claims Tribunal (1999) 378; generell *Caron*, The Nature of the Iran-United States Claims Tribunal and the Evolving Structure of International Dispute Resolution, 84 AJIL (1990), 104 (105–107).

against one or other of its signatory States. (…) *both artificial and wrong in principle to suggest that the investor is in reality pursuing a claim vested in his or its home State.*"[75]

Gerade durch die Gewährung eigener Rechte werde der durch die Investitionsschutzverträge bezweckte Schutz effektuiert. Die dem diplomatischen Schutz entlehnte Fiktion abgeleiteter Rechte sei nicht länger notwendig, weil nun der Investor im Rahmen von Investitionsschutzverträgen seine eigenen Rechte einklagen könne.[76]

### 3. ‚Contigent rights'

Schließlich wird eine dritte, zwischen diesen beiden Ansätzen liegende Auslegung (*‚intermediary theory,*'[77] *‚procedural direct model'*)[78] für möglich erachtet, wonach zwischen den materiellen Investitionsstandards und dem prozessualen Schiedsklagerecht zu unterscheiden ist. Danach bleiben die materiellen Schutzstandards des Investitionsschutzvertrages auf der *zwischenstaatlichen* Ebene, während das prozessuale Schiedsklagerecht dem Investor ab Erhebung der Schiedsklage als *eigenes* Recht zugeordnet wird.

„Another possible approach to direct theory of rights under investment protection is *to distinguish* between the substantive obligation of investment protection and the obligation to submit to investor/state arbitration upon the filing of a notice of claim by claimant investor. (…) *Upon the claimant's filing of a notice of arbitration*, the claimant investor perfects the host state's unilateral offer to arbitrate, and the two parties thus enter into a direct legal relationship in the form of an arbitration agreement."[79]

75 *Occidental Exploration and Production Co. v. Republic of Ecuador*; English Court of Appeal (2005), 12 ICSID Rep 129, 137-8/20, 147-8/37 (Hervorhebung durch Verfasser); *MTD Equity Sdn. Bhd. and MTD Chile S. A. v. Republic of Chile*, ICSID Case No ARB/01/07, Decision on Annulment, 21. März 2007, Ziff. 99; *Paulsson*, Arbitration without Privity, 10 ICSID Rev. (1995), 232 (256); *Wälde*, Investment Arbitration under the Energy Charter Treaty, Arbitration International (1996), 429 (435-437).

76 *Corn Products International, Inc. v. The United Mexican States*, (Decision on Responsibility), ICSID Case No. ARB(AF)/04/01 (Additional Facility), 15. Januar 2008; § 169, 173.

77 *Cargill, Incorporated v. United Mexican States*, ICSID No. ARB(AF)/05/2 (NAFTA), 18. September 2009, 119 Rdz. 415.

78 *Parlett*, The Individual in the International Legal System: Contiunity and Change in International Law (2011), 110.

79 *Douglas*, The International Law of Investment Claims (2009), 35 Rdz. 73 (Hervorhebung durch Verfasser); *Parlett*, The Individual in the International Legal System: Contiunity and Change in International Law (2011), 110; *Douglas*, The Hybrid Foundations of Investment Arbitration, 74 BYIL (2003), 151 (183) „*The substantive obligations relating to minimum standards of investment protection are couched in terms of a legal relationship between the host state and the foreign investor.*"; *Crawford*, Treaty and Contract in Investment Arbitration, 24 Arbitration International (2003), 351 (360–61).

Die individuelle Inhaberschaft dieses prozessualen Rechts durch den Investor ist als eine Art Anwartschaft zu verstehen, welche (erst) mit der Anrufung eines Investor-Staat Schiedsverfahrens bedingt (*‚contingent'*) ist.[80]

4. Stellungnahme

Im Ergebnis ergibt sich aus der Auslegung der Investitionsschutzverträge gemäß der Auslegungsregeln nach Art. 31 des Wiener Übereinkommens über das Recht der Verträge,[81] dass sie mit dem Vertragsabschluss eigene Rechte des Investors begründen wollen (*‚direct rights'*) – es sei denn, es ergibt sich im Einzelfall aus den Normen jener Verträge ausdrücklich etwas anderes.

Während nach klassischer Auffassung die souveränen Staaten als die hauptsächlichen Rechtssubjekte des Völkerrechts angesehen wurden, und das Individuum völkerrechtlich erst dann bedeutsam wurde, wenn sein Heimatstaat sich für das Individuum im Rahmen des diplomatischen Schutzes gegenüber anderen Staaten verwendete, hat sich diese Auffassung im 20. Jahrhundert, insbesondere nach dem Zweiten Weltkrieg, gewandelt.[82] Das Völkerrecht wird zwar immer noch als ein im wesentlichen zwischenstaatliches Recht verstanden und die Staaten als die jedenfalls grundsätzlich wichtigsten Akteure der Völkerrechtsordnung begriffen, aber die ‚Erweiterung des Kreises der Völkerrechtssubjekte'[83] und damit der unmittelbaren Adressaten des Völkerrechts ist möglich.[84] Danach können – in Durchbrechung des Prinzips der Mediatisierung des Individuums – auch natürliche und juristische Personen partielle Völ-

80 *Archer Daniels Midland Company and Tate & Lyle Ingredients Americas, Inc v Mexico*, Award and Separate Opinion, ICSID Case No ARB(AF)/04/05 (NAFTA) (26. September 2007), § 179.

81 Vor allem entsprechend der „gewöhnlichen, seinen Bestimmungen in ihrem Zusammenhang zukommenden Bedeutung" (Abs. 1) wie auch der „späteren Übereinkunft" und „späteren Übung" (Abs. 3) der vertragsschließenden Staaten, BGBl. II (1985), 927; UNTS Vol. 1155, 331.

82 Bericht der ILC, 58. Tagung (1.-9. Mai; 3. Juli; 11. August 2006), UN Dok. A/61/10, S. 25-26 [*Draft Articles on Diplomatic Protection*]; *Orakhelashvili*, The Position of the Individual in International Law, 31 Cal. W. Int'l L.J. (2001), 241 (244); *Oppenheim*, International Law, (*Lauterpacht*), Band 1 (1955), 636: „(...) [t]*he various developments since two World Wars no longer countenance the view that, as a matter of positive law, States are the only subjects of international law. In proportion as the realization of that fact gains ground, there must be an increasing disposition to treat individuals, within a limited sphere, as subjects of International Law.*".

83 *Mosler*, Die Erweiterung des Kreises der Völkerrechtssubjekte, ZaöRV 22 (1962), 1 (39); vorher bereits *Schoen*, Zur Lehre von den Subjekten des Völkerrechts, 23 Zeitschrift für Völkerrecht (1939), 411, 414: „*Erweiterung des Kreises der völkerrechtlichen Rechtssubjekte,*" 448: „*zumal offensichtlich die Entwicklung dahin geht, den Kreis der Völkerrechtssubjekte zu erweitern*"; Resolution der DGVR, Mitteilungen der Deutschen Gesellschaft für Völkerrecht 7 (1926), 98 „(...) *dass neben oder vielleicht entgegen der prinzipiellen Auffassung von der alleinigen Völkerrechtssubjektivität der Staaten eine geänderte Grundauffassung für das Völkerrecht zum Durchbruch kommt.*".

84 Statt vieler *Hobe*, Einführung in das Völkerrecht (2008), 14, 166; *Brownlie*, Principles of Public International Law (2008), 554.

kerrechtssubjekte sein, wenn und weil das Völkerrecht ihnen unmittelbar völkerrechtliche Rechte und Pflichten zuerkennt.[85]

Wenn Individuen jedenfalls dem Grundsatz nach völkerrechtsfähig sind, können völkerrechtliche Verträge auch Individuen Rechte zuweisen.[86] Für eine Zuerkennung völkerrechtsunmittelbarer Rechte für Individuen muss erstens die völkervertragliche Norm unmittelbar anwendbar, also *„self-executing'* sein, d.h. ohne weitere Ausführungsakte von staatlichen Organen ausgeführt werden können.[87] Ob zweitens für ein solches Individualrecht maßgebendes Abgrenzungskriterium zwingend die Möglich-

85 *Verdross / Simma*, Universelles Völkerrecht (1984), § 375, Völkerrechtssubjekte als „Träger von Rechten und/oder Pflichten, deren Verhalten also unmittelbar durch das Völkerrecht geregelt wird"; *Cheng*, Introduction to Subjects of International Law, in: *Bedjaoui* (Hrgs.), International Law: Achievements and Prospects (1991), 23.

86 Hierzu bereits *Jurisdiction of the Courts of Danzig*, (Advisory Opinion), PCIJ, Rep series B, No. 15 (3. März 1928), 17; *Brownlie*, Principles of Public International Law (2003), 57; *Jennings / Watts*, Oppenheim's International Law (1992), Vol 1, Band 2-4, 847/848; *Verdross / Simma*, Universelles Völkerrecht (1984), 256. Ein solcher staatliche Wille kann neben der vertraglichen Zuerkennung auch durch darauf bezogene implizite und funktionale Rechtsetzung zum Ausdruck kommen, (*IGH*, Reparation for Injuries Suffered in the Service of the United Nations, Advisory Opinion, ICJ Rep. 1949, 174 (179)). Schließlich leitet eine dritte Auffassung eine völkergewohnheitsrechtliche Anerkennung durch Schweigen her, wenn kein *‚persistent objector'* sich gegen eine solche Bindung ausspricht, *Tomuschat*, Obligations Arising for States Without or Against Their Will, 241 Rec. des Cours (1993), 195 (284-290).

87 *Buergenthal*, Self-executing and non-self-executing Treaties, 235 RdC (1992 IV), 301. – Zur terminologischen Klarheit: Der Terminus der „unmittelbaren Anwendbarkeit" wird hier nicht wie im Zusammenhang mit der Frage verwandt, ob in dualistischen Systemen nationale Transformationsakte vorhanden sind, die Völkerrecht zur innerstaatlichen Wirksamkeit verhelfen und z. B. dann Individuen erlauben, sich auf das Völkerrecht im nationalen Recht zu berufen; *Orakhelashvili*, The Position of the Individual in International Law, 31 California Western International Law Journal (2001), 241 (264).

keit der Rechtsdurchsetzung bestehen muss,[88] andernfalls es ein bloßer individualschützender Rechtsreflex bleibt, kann jedenfalls dann dahingestellt bleiben, wenn eine solche prozedurale Berechtigung des Individuums – als wesentliches Indiz[89] für den Willen der Staaten, Rechte der Individuen zu begründen – bereits vorliegt.

So ist es hier: Die in den gegenwärtigen Investitionsschutzverträgen klassischerweise enthaltenen, wesentlichen materiellen Standards sind hinreichend bestimmt und unbedingt, um unmittelbar anwendbar zu sein. Viele dieser Rechte, wie der Grundsatz der Inländerbehandlung, die Entschädigung bei Enteignung, die Gewährleistung des freien Transfers, waren in der Vergangenheit nicht zwingend Teil der völkergewohnheitsrechtlichen Rechte des diplomatischen Schutzes bzw. des Fremdenrechts und zeigen damit den Wandel des Internationalen Investitionsrechts von seiner völkergewohnheitsrechtlichen Ausgangslage hin zu einem völkervertragsrechtlichen System.

Schließlich sei auf die prinzipielle Differenzierung zwischen dem eigentlichen Innehaben einer subjektiven Rechtsposition und ihrer prozessualen Durchsetzung hin-

88 Die Möglichkeit auch der Rechtsdurchsetzung fordernd: *Kelsen*, Principles of International Law (1966), 143, 231, 282; *Epping*, in: *Ipsen*, Völkerrecht (2004), 97; *Verdross / Simma*, Universelles Völkerrecht (1984), 256; *Brownlie*, Principles of Public International Law (2003), Kapitel 25 „[to] *maintain its rights by bringing international claims*", der gleichzeitig auf die Zirkularität dieser Definition hinweist, denn die prozedurale Kapazität bezieht sich auf ein bestehendes Recht und kann daher nicht Voraussetzung dieses Rechts sein; *Shaw*, International Law (2003), 232 „*participation plus some form of community acceptance*"; ähnlich *Higgins*, General Course on Public International Law, 230 RCADI V (1991), 81.
Die Gewährung des Rechts als solches für die Völkerrechtsfähigkeit genügen lassend, wofür nicht zuletzt seit *IGH*, LaGrand Case, EuGRZ (2001), 287 (290, Ziff. 77) vieles spricht: *English Court of Appeals*, Judgment 2005 EWCA 1116 (Civ) (9. September 2005), Rn. 18; *Lauterpacht*, International Law and Human Rights (1950), 27 „*The fact that the beneficiary of rights is not authorized to take independent steps in his own name to enforce them does not signify the he is not subject of the law or that the rights in question are vested exclusively in the agency which possesses the capacity to enforce them.*"; *Stein / v. Buttlar*, Völkerrecht (2009), 173; *Hobe*, Einführung in das Völkerrecht (2008), 167; *Fastenrath*, Die Verantwortlichkeit transnationaler Unternehmen und anderer Wirtschaftsunternehmen im Hinblick auf die Menschenrechte, in: *v. Schorlemer* (Hrsg.), Wir die Völker (…) – Strukturwandel in der Weltorganisation (2006), 69 (78) „*(…) als eigenständiges Merkmal der Völkerrechtssubjektivität wäre sie* [die Möglichkeit der Rechtsdurchsetzung] *jedoch systemfremd. Denn mangels einer universellen obligatorischen Gerichtsbarkeit und der Formfreiheit des Völkerrechts gibt es keinen abgeschlossenen Kanon der völkerrechtlichen Durchsetzungsverfahren.*"; *Higgins*, Problems and Process – International Law and How We Use it (1994), 48 (53); *McCorquodale,* The Individual and the International Legal System, in: *Evans* (Hrsg.), International Law (2006), 304.

89 *Dahm / Delbrück / Wolfrum*, Völkerrecht (2002), Bd. I/2, 261; *Douglas*, The Hybrid Foundations of Investment Treaty Arbitration, 74 BYIL (2003), 151 (181); *Tietje*, Grundstrukturen und aktuelle Entwicklungen des Rechts der Beilegung internationaler Investitionsstreitigkeiten, Arbeitspapier, Heft 10 (2003), 16.

gewiesen. Spätestens seit der *La Grand*-Entscheidung des IGH[90] dürfte hinreichend anerkannt sein, dass Individualrechte auch dann bestehen können, wenn kein unmittelbares Recht des Individuums auf völkerrechtliche *Streitbeilegung* gegenüber dem Staat vorgesehen ist. Auch die Investitionsschutzverträge der *ersten* Generation, welche im Wesentlichen (nur) eine Staat-Staat Schiedsklausel enthielten, können subjektive Individualrechte begründen (aber eben keine auf direkte Streitbeilegung). Ist in dem Investitionsschutzvertrag eine *ad hoc*- oder *Non ICSID*-Schiedsklausel als Option vorgesehen, dürfte dies für ein materielles Individualrecht auf Schiedsverfahren aus dem Investitionsschutzvertrag ausreichen.

### a) Kontrolle über den Anspruch

Für ein *eigenes* Recht des Investors spricht, dass über die Ansprüche, welche aus einem Investitionsschutzvertrag herrühren, er alleine und ausschließlich befindet. Es besteht für den Investor keine rechtliche Pflicht, seinen Heimatstaat vor, während oder nach einem Schiedsverfahren über seine Geltendmachung völkervertraglicher Standards zu informieren. Mit der Geltendmachung verfolgt er sein eigenes Interesse. Ein möglicher Schadensersatz wird an den Investor geleistet und steht nur ihm zu, wie auch er für die Kosten eines Schiedsverfahrens aufzukommen hat.[91] Dies steht in deutlichem Kontrast zu dem an das Verfahren des diplomatischen Schutzes angelehnten Verständnis abgeleiteter Rechte des Heimatstaates. In dessen Rahmen hat der Heimatstaat die volle

90 Der IGH folgerte im Urteil vom 27. Juni 2001, *LaGrand*, ICJ Rep. 2001, 466, Rn. 42, 77, dass Artikel 36 Absatz 1 b des ‚Wiener Übereinkommens über konsularische Beziehungen' („*Diese Behörden haben den Betroffenen unverzüglich über die ihm auf Grund dieses Buchstabens zustehenden Rechte zu unterrichten*", in den gemäß Art. 79 der Wiener Vertragskonvention authentischen Sprachen: „*his rights*" bzw. „*ses droits*") subjektive Rechte von Individuen verbriefe „*(...) the clarity of these provisions, viewed in their context, admits of no doubt. It follows, as has been held on a number of occasions, that the Court must apply these as they stand (...) Based on the text of these provisions, the Court concludes that Article 36, paragraph 1,* ***creates individual rights****, which, by virtue of Article 1 of the Optional Protocol, may be invoked in this Court by the national State of the detained person. These rights were violated in the present case.*" (Hervorhebung durch Verfasser). Mit dieser Entscheidung hat der IGH die Norm eines zwischenstaatlichen Vertrages, der in einer Zeit geschlossen wurde, in welcher eine partielle Völkerrechtssubjektivität von Individuen (noch) mehrheitlich abgelehnt wurde, so ausgelegt, dass sie Individualrechte enthält und es damit ermöglicht, dass auch Einzelne mittels Mediatisierung des Staates an den IGH gelangen können, obwohl Art. 34 des IGH-Statuts nur Staaten die Anrufung des Gerichtes erlaubt; bestätigt durch *Avena and Other Mexican Nationals Mexico v. United States of America* (1. März 2004).

91 So formuliert Art. 5 (3) des Muster-Investitionsschutzvertrages von Österreich bereits im Wortlaut: „*An investor of a Contracting Party which claims to be affected by an expropriation by the other Contracting Party shall have the right* (...).", *UNCTAD Compendium* (2002), Vol. VII, 262; Art. 13(2) Energiecharta-Vertrag; *Parlett*, The Individual in the International Legal System (2011), 109 „*Where the language is that of direct right (such as the investor 'shall have the right'), that entitlement to treatment apparently involves an individual right arising directly from the terms of the BIT.*".

Kontrolle über den Anspruch: Der Heimatstaat ist es, welcher volles Ermessen darüber hat, ob und wie er ein mögliches Recht gegenüber dem Gaststaat geltend macht.[92] Der Heimatstaat kann den Anspruch modifizieren, er kann sich auch mit einem Teilbetrag begnügen, er kann auf eine solche Geltendmachung verzichten und ein möglicher Schadensersatz ist an ihn, den Heimatstaat, zu entrichten, es besteht keine Verpflichtung für den Heimatstaat, den erhaltenen Schadensersatz an den Investor weiterzuleiten.[93]

Die Vorstellung eines abgeleiteten, auf der zwischenstaatlichen Ebene bleibenden Rechts, welches der Investor als Stellvertreter des Heimatstaates gegen den Gaststaat geltend macht, würde demgegenüber auf eine *doppelte Fiktion* hinauslaufen:[94] Der klassischen ersten Fiktion des diplomatischen Schutzes, wonach es sich bei den betroffenen Rechten um solche des Heimatstaates handelt, und einer weiteren Fiktion, dass der Investor diese als Stellvertreter des Staates geltend macht, obwohl es sich um *eigene* Rechte des Investors handelt.[95] Mit einem solchen Verständnis erscheint es schwer vereinbar, wenn es im Rahmen der Investitionsschutzverträge unstrittig der Investor ist, welcher die Kontrolle über die aus diesen erwachsenen Ansprüche hat. Mehr noch, es hat sogar Fälle gegeben, in denen der *Heimat*staat – hier die Vereinigten Staaten bzw. Kanada – auf der Grundlage von Art. 1128 NAFTA[96] jeweils erfolglos

92 IGH, *Barcelona Traction, Light and Power Limited (Belgium v. Spain)*, 5 Februar 1970, I.C.J. Reports (1970), Rep. 4, Ziff. 79.

93 Administrative Decision No. V., Mixed Claims Commission—United States and Germany: Opinion Dealing with Germany's Obligations and the Jurisdiction of the Commission, *Parker*, 19 AJIL (1925), 612 (626-627); *Hagelberg*, Die völkerrechtliche Verfügungsbefugnis des Staates über Rechtsansprüche von Privatpersonen (2006), 51 [Fn. 110]; die ILC Commission unterbreitete eine Empfehlung in Artikel 19(c): „*A State entitled to exercise diplomatic protection according to the present draft articles, should: c) Transfer to the injured person any compensation obtained for the injury from the responsible State subject to any reasonable deductions.*", Bericht der International Law Commission, 58. Tagung, UN Dok. A/61/10, 94.

94 Ob sich solche mehrfachen Fiktionen überhaupt auf Dauer gegenüber der Realität halten lassen, darf bezweifelt werden, *Morrison*, Beitrag, *Discussion*, in: *Hofmann* (Hrsg.), Non-State Actors as New Subjects of International Law (1999), 85 „*One of the things one learns in the common law legal system is that when legal fictions begin to multiply, you are approaching a point at which the substance of law will change. I think we are seeing an increasing number of these legal fictions that are covering the peculiar status of non-state organizations. At some point soon, the substantive law will change formally to recognize that development.*".

95 Pointiert *Juratowitch*, The Relationship between Diplomatic Protection and Investment Treaties, 23 ICSID Revue (2008) 10, (24) „*Theoretical reliance on subrogation in the context of investment treaty claims by investors involves building a fiction upon a fiction. It is only through a fiction that diplomatic protection involved the rights of the State in the first place. Subrogation involves a further fiction that the investor is stepping into the shoes of the State. These are shoes that belonged to the investor in the first place.*".

96 Artikel 1128 NAFTA [Participation by a Party]: „*On written notice to the disputing parties, a Party may make submissions to a Tribunal on a question of interpretation of this Agreement.*".

versuchte, die Geltendmachung dieser Rechte durch den Investor seines Landes zu unterbinden.[97] Hierauf weist das Schiedsgericht in *Corn Products* hin:

> „*The State of nationality of the Claimant does not control the conduct of the case.* (...) The individual may even advance a claim of which the State *disapproves* or base its case upon a proposition of law with which the State *disagrees*. That occurred in GAMI, in which the United States filed a submission that the Tribunal lacked jurisdiction with regard to certain shareholder claims advanced by the Claimants. The Tribunal disagreed and held that it had jurisdiction with regard to all the claims. Yet if GAMI, as an investor of the United States, was doing no more than asserting the substantive rights of the United States, it is difficult to see how such a conclusion could have been reached.“[98]

Die vollständige Kontrolle über den Anspruch allein durch den Investor unterstreicht, dass die in modernen bilateralen Investitionsschutzverträgen verliehenen Rechte solche des Investors, nicht der Staaten sind.[99]

b) Erschöpfung des innerstaatlichen Rechtsweges

In fast allen bilateralen Investitionsschutzverträgen ist für den Investor eine vorherige Erschöpfung des innerstaatlichen Rechtsweges (‚*exhaustion of local remedies*') nicht erforderlich, um eine Investor-Staat Schiedsklage anzustrengen. Obwohl die vertragsschließenden Staaten frei wären, ein solches Erfordernis zu vereinbaren, geschieht dies vergleichsweise selten.[100] Daher haben die Schiedsgerichte anerkannt, dass der Investor einen direkten Zugang zur internationalen Schiedsgerichtsbarkeit hat, ohne zuvor den innerstaatlichen Rechtsweg ausschöpfen zu müssen. Auch dies steht im Gegensatz

97 *Gami v. United States of Mexico*, Submission of the United States of America (30. Juni 2003); Final Award (15. November 2004), Rdz. 29-30, 43; *Mondev International v. United States of America*, Second Submission of Canada (6. Juli 2001); Award (11. Oktober 2002), 6 ICSID Reports, 192.

98 *Corn Products International, Inc. v. The United Mexican States*, Decision on Responsibility, ICSID Case No. ARB(AF)/04/01 (Additional Facility), 15. Januar 2008, § 173 (Hervorhebung durch Verfasser); *Alvarez*, Are Corporations "Subjects" of International Law?, New York University Public Law and Legal Theory Working Papers 238 (2010), 15: „(...) *governments cannot prevent private investors from bringing claims under such investment treaties and they cannot prevent investors from making particular arguments that might establish expansive arbitral precedents*.".

99 *Douglas*, The Hybrid Foundations of Investment Treaty Arbitration, 74 BYIL (2003), 151 (169); *van Haersolte-van Hof / Hoffmann*, The relationship between International Tribunals and Domestic Courts, in: *Muchlinski / Ortino / Schreuer* (Hrsg.), The Oxford Handbook of International Investment Law (2008), 962 (994).

100 *Lanco International Inc. v. Argentina*, Decision on Jurisdiction (8. Dezember 1998), ICSID No. ARB/97/6, § 39 „*A State may require the exhaustion of domestic remedies as a prior condition for its consent to ICSID arbitration. This demand may be made (i) in a bilateral investment treaty that offers submission to ICSID arbitration, (ii) in domestic legislation, or (iii) in a direct investment agreement that contains an ICSID clause.*"; *Generation Ukraine v Ukraine*, Award, ICSID ARB/00/9 (16. 9. 2003), Ziff. 13.1-13.6.

zum diplomatischen Schutz, bei dem die vorherige Erschöpfung des innerstaatlichen Rechtsweges zwingend erforderlich ist,[101] um dem souveränen Gaststaat zunächst die Möglichkeit zu geben, etwaige Fehler selbst zu beheben, aber auch um den Heimatstaat im Falle einer erfolgreichen Behebung von der Einleitung und Durchführung weiterer diplomatischer Schutzmaßnahmen zu entlasten.[102] Wenn der Investor als bloßer Stellvertreter Rechte des Heimatstaates gegen den Gaststaat geltend machen würde, läge es nahe, dass die Staaten auch ein genuines Interesse daran hätten – dem Modell des diplomatischen Schutzes entsprechend – regelmäßig eine vorherige Ausschöpfung des innerstaatlichen Rechtsweges in ihren Investitionsschutzverträgen zu vereinbaren:[103]

> „It has long been the case that international lawyers have treated as a fiction the notion that in diplomatic protection cases the State was asserting a right of its own - violated because an injury done to its national was in fact an injury to the State itself. It was a necessary fiction, because procedurally only a State could bring an international claim, but the fact that it did not reflect substantive reality showed through not only in the juristic writing but also in various rules of law surrounding diplomatic protection claims. (…) the local remedies rule is applicable in general international law to claims brought by a State by way of diplomatic protection *but not to claims in which it enforces obligations owed directly to it.* Yet if the notion that the rights being enforced in diplomatic protection claims were the rights of the State itself, it is difficult to see why the two categories of cases should be treated differently.“[104]

### c) Bewertung des Schadens

Im Rahmen der Investitions-Schiedsgerichtsbarkeit erfolgt die Bewertung und Berechnung des Schadens ausschließlich anhand des wirtschaftlichen Schadens des Investors; andere Schadensposten, etwa solche, die der Heimatstaat oder andere Investoren aus diesem Staat durch die betreffende Handlung des Gaststaates erlitten haben könnten, werden nicht berücksichtigt. Im Gegensatz hierzu können bei der Schadensberechnung im Rahmen des diplomatischen Schutzes durchaus auch noch andere Er-

101 IGH *Interhandel (Switzerland v. United States)*, 21. März 1959, I.C.J. Reports 1959, 6, 27: „*Before resort may be made to an international court in such a situation, it has been considered necessary that the State where the violation occurred should have an opportunity to redress it by its own means, within the framework of its own domestic legal system.*“.

102 *Amerasinghe*, Local Remedies in International Law (2004), 61.

103 *Douglas*, The Hybrid Foundations of Investment Treaty Arbitration, 74 BYIL (2003), 151 (179) „[b]*y dispensing with the local remedies rule as a procedural requirement for the investor's treaty claims, the contracting States have also abandoned their interests that are protected by the rules. If they had a legal interest at stake in an investment treaty claim then this would be a surprising concession.*“; *Hoffmann*, The Investor's Right to Waive Access to Protection under a Bilateral Investment Treaty, 22 ICSID Review (2007), 69 (87).

104 *Corn Products International, Inc. v. The United Mexican States*, Decision on Responsibility, ICSID Case No. ARB(AF)/04/01 (Additional Facility), 15. Januar 2008, § 170-171 (Hervorhebung durch Verfasser).

wägungen ins Spiel kommen, wie dies der Ständige Internationale Gerichtshof 1928 im *Chorzów Factory*-Fall herausgearbeitet hat:

> „Rights or interests of an individual the violation of which rights causes damage are always in a different plane to rights belonging to a State, which rights may also be infringed by the same act. The damage suffered by an individual *is never therefore identical in kind* with that which will be suffered by a State; it can only afford a convenient scale for the calculation of the reparation to the State."[105]

Dass in der Investitions-Schiedsgerichtsbarkeit der Schaden, im Unterschied zur Schadensberechnung staatlicher Ansprüche, ausschließlich auf der Basis des vom Investor erlittenen wirtschaftlichen Schadens bewertet wird, ist ein weiteres Argument dafür, dass es sich um Rechte des Investors handelt.[106]

### d) Subrogation

Investitionsschutzverträge enthalten eine Subrogationsklausel für den Fall, dass der Investor seine Investition durch eine Investitionsgarantie abgesichert hat und in einem möglichen Schadensfall sich diese Garantie realisiert. Regelmäßig erfolgt in diesen Fällen ein Forderungsübergang des Anspruchs aus dem Investitionsschutzvertrag gegen den Gaststaat vom Investor als bisherigem Anspruchsinhaber auf den Heimatstaat als Garantiegeber. So heißt es etwa in Art. 6 Satz 1 des deutschen Mustervertrages (2009) ausdrücklich:

> „Leistet ein Vertragsstaat seinen Investoren Zahlungen aufgrund einer Gewährleistung für eine Kapitalanlage im Hoheitsgebiet des anderen Vertragsstaats, so erkennt dieser andere Vertragsstaat (…) die Übertragung aller *Rechte oder Ansprüche dieser Investoren* kraft Gesetzes oder aufgrund Rechtsgeschäfts auf den erstgenannten Vertragsstaat an."[107]

105 *Chorzów Factory*-Fall (Germany v. Poland), Merits, 13. September 1928, PCIJ Series A, No. 17 (1928), 28 (Hervorhebung durch Verfasser).

106 *Wälde / Sabahi*, Compensation, Damages, and Valuation, in: *Muchlinski u.a.* (Hrsg.), The Oxford Handbook of International Investment Law (2008), 1056 (1057 Fn. 22); *Douglas*, The Hybrid Foundations of Investment Treaty Arbitration, 74 BYIL (2003), 151 (179); *van Haersolte-van Hof / Hoffmann*, The relationship between International Tribunals and Domestic Courts, in: *Muchlinski / Ortino / Schreuer* (Hrsg.), The Oxford Handbook of International Investment Law (2008), 962 (1001).

107 In englischer Fassung: *„If either Contracting State makes payment to any of its investors under a guarantee it has assumed in respect of an investment in the territory of the other Contracting State, the latter Contracting State shall (...) recognize the assignment, whether under a law or pursuant to a legal transaction, of any* ***right or claim from such investors*** *to the former Contracting State. Furthermore, the latter Contracting State shall recognize the subrogation of that Contracting State to any such right or claim (****assigned claim****), which that Contracting State shall be entitled to assert to the same extent as its predecessor in title.*" (Hervorhebung durch Verfasser).

In einer Vielzahl gleichlautender Klauseln in den jeweiligen Modell-Investitionsschutzverträgen, die allesamt von *„the rights of an investor“* sprechen,[108] anerkennen die Staaten den Übergang „der Rechte des Investors“, die dieser offensichtlich aus dem Investitionsschutzvertrag gegen den anderen Vertragsstaat innehat, auf den jeweiligen Heimatstaat. Die Staaten gehen damit davon aus, dass der Investor – und nicht der Staat – der Inhaber dieser Rechte ist, anders wäre eine solche Subrogationsklausel in Investitionsschutzverträgen schlicht nicht erforderlich.[109] Daher formuliert beispielsweise Art. 6 Satz 2 des deutschen Musterabkommens (2009) ausdrücklich, dass die Staaten hier ihnen *zugewiesene* übertragene Rechte geltend machen:

> „Ferner erkennt der andere Vertragsstaat den Eintritt des erstgenannten Vertragsstaats in alle diese Rechte oder Ansprüche (übertragene Ansprüche) an, welche der erstgenannte Vertragsstaat in demselben Umfang wie sein Rechtsvorgänger auszuüben berechtigt ist.“[110]

### 5. Ergebnis: Eigenes Recht (‘direct rights’) und Aufwertung des Investors zum partiellen Subjekt

Die Auslegung der dem Investor verliehenen und von ihm durchsetzbaren Rechte zeigt, dass die Staaten nicht nur zwischenstaatliche Pflichten,[111] sondern *eigene* Rechte für

108 Etwa Art. 15 des Mustervertrages von Kanada; Art. 10 des Mustervertrages von Großbritannien, *Dolzer / Schreuer*, The Principles of International Investment Law (2008), 382; Art. 7 des Mustervertrages der Schweiz, *UNCTAD*, International Investment Instruments, Vol. III (1996), 177 (180); Art. 7 des Mustervertages von Italien, *UNCTAD*, International Investment Instruments: A Compendium Vol. XII (2003), 295 (302).

109 *Juratowitch*, The Relationship between Diplomatic Protection and Investment Treaties, 23 ICSID Revue (2008), 10 (26); weitere Beispiele, anhand derer sich die Auslegung *eigener* Rechte des Investors darlegen ließe, sind die Bestimmung der Nationalität des Anspruchsstellers; das anwendbare Verfahrensrecht; Gabelungsklauseln (*‚fork in the road-clauses‘*), wie Anfechtbarkeit und Durchsetzung des Schiedsspruchs, hierzu *van Haersolte-van Hof / Hoffmann*, The Relationship between International Tribunals and Domestic Courts, in: *Muchlinski / Ortino / Schreuer* (Hrsg.), The Oxford Handbook of International Investment Law (2008), 962 (994).

110 Englische Fassung: *„Furthermore, the latter Contracting State shall recognize the subrogation of that Contracting State to any such right or claim (**assigned claim**), which that Contracting State shall be entitled to assert to the same extent as its predecessor in title.“* (Hervorhebung durch Verfasser); *Peters*, Dispute Settlement Arrangements in Investment Treaties, 22 Netherlands Yearbook of International Law (1991), 91 (143 und Fn. 153) „(...) *they allow intergovernmental arbitration by way of exception if there has been an assignment of rights to the subrogated home State.*“.

111 So auch *Parlett*, The Individual in the International Legal System (2011), 110 „(...) *neither the language of BITs* (...) *nor the practice of investment treaty tribunals support this model.*“.

den Investor gegenüber dem Gaststaat der Investition begründen wollen.[112] Dies gilt nicht nur für den Zugang des Investors zu den Investor-Staat Schiedsgerichten, sondern auch für die materiellen Standards.

Schließlich vermag das Verständnis, dass als *eigenes* Recht nur das *prozessuale* Schiedsklagerecht dem Investor zugeordnet ist, während die materiellen Schutzstandards des Investitionsschutzvertrages auf der zwischenstaatlichen Ebene verbleiben (‚*contigent rights,*' ‚*procedural-direct model*'),[113] nicht zu überzeugen. Bei einem solchen Verständnis bleibt kaum nachvollziehbar, wie diese '*applicable adjudicative standards'* der Staatenverantwortlichkeit zu verstehen sind. Wenn der Investor die Verletzung einer Verantwortlichkeit ihm gegenüber einklagt, stellt sich die Frage, worin diese Verletzung des prozessualen Rechts nach diesem Verständnis zu sehen ist. Entsprechend dieser Wahrnehmung formulierte das Schiedsgericht *Archer Daniels*:

> „It therefore follows that the only individual rights investors enjoy under Chapter Eleven is the procedural right under Section B to invoke the responsibility of the host State. (...) The Arbitral Tribunal believes that the countermeasure did *not* impair the Claimants' procedural right to bring a claim against the Mexican State, as the countermeasure had no relation whatsoever with the Respondent's offer to submit the present dispute to arbitration."[114]

Geht es hingegen um die Verletzung einer materiellen Verpflichtung, die nur gegenüber dem Heimatstaat besteht, stellt auch dieses Modell ein solches *abgeleiteter* Rechte

112 *Occidental v. Ecuador,* English Court of Appeal, (2005) EWCA Civ 1116, 2 Lloyd's Rep (2005), 707 „*That treaties may in modern international law give rise to direct rights in favour of individuals is well established, particularly where the treaty provides a dispute resolution mechanism capable of being operated by such individuals acting on their own behalf and without their national state's involvement or even consent.*"; *Hertzfeld / Legum*, Pre-Dispute Waivers of Investment Treaty Arbitration: A Practical Approach, in: *Hobér / Magnusson / Öhrström* (Hrsg.), Between East and West: Essays in Honour of Ulf Franke (2010), 183 (184); *Schöbener / Herbst / Perkams,* Internationales Wirtschaftsrecht (2010), 60; *van Haersolte-van Hof / Hoffmann*, The relationship between International Tribunals and Domestic Courts, in: *Muchlinski / Ortino / Schreuer* (Hrsg.), The Oxford Handbook of International Investment Law (2008), 962 (1002); *Juratowitch,* The Relationship between Diplomatic Protection and Investment Treaties, 23 ICSID Revue (2008) 10; *Spiermann*, Individual Rights, State Interests and the Power to waive ICSID Jurisdiction under Bilateral Investment Treaties, 20 Arbitration International 2 (2004), 179, 185: „*It would take an excessively narrow, albeit not unprecedented standard of interpretation to find that bilateral investment treaties do not vest rights in the investor as a subject of international law.*".

113 *Archer Daniels Midland Company and Tate & Lyle Ingredients Americas, Inc v Mexico*, Award and Separate Opinion, ICSID Case No ARB(AF)/04/05 (NAFTA) (26. September 2007), § 173; *Douglas*, The International Law of Investment Claims (2009), 35 Rdz. 73; *Parlett*, The Individual in the International Legal System (2011), 110.

114 *Archer Daniels Midland Company and Tate & Lyle Ingredients Americas, Inc v Mexico*, Award and Separate Opinion, ICSID Case No ARB(AF)/04/05 (NAFTA) (26. September 2007), § 179 (Hervorhebung durch Verfasser).

dar, dem wie oben gezeigt, gewichtige Argumente entgegenstehen.[115] Gewiss, es ließe sich an das Rechtsinstitut der Prozessstandschaft denken, bei dem ein fremdes Recht im eigenen Namen geltend gemacht wird und daher eine Trennung zwischen prozessualem und materiellem Recht jedenfalls grundsätzlich möglich erscheint. Aber lässt sich wirklich zwischen „materiellen" und „prozessualen" subjektiven Rechten trennen? Ist es nicht gerade der Inbegriff eines subjektiven Rechts, dass einer Person ein materielles Recht eingeräumt wird, das diese auch prozessual selbständig geltend machen kann? Gerade im Internationalen Investitionsrecht besteht in besonderer Weise diese innere Verknüpfung.[116] Mehr noch, der Zugang zu einem Investitions-Schiedsgericht dürfte nicht nur als bloße prozessuale Schiedsklausel, sondern selbst als *materielles Schutzrecht* zu qualifizieren sein.[117] Wenn der Zugang eines Individuums – etwa zum Europäischen Gerichtshof nach der Europäischen Menschenrechtskonvention oder der Zugang zu einem nationalen Verfassungsgericht nach der jeweiligen Landesverfassung – von einem Staat verwehrt wird, bricht dieser – so wie auch bei sonstigen materiellen Rechten – gleichermaßen die Konvention oder die Verfassung. Vor diesem Hintergrund erscheint eine Unterscheidung zwischen „materiellem" und

115 Gleichermaßen ablehnend: *Paparinskis*, Investment Protection Law and Systemic Integration of Treaty and Custom, SIEL, Second Biennial Global Conference (29. Juni 2010), 12 „*If the investor is invoking responsibility on its own behalf, and the substantive obligations are owed only to the home State, then either there is* ***no*** *responsibility to invoke by the investor in the first place because the host State has committed no wrongful act in its regard, or this direct model is* ***actually a derivative model*** *sub silentio and the investor invokes responsibility on its State's behalf.*" (Hervorhebung durch Verfasser).

116 Dies wird auch von vielen Schiedsgerichten festgehalten, *AWG Group Ltd. v The Argentine Republic*, UNCITRAL, Decision on Jurisdiction, 3. August 2006, Rdz. 59 „*After an analysis of the substantive provisions of the BITs in question, the tribunal finds* ***no basis for distinguishing*** *dispute settlement matters from any other matters covered by a bilateral investment treaty. From the point of view of the promotion and protection of investments, the stated purpose of the [BIT in question], dispute settlement is as important as other matters governed by the BIT and is* ***an integral part of the investment protection regime*** *that the two sovereign states (...) have agreed upon.*" (Hervorhebung durch Verfasser); *RosInvestCo U.K. v. Russia*, SCC Case No. Arb. V079/2005, Award on Jurisdiction (Oktober 2007), Rdz. 132; *Emilio Agustín Maffezini v. Kingdom of Spain,* ICSID Case No. ARB/97/7, Award on Jurisdiction, 25. Januar 2000, §§ 54, 55; *Siemens AG v. Argentine Republic,* ICSID Case No. ARB/02/8, Decision on Jurisdiction, 3. August 2004, § 102.

117 *Gas Natural SDG, S.A. v. The Argentine Republic,* ICSID Case No. ARB/03/10, Decision of the Tribunal on Preliminary Questions on Jurisdiction, 17. Juni 2005, § 29; *RosInvestCo U.K. v. Russia*, SCC Case No. Arb. V079/2005, Award on Jurisdiction (Oktober 2007), Rdz. 132; *Gas Natural SDG, S.A. v. The Argentine Republic,* ICSID Case No. ARB/03/10, Decision of the Tribunal on Preliminary Questions on Jurisdiction, 17. Juni 2005, §§ 29, 31; *The Ambatielos Claim* (Greece v. U.K.), 12 R.I.A.A. (1963), 83 (101, 107); *Schill*, Allocating Adjudicatory Authority: Most-Favoured-Nation Clauses as a Basis of Jurisdiction—A Reply to Zachary Douglas, JIDS (2011), 353; *Schill*, Multilateralizing Investment Treaties through Most-Favored-Nation Clauses, 27 Berkeley J. Int'l L. (2009), 496, 555: „(...) *it is even questionable whether access to arbitration is a matter of procedural law. Instead, having recourse to law enforcement mechanisms also can be understood as a substantive right of an investor protected under an investment treaty.*".

„prozessualem" subjektiven Recht eigentümlich, dient doch die Gewährung beider dem gemeinsamen, materiellen Ziel des Schutzes der Investition.

Bilaterale Investitionsschutzverträge können[118] als völkerrechtliche Verträge angesehen werden, die dem Einzelnen *eigene* Rechte gewähren.[119] Gewiss, die Staaten sind und bleiben die ‚Herren' der Verträge und können diese jederzeit mit Wirkung für die Zukunft korrigieren oder aufheben. Aber solange Investitionsschutzverträge von den Staaten deutlich verschiedene Rechte des Investors gewähren, solange müssen die Schiedsgerichte und Staaten jene eigenen Rechte anerkennen und letztere gegebenenfalls auch gegen sich gelten lassen. Die Aufwertung des Investors zum partiellen Subjekt im Internationalen Investitionsrecht im Vergleich zum gewohnheitsrechtsrechtlichen Völkerrecht gilt daher als ‚Paradigmenwechsel'.[120] Eine solche Aufwertung zum partiellen Völkerrechtssubjekt ließe sich als eine ‚Rückkehr' zu einem ‚vorwestfälischen' Verständnis oder – anders formuliert – als ein Aufbruch zu einem neueren Verständnis des Völkerrechts deuten.[121]

### *III. Qualität und Grenzen der partiellen Subjektqualität des Investors*

Bedeutet das Verständnis eigener Rechte des Investors, die Aufwertung zum partiellen Subjekt und sein schutzwürdiges Interesse, dass diese Rechte nunmehr ‚sakrosankt' gegenüber den rechtlichen Beziehungen der Staaten zueinander sind und damit das Recht der Investitionsschutzverträge eine ‚Sperrwirkung' gegenüber dem Recht der

118 Eine Ausnahme ist wohl für die US-amerikanische und kanadische Vertragspraxis im Hinblick auf den Enteignungsstandard gegenüber *steuerlichen* Maßnahmen des Gaststaates vorzunehmen: Die dort regelmäßige Vereinbarung eines vorgeschalteten, staatliches Verfahrens der Steuerbehörden der Vertragsparteien (*‚joint tax veto'*) im Rahmen der Eigentumsschutzgarantien deutet darauf hin, dass hier der Investor den völkervertraglichen Enteignungsstandard als *abgeleitetes* Recht gegen den Gaststaat geltend macht, *Braun*, Ausprägungen der Globalisierung: Der Investor als partielles Subjekt im Internationalen Investitionsrecht – Qualität und Grenzen dieser Wirkungseinheit (2012), 105.

119 *Spiermann*, Individual Rights, State Interests and the Power to Waive ICSID Jurisdiction under Bilateral Investment Treaties, 20 Arbitration International 2 (2004), 179 (186) „(…) *archetype of treaties conferring rights to individuals*.".

120 *BG v Argentina*, Award (24. Dezember 2007), UNCITRAL, Rdnr. 145 „*The proliferation of bilateral investment treaties has effected a profound transformation of international investment law. Most significantly, under these instruments investors are entitled to seek enforcement* ***of their treaty rights*** *by directly bringing action against the State in whose territory they have invested. Investors may seek redress in arbitration without securing espousal of their claim or diplomatic protection. The Argentina-U.K. BIT is a* ***paradigm of this evolution.***" (Hervorhebung durch Verfasser); *Schreuer*, Paradigmenwechsel im internationalen Investitionsrecht, in: *Hummer* (Hrsg.), Paradigmenwechsel im Völkerrecht zur Jahrtausendwende (2002), 237.

121 Zu den möglichen Konsequenzen dieses Paradigmas einer Aufwertung des Investors zum partiellen Völkerrechtssubjekt für den Investor selbst, für die Staaten wie für das moderne Völkerrecht und der Einordnung in den völkerrechtlichen Entwicklungsprozess *Braun*, Ausprägungen der Globalisierung: Der Investor als partielles Subjekt im Internationalen Investitionsrecht – Qualität und Grenzen dieser Wirkungseinheit (2012), 162 / 281.

Gegenmaßnahmen entfalten könnte? Oder ist das Spannungsverhältnis zwischen den völkervertragsrechtlichen Verpflichtungen der Staaten gegenüber dem Investor und der völkergewohnheitsrechtlich anerkannten Berechtigung der Staaten, auf völkerrechtswidriges Handeln eines anderen Staates zu reagieren, *innerhalb* der im Recht der Gegenmaßnahmen enthaltenen Parameter aufzulösen?

Die Frage, ob und inwieweit der Umfang der dem Investor verliehenen Rechte von den völkerrechtlichen Beziehungen zwischen Heimat- und Gaststaat des Investors abhängig bleibt, verweist auf das Spannungsverhältnis zwischen dem allgemeinen Völkerrecht und den zunehmenden Spezialgebieten des Völkerrechts mit ihren häufig spezifischen Ausprägungen und eigenen Regeln.

## 1. Verhältnis zwischen dem Recht der Investitionsschutzverträge und dem Recht der Staatenverantwortlichkeit

Im Internationalen Investitionsrecht könnte man der Auffassung sein, dass das allgemeine Völkerrecht bei der Auslegung investitionsrechtlicher Normen keine zusätzlichen Aussagen zu treffen hat,[122] es ließe sich aber auch vertreten, dass investitionsrechtliche Normen sehr wohl im Lichte des allgemeinen Völkerrechts auszulegen sind.[123] Lässt sich das Internationale Investitionsrecht als eigenes, gleichsam abgeschlossenes Gebiet (*‚self-contained regime'*)[124] oder aber als Teil *innerhalb* des allgemeinen Völkerrechts begreifen? Wesentliches Charakteristikum solcher *„self-contained regimes'* ist ihre Zielrichtung, die Anwendung des allgemeinen Rechts der Staatenverantwortlichkeit und etwa den Rückgriff auf das Recht der Gegenmaßnahmen auszuschließen:

> „The principal characteristic of a self-contained regime is its intention totally to exclude the application of the general international law on state responsibility, in particular resort to

122 *Waste Management Inc. v. United Mexican States*, ICSID No. ARB(AF)/00/2, Final Award, 20. April 2004, Ziff. 85 *„Where a treaty spells out in detail and with precision the requirements for maintaining a claim, there is no room for implying into the treaty additional requirements (...).*".

123 *Enron Corporation and Ponderosa L.P. v. Argentine Republic*, ICSID No. ARB/01/3, Decision on Jurisdiction, 14. Januar 2004, Ziff. 46 *„Each instrument must be interpreted autonomously in the light of its own context and in the light of its interconnections with international law.*".

124 Der Begriff als solcher wurde vom Ständigen Internationalen Gerichtshof geprägt, *S.S. Wimbledon*, PCIJ, Ser. A, No. 1, 23 (24). Der IGH geht in seiner Entscheidung *'United States Diplomatic and Consular Staff in Tehran'*, ICJ Rep. 1980, 38, soweit, in dem 'Wiener Übereinkommen über Diplomatische Beziehungen' ein gegenüber dem völkergewohnheitsrechtlichen Recht der Staatenverantwortung abgeschlossenes Regime zu sehen. Im Recht der Staatenverantwortlichkeit wurde die *lex specialis*-Regel des Artikel 55 *ILC Articles on Responsibility of States for Internationally Wrongful Acts* formuliert: *„These articles do not apply where and to the extent that the conditions for the existence of an internationally wrongful act or the content or implementation of the international responsibility of a state are governed by special rules of international law.*".

countermeasures by an injured state. The question that immediately follows in practice is whether such a complete exclusion of all secondary rules of general international law is in fact intended by the regime in question."[125]

Gewiss, die prozessuale Ausformung des Investor-Staat Schiedsverfahrens im Rahmen der ICSID-Konvention dürfte einen *lex specialis*-Charakter aufweisen, aber das Internationale Investitionsrecht insgesamt lässt sich kaum als ein *'self-contained regime'*, sondern viel eher als Teil des allgemeinen Völkerrechts begreifen.[126] Damit gilt ein wesentlicher Grundgedanke, welcher bereits im Jahr 1990 in der ersten Schiedsentscheidung auf der Grundlage einer Investor-Staat Schiedsklausel in einem Investitionsschutzvertrag, *AAPL v. Sri Lanka,*[127] im Hinblick auf das Verhältnis zwischen bilateralen Investitionsschutzverträgen und allgemeinen Völkerrechtsregeln formuliert wurde.

„The Tribunal emphasized that bilateral investment treaties are "not a self-contained legal system" but have to be "envisaged within a wider juridical context in which rules from other sources are integrated though implied incorporation methods, or by direct reference to certain supplementary rules (...)."[128]

Denn es spricht mangels Vorliegens eines ausdrücklichen, darauf gerichteten Willens wenig für eine Absicht der Staaten, mit dem Abschluss bilateraler Investitionsschutzverträge sich tatsächlich der Möglichkeit entäußern zu wollen, von dem völkergewohnheitsrechtlich anerkannten Recht der Gegenmaßnahme – zum Beispiel in Form

125 *Simma / Pulkowski*, Of Planets and the Universe: Self-contained Regimes in International Law, EJIL 17 (2006), 483 (495); so für das Internationale Investitionsrecht im Verhältnis zum diplomatischen Schutz *Douglas*, The Hybrid Foundations of Investment Treaty Arbitration, 74 BYIL (2003), 151 „*The contracting states to investment treaties have legislated for a* ***new legal regime*** *or sub-system to define the legal consequences that follow a violation of the minimum standards of treatment towards a qualified investment. (...) But these new obligations do not correspond to new rights of the national state of the investor because the injury is caused exclusively to the investor. This is so because* ***the contracting states have opted out of the inter-state secondary rules of state responsibility*** *in relation to a limited group of wrongs causing damage to a particular sphere of private interests. The national state of the investor thus has no immediate secondary rights (...); instead the new rights arising upon the breach of treaty vest directly in the investor.*" (Hervorhebung durch Verfasser); hiergegen *Leben*, La responsabilité internationale de l'État sur le fondement des traités de promotion et de protection des investissements, 50 AFDI (2004), 683 (691-697).

126 *Bering / Braun / Lorz / Schill / Tams / Tietje,* General Public International Law and International Investment Law – A Research Sketch, Beiträge zum Transnationalen Wirtschaftsrecht (2011), 1; *ILC*, Fragmentation of International Law: Difficulties arising from the Diversification and Expansion of International Law, Report of the Study Group of the International Law Commission (*Koskenniemi*), UN Doc A/CN.4/L682 (13. April 2006), Rdz. 414; *McLachlan*, Investment Treaties and General International Law, 58 ICLQ (2008), 361 (366).

127 *AAPL v Sri Lanka, Award (27. Juni 1990), 4 ICSID Reports, 250.*

128 *Newcombe,* 20 Years of Investment Treaty Jurisprudence, http://kluwerarbitrationblog.com/blog/ 2010/06/27/20-years-of-investment-treaty-jurisprudence/.

von Wirtschaftssanktionen – Gebrauch machen zu können.[129] Dieses Verständnis des Verhältnisses zwischen dem Recht der Investitionsschutzverträge und dem Recht der Staatenverantwortlichkeit wird durch die historische Entwicklung des Internationalen Investitionsrechts von seiner völkergewohnheitsrechtlichen Ausgangslage zu einem überwiegend völkervertragsrechtlichen System bestätigt: Es ging darum, *dort* neue Formen des Schutzes und der Streitschlichtung für internationale Investitionsbeziehungen zu entwickeln, wo offensichtlich das Völkergewohnheitsrecht dies in der Wahrnehmung der beteiligten Akteure nicht in hinreichendem Maße bot.[130] Hingegen liegen keine Hinweise vor, dass die Staaten beabsichtigten, ein vom allgemeinen Völkerrecht losgelöstes *‚self-contained regime' zu entwickeln.*

## 2. Rechtsposition des Investors und Recht der Gegenmaßnahmen

Wenn das Internationale Investitionsrecht als Teil des allgemeinen Völkerrechts begriffen wird, bedeutet dies für das Verhältnis zwischen der Rechtsposition des Investors und dem Recht der Staatenverantwortlichkeit, wie insbesondere die Entscheidung des *Annulment*-Komitees (Schiedsrichter *Guillaume / Elaraby / Crawford*) in *CMS*

129 Die Vertragspartner können in ihrem Vertrag vom Völkergewohnheitsrecht (der Staatenverantwortung) abweichen; eine solche Abweichung und Ausschluss kann allerdings nicht stillschweigend angenommen werden, sondern bedürfte ausdrücklicher Hinweise im Vertragswortlaut, Art. 55 ILC Articles: „*These articles do not apply where and to the extent that the conditions for the existence of an internationally wrongful act* (…) *are governed by special rules of international law.*"; IGH, *Case Concerning Elettronica Sicula (USA v. Italien)* (20. Juli 1989), ICJ Rep. 1989, 15, Ziff. 50 „*Yet the Chamber finds itself unable to accept that an important principle of customary international law should be held to have been tacitly dispensed with, in the absence of any words making clear an intention to do so.*", hiermit lehnte der IGH die Argumentation der USA ab, dass der *‚Treaty of Friendship, Commerce, and Navigation'* einen Verzicht auf die Erschöpfung des nationalen Instanzenzugs nach sich ziehe.

130 So ist der These *Douglas'* vom *‚Opting out'* der vertragsschließenden Staaten aus dem Recht der Staatenverantwortlichkeit entgegenzuhalten, dass diplomatischer Schutz und Investitionsschiedsgerichtsbarkeit nicht in einem sich gegenseitig ausschließenden, sondern in einem komplementären Verhältnis zueinander stehen, *Pellet*, Yearbook of the ILC 1998 Vol I A/CN.4/SER.A/1998 8, 21: „*diplomatic protection* (...) *operated in* (...) *areas* (...) *such as the protection of private economic interests, where it existed side by side with other mechanisms like ICSID, which gave private individuals direct access to international law.*"; *Dugard*, Fifth Report on Diplomatic Protection, A/CN.4/538 20-21, 44: „*Diplomatic protection, bilateral investment treaties and human rights treaties are all mechanisms designed to protect persons who have suffered injury as a result of an internationally wrongful act.* ***They are meant to complement and support each other in the pursuit of this goal****. The present articles should make it clear that these regimes are not in competition or exclusive of each other.*" (Hervorhebung durch Verfasser).

*Gas Transmission Company v. Argentine Republic* zur Notstands-Problematik überzeugend aufzeigt:[131]

(1) In einem ersten Schritt kommt es darauf an, ob eine Verletzung des Vertrages, hier des bilateralen Investitionsschutzvertrages, der den Inhalt und Umfang der eigentlichen völkerrechtlichen Verpflichtung als *‚primary rule'* definiert, tatsächlich vorliegt.

(2) Hat die staatliche Handlung den (Investitionsschutz-) Vertrag verletzt, kommt hinsichtlich möglicher Rechtsfolgen der Verletzung dieser Primärpflicht in einem zweiten Schritt das System der Staatenverantwortlichkeit als *„secondary rule'* zum Tragen, um festzustellen, ob die Nichterfüllung der Primärpflicht gerechtfertigt werden kann.

Liegt eine Verletzung des Investitionsschutzvertrages vor, stellt sich im Rahmen der Staatenverantwortlichkeit die Frage, ob die Verletzung durch das Recht der Gegenmaßnahmen gerechtfertigt werden kann. Dem wurde in den Schiedsfällen *Corn* und *Cargill* entgegengehalten, dass eine mögliche rechtfertigende Wirkung der Gegenmaßnahme jeweils nur in dem Rechtsverhältnis zwischen dem verletzten und dem verantwortlichen Staat wirke, nicht aber gegenüber Dritten, die für den Akt nicht verantwortlich seien, gegen den sich die Gegenmaßnahme richte. Gegenmaßnahmen dürften dritte Staaten oder andere Parteien allenfalls nur beeinträchtigen, wenn diese keine eigene Rechtsposition hätten, die durch die Gegenmaßnahme verletzt werden könnte.[132] Mit den überwiegenden Stimmen in der Literatur ist jedoch zu bezweifeln, ob *alle* individuelle Rechte Dritter vor den möglichen Beeinträchtigungen durch Gegenmaßnahmen ausgenommen sein sollen.[133] Zutreffender dürfte sein, dass *nur bestimmte* Rechte Dritter gemeint sind, wie etwa die Rechte unbeteiligter Angehöriger

131 *CMS Gas Transmission Company v. Argentine Republic*, ICSID Case No. ARB/01/8, Anulment Decision (25. September 2007), Rn. 134; *BG Group v. Argentine Republic*, Final Award (24. Dezember 2007), Rn. 382; *IGH*, *Gobcikovo-Nagymoros-Project*, Judgement (Merits), 25. September 1997, ICJ Reports 7, Rdz. 47; *Binder*, Changed Circumstances in Investment Law: Interfaces between the Law of Treaties and the Law of State Responsibility with a Special Focus on the Argentine Crisis, in: *Binder / Kriebaum / Reinisch / Wittich* (Hrsg.), International Investment Law for the 21st Century, Essays in Honour of Christoph Schreuer (2009), 608 (624), 628: „(...), *the 'separation approach' which was adopted by the CMS Annulment Committe as well as by the UNCITRAL tribunal is the one which most upholds the relationship between the law of treaties and the law of State responsibility and the ILC's distinction between primary and secondary rule.*".

132 *Corn Products International, Inc. v. The United Mexican States*, (Decision on Responsibility), ICSID Case No. ARB(AF)/04/01 (Additional Facility), 15. Januar 2008; § 163-164, 168.

133 *Paparinskis*, Investment Arbitration and the Law of Countermeasures, SIEL (Inaugural Conference 2008), 66 „(...) *it does not appear that investment protection treaties fully exclude the law of State responsibility regarding countermeasures.*"; *Pellet*, Yearbook of the International Law Commission (2000), 273 Rdz. 57 gegenüber *Crawford,* Commentary on the ILC Articles ILC Articles on State Responsibility (2002), Countermeasures, Art 22 Rdz 4 *„directed against a third State* (...) [or] *involve an independent breach of any obligation to* (...) *third parties.*".

dritter Staaten,[134] oder internationaler Organisationen.[135] *Diese* Dritte stehen dem zwischenstaatlichen Disput deutlich entfernter gegenüber als die Angehörigen der unmittelbar beteiligten Staaten, weshalb der Begriff der „*third parties*" richtigerweise nicht alle individuellen Dritten meinen kann.

Das hier formulierte Verständnis, wonach die Rechte des Investors zwar seine *eigenen* sind, sie in ihrem Inhalt aber weiterhin von den völkerrechtlichen Beziehungen abhängig bleiben und nicht als solche repressalienfest sind, wird durch die Wertungsentscheidung unterstützt, wie sie in den Untersagungsgründen des Art. 50 Abs. 1 b) der ILC Articles on State Responsibility[136] angelegt ist. Danach sind alle Beeinträchtigungen durch Gegenmaßnahmen auf solche Menschenrechte, die unmittelbare Persönlichkeitsbezüge haben (körperliche Integrität, Freiheit), ausgeschlossen und damit dem einseitigen Zugriff des die Gegenmaßnahme ausübenden Staates entzogen.[137] Ob Rechte des Investors aus bilateralen Investitionsschutzverträgen solchen ‚*fundamental human rights*' gleichgestellt werden können, sodass sie gleichermaßen in einer solchen ‚*safe-zone of international life*'[138] vor Gegenmaßnahmen geschützt wären, darf bezweifelt werden.

Einiges spricht dafür, Einschränkungen durch Gegenmaßnahmen ‚in wirtschaftlichen Bereichen' nicht vollständig auszuschließen.[139] So weist die Rechtsprechung des IGH darauf hin, dass zwischen beiden Rechtssphären – Fremdenrecht bzw. Rechte des Individuums und den Menschenrechten – zu unterscheiden ist. In seiner *LaGrand*-Entscheidung anerkannte der IGH zwar Artikel 36 Absatz 1 b des Wiener Übereinkommens über konsularische Beziehungen als individuelles Recht, blieb jedoch ge-

134 *Cysne Case*, 2 UNRIAA (1930), 1052 (1056–57).

135 Etwa die Schließung des PLO-Büros bei den Vereinten Nationen durch die USA als Gegenmaßnahme zu den terroristischen Aktivitäten der PLO: Da hierdurch Rechte Dritter, der Vereinten Nationen, beeinträchtigt wurden, wurde diese Gegenmaßnahme für unzulässig angesehen, *Reed*, Reviving the Doctrine of Non-Forcible Countermeasures, 29 Va. J. Int'l L. (1988), 175 (176).

136 Article 50 [Obligations not affected by countermeasures] ILC Articles, „*1. Countermeasures shall not affect: (…) (b) Obligations for the protection of fundamental human rights.*".

137 *de Hoogh*, Obligations Erga Omnes and International Crimes (1996), 262; *Forlati*, Economic Sanctions in International Law, in: *Forlati / Sicilianos* (Hrsg.), Economic Sanctions in International Law (2004), 125 (133).

138 *Bederman*, Counterintuiting Countermeasures, 96 AJIL (2002), 817 (830).

139 *Paparinskis*, Equivalent Primary Rules and Differential Secondary Rules: Countermeasures in WTO and Investment Protection Law, in: *Broude / Shany* (Hrsg.), Multi-Sourced Equivalent Norms in International Law (2010), 8 „*The rules reflected in Article 50 of the 2001 ILC Articles on obligations not affected by countermeasures do not directly apply to investment obligations. Countermeasures cannot be excluded by reasons of the substantive nature of investment law.*"; *Dahm / Delbrück / Wolfrum*, Völkerrecht, Band I/3 Die Formen völkerrechtlichen Handelns, Die inhaltliche Ordnung der internationalen Gemeninschaft (2002), 989 „*in wirtschaftlichen Bereichen (Eigentum), solange nicht eine Existenznot eintritt.*"; *Frowein*, in: *Fiedler / Klein / Schnyder*, Gegenmaßnahmen, Berichte der DGVR, Band 37 (1998), 110 „(…) *dass Menschenrechte ganz generell repressalienfest gemacht werden sollten, zu einer ausgesprochenen Problematik bei Eigentums- und Wirtschaftsrecht führen muss. Im Moment will ich die Tendenz äußern, den Eigentumsschutz herauszunehmen.*".

genüber dem von deutscher Seite zusätzlich vorgebrachten Argument, wonach Artikel 36 nicht nur ein individuelles Recht sei, sondern auch den Charakter eines Menschenrechts aufweise,[140] auffallend zurückhaltend:

> „The Court having found that the United States violated the rights accorded by Article 36, paragraph 1, to the LaGrand brothers, it does not appear necessary to consider the additional argument developed by Germany in this regard."[141]

Auch die International Law Commission war in ihren Beratungen des Art. 50 Abs. 1 b) der Articles on State Responsibility zurückhaltend.[142] Mithin dürften bei aller ‚menschenrechtlicher Aufwertung'[143] der Unternehmen und des Eigentums in den vergangenen Jahrzehnten die Investitionsschutzstandards wohl noch nicht jedenfalls zu den ‚*fundamental human rights*'[144] im Sinne von Art. 50 Abs. 1 b) der ILC Articles on State

140 IGH, Urteil vom 27. Juni 2001, *LaGrand*, ICJ Rep. 2001, 466, Rn. 78 „(...) *was not only an individual right but has today assumed the character of a human right* (...)," allerdings benutzte der Rechtsvertreter Deutschlands, *Simma*, die qualifizierende Formulierung '*human rights of foreigners*', Request for Indication of Provisional Measures, 2. März 1999, Oral Pleadings of Germany, Mr Simma, CR 2000/27.

141 IGH, Urteil vom 27. Juni 2001, *LaGrand*, ICJ Rep. 2001, 466, Rn. 78; IGH *Avena and other Mexican Nationals vs. USA* (31. März 2004), ICJ Rep. 2004, Rdz. 124, gegenüber dem Vorbringen Mexikos, das Individualrecht in Artikel 36 als Menschenrecht aufzufassen „(...) *neither the text nor the object and purpose of the Convention, nor any indication in the travaux préparatoires, support the conclusion that Mexico draws from its contention in that regard.*".

142 *Arangio-Ruiz,* Fourth Report on State Responsibility, *Yearbook of the ILC 1992, Vol. II(1)* A/CN.4 SER.A/1992/Add.1, 83 „(...) *the human rights which should be considered inviolable by countermeasures—the "more essential" human rights—**are not understood to include property rights**. Recent State practice presents not only cases of expropriation of foreign property by way of countermeasure, but also rather frequent cases where the assets of foreign nationals have been "frozen" by way of reaction to a prior allegedly wrongful act by their State.*" (Hervorhebung durch Verfasser); überdies konnte in der ILC Konsens nur darüber gefunden werden, die Repressalienfestigkeit nicht für alle Menschenrechte, sondern eben nur für jene ‚*fundamental human rights*' zu begründen, a.a.O., 70, 188.

143 Zwar hat der Europäische Gerichtshof für Menschenrechte anerkannt, dass auch Unternehmen sich grundsätzlich auf Menschenrechte berufen können, *Société Colas Est. v. France*, ECHR Judgement (16. April 2002); *Comingersoll SA v. Portugal*, ECHR Judgement (6. April 2000); *Austronic AG v. Switzerland*, ECHR Judgement (22. Mai 1990); anders die Rechtssprechung des Inter-Amerikanischen Gerichtshofs für Menschenrechte, *Cantos v. Argentina*, IACHR, Judgement (7. September 2001); *Tabacalera Boqueron SA v. Paraguay*, IACHR (16. Oktober 1997) und die Entscheidungen des *United Nations Human Rights Committees*, Decisions of the Human Rights Committee (14. Juli 1989), Communications 360, 361 (1989), wonach Menschenrechte aus ihren Vertragssystemen für Unternehmen nicht in Betracht kommen.

144 Hierin könnte die vorstaatliche Begründung der Menschenrechte zum Ausdruck kommen, *Alvarez,* The Public International Law Regime Governing International Investment (2011), 61 "*Respect for human rights is, after all, a **deontological goal** that is worthy of respect simply because human beings and their dignity are worth protecting at all costs.*" (Hervorhebung durch Verfasser). - Zu einer im Lichte der mit eigenen Rechten ausgestatteten partiellen Völkerrechtspersönlichkeit des Investors stärker menschenrechtlich aufgewerteten Auslegung völkerrechtlicher Investitionsstandards - insbesondere im Hinblick auf Rechtsschutz und Verfügbarkeit von Rechtsmitteln - und der Dimension, die menschenrechtliche Elemente zugunsten des Investors gegenüber staatlicher Verantwortlichkeit spielen können, *Braun*, Ausprägungen der Globalisierung: Der Investor als partielles Subjekt im Internationalen Investitionsrecht – Qualität und Grenzen dieser Wirkungseinheit (2012), 175.

Responsibility gehören, sodass die individuellen Rechte des Investors als solche nicht repressalienfest sind.

### 3. Möglicher Ausgleichsanspruch des Investors

Das Verständnis eigener Rechte des Investors und die damit einhergehende Aufwertung zum partiellen Völkerrechtssubjekt bedeutet nicht, dass diese Rechte ‚sakrosankt' von den rechtlichen Beziehungen der Staaten zueinander sind. Die Staaten haben dem Investor eigene Rechte eingeräumt, die er selbst und unabhängig direkt gegenüber dem Gaststaat geltend machen kann, die Staaten haben damit aber keineswegs den Willen zum Ausdruck bringen wollen, sich vollständig möglicher Rechtfertigungsgründe, wie etwa des Rechts der Gegenmaßnahmen, zu entäußern.[145]

Dies bedeutet für unsere Ausgangsfrage nach den eigentlichen Konturen der durch Investitionsschutzverträge vermittelten Investorenrechte: Der Investor verfügt über *eigene* Rechte; diese finden ihre *Grenzen* in den völkerrechtlichen Beziehungen der jeweiligen Staaten. Wenn eine Gegenmaßnahme Investorenrechte beeinträchtigt und verletzt, aber – im Unterschied zu den hier analysierten Schiedsfällen – die anspruchsvollen Anforderungen von Art. 49 ILC Articles für eine zulässige Gegenmaßnahme erfüllt,[146] rechtfertigt sie zwar die staatliche Handlung, die Rechtfertigung beseitigt aber nicht die temporäre Verletzung und Derogation des weiterhin bestehenden (Investitionsschutz-) Vertrages als solche, Art. 27 (a) ILC Articles.[147] Es fragt sich, ob die *Qualität* eigener Rechte sich darin zeigt, dass dem Investor für die Hinnahme zu-

145 *Bjorklund,* Emergency Exceptions: State of Necessity and Force Majeure, in: *Muchlinksi / Ortino / Schreuer* (Hrsg.), The Oxford Handbook of International Investment Law (2008), 459 (519).

146 Daher hat das Schiedsgericht, *Archer Daniels and Tate & Lyle v The United Mexican States*, welches Gegenmaßnahmen als solche für zulässig erachtete, die von Mexiko erhobene Steuer (*HFCS Tax*) mangels erforderlicher Verhältnismäßigkeit und Geeignetheit nicht als rechtfertigende Gegenmaßnahme anerkannt. Ein wesentlicher Maßstab im Recht der Gegenmaßnahmen ist vor allem das Prinzip der Proportionalität; das Ziel der Gegenmaßnahme muss im Verhältnis zur Schwere der Völkerrechtsverletzung stehen und die Gegenmaßnahme darf nur vorübergehende und damit reversible Wirkung haben, Art. 49 (2) und (3), 51 ILC Articles; *Air Services Arbitration (France v United States)*, 18 RIAA (1979), 416 [83]; *Franck*, On Proportionality of Countermeasures in International Law, 102 AJIL (2008), 715.

147 *Draft Articles on Responsibility of States for Internationally Wrongful Acts*, Report of the International Law Commission (2001), Official Records of the General Assembly, Fifty-sixth session, Supplement No. 10 (A/56/10), Kommentierung vor 49 Rdz. 4 „*Countermeasures involve conduct taken in derogation from a subsisting treaty obligation but justified as a necessary and proportionate response to an internationally wrongful act of the State against which they are taken.*"; *Bjorklund*, Emergency Exceptions: State of Necessity And Force Majeure, in: *Muchlinski / Ortino / Schreuer* (Hrsg.), Oxford Handbook of International Investment Law (2008), 459, 515: „(...) *temporarily suspendend, rather than extinguished.*".

lässiger Gegenmaßnahmen eine *Ausgleichspflicht des Staates* gemäß Art. 27 (b) iVm. Art. 22, 49 ILC Articles zusteht?[148]

Danach würde der Staat dem Investor[149] keinen vollen Schadensersatz schulden, sondern nur '*compensation for any material loss caused by the act in question.*' Dies dürfte vor allem im Hinblick auf den Ersatz entgangenen Gewinns von Bedeutung sein, der im Rahmen des Schadenersatzes, nicht jedoch bei einem Ausgleichsanspruch zu ersetzen ist.[150] Für einen solchen Anspruch spricht das Argument, dass der Investor nicht für die – von ihm unvorhersehbare und unkontrollierbare – Anwendung von Gegenmaßnahmen durch den Gaststaat kollektiv mithaften und bezahlen soll.[151] Investitionsschutzverträge sehen daher etwa im Fall der Notstandsmaßnahmen gelegentlich einen ausdrücklich im Vertrag geregelten Ausgleich vor,[152] wie auch jüngere Schiedsgerichte in solchen Fällen eine völkergewohnheitsrechtliche Ausgleichspflicht dem Grunde nach bejaht haben.

148 „Article 27 [Consequences of invoking a circumstance precluding wrongfulness] „*The invocation of a circumstance precluding wrongfulness in accordance with this chapter is without prejudice to* (...) (b) *the question of compensation for any material loss caused by the act in question.*"; bestätigt durch IGH, *Gabcikowo-Nagymoros*, Judgement (Merits), 25. September 1997, ICJ Rep. 7, 39, Rdz. 48 (the finding of a state of necessity) „*would not exempt it from its duty to compensate its partner"*; *Draft Articles on Responsibility of States for Internationally Wrongful Acts*, Report of the International Law Commission (2001), Official Records of the General Assembly, Fifty-sixth session, Supplement No. 10 (A/56/10), Art. 27 Rdz. 5.

149 Diese Ausgleichspflicht kann der Investor geltend machen: *Dolzer / Schreuer*, Principles of International Investment Law (2008), 170; *Bjorklund,* Emergency Exceptions: State of Necessity and Force Majeure, in: *Muchlinksi / Ortino / Schreuer* (Hrsg.), The Oxford Handbook of International Investment Law (2008), 459 (510).

150 Zum Unterschied von ‚*damnum emergens'* und ‚*lucrum cessans'* in Fällen rechtmäßiger und rechtswidriger Enteignungen *Case Concerning the Factory at Chorzów (Claim for Indemnity)*, Judgment (13. September 1928), PCIJ Reports 1928 (Ser. A Nr. 17), 4, 46-47; *Amoco Int'l Fin. Corp. v. Iran et al.*, 15 Iran-U.S. Claims Trib. Rep. (1987), 189, Rdnr. 189-206; Entschädigungsleistungen des Staates für Embargomaßnahmen anerkennend, *Schöbener / Herbst / Perkams,* Internationales Wirtschaftsrecht (2010), 111.

151 *Corn Products International, Inc. v. The United Mexican States*, (Decision on Responsibility), ICSID Case No. ARB(AF)/04/01 (Additional Facility), 15. Januar 2008, *Separate Opinion of Andreas F. Lowenfeld*, § 1-2 „*It follows that* (...) *the investor cannot be held responsible for the actions of its host state.*"; *Meesen* in: *Fiedler / Klein / Schnyder*, Gegenmaßnahmen, Berichte der DGVR, Band 37 (1998), 134: „(...) *den Eigentumsschutz sollte man nicht völlig freigeben, zumindest insofern nicht, als sich Maßnahmen gegen Staatsangehörige von nicht betroffenen Staaten richten. Da müßte zumindest an eine Entschädigungsmöglichkeit gedacht werden.*".

152 Art 5 (2) des Abkommens vom 30. März 1998 zwischen der Bundesrepublik Deutschland und Brunei Darussalam über die Förderung und den gegenseitigen Schutz von Kapitalanlagen, 14. Januar 2004, in Kraft seit 15. Juni 2004, BGBl. (2004) II, 40 „*Unbeschadet des Absatzes 1 erhalten Staatsangehörige und Gesellschaften einer Vertragspartei, die aufgrund eines in Absatz 1 aufgeführten Ereignisses Schaden oder Verluste im Hoheitsgebiet der anderen Vertragspartei durch a) Beschlagnahme ihrer Vermögenswerte durch deren Streitkräfte oder Behörden, oder b) Zerstörung ihrer Vermögenswerte durch deren Streitkräfte oder Behörden, die nicht im Zuge von Kampfhandlungen erfolgte oder durch die Umstände erforderlich wurde, erleiden,* ***Rückerstattungen oder gerechte und angemessene Entschädigungen***" (Hervorhebung durch Verfasser).

„The Tribunal is satisfied that Article 27 establishes the appropriate rule of international law (...) the plea of state of necessity may preclude the wrongfulness of an act, *but does not exclude the duty to compensate the owner of the right* which had to be sacrificed. (...) It is quite evident then that in the absence of agreement between the parties the duty of the Tribunal in these circumstances is to determine the compensation due."[153]

Dem Investor wird zwar die Hinnahme der Gegenmaßnahme auferlegt, aber die Qualität *eigener* Rechte des Investors zeigt sich in ausgewogener Weise darin, als er für den unmittelbar entstandenen Schaden seiner Investition, nicht jedoch auch für dessen entgangenen Gewinn entschädigt wird.[154] Für die nähere Ausgestaltung und Bemessung eines solchen Ausgleichsanspruchs könnte der Maßstab der Verhältnismäßigkeit fruchtbar gemacht werden, wie er bereits in den Voraussetzungen für eine Gegenmaßnahme formuliert ist, aber zunehmend auch – bei aller gebotenen Vorsicht – im Internationalen Investitionsrecht erörtert wird.[155] Eine solche Abwägung auch auf der Rechtsfolgenseite für die Höhe des Ausgleichsanspruchs anhand der Maßstäbe der Proportionalität würde im Hinblick auf den Ausgleich für den betroffenen Investor einerseits gemäß dem Wortlaut von Art. 51 ILC Article „die Schwere der völkerrechtswidrigen Handlung und die betreffenden Rechte berücksichtigen."[156] Die Höhe des Ausgleichsanspruchs würde aber auch im Blick haben, dass der sich mit einer

153 *CMS Gas Transmission Co v. The Argentine Republic*, ICSID, ARB/01/08 (Award, 12. Mai 2005), Rdz. 388-394 (Hervorhebung durch Verfasser); *Enron Corporation and Ponderosa Assets, L.P. v. Argentine Republic*, ICSID Case No. ARB/01/3, Award, 22. Mai 2007, Rdz. 345 *„Although that Article does not specify the circumstances in which compensation should be payable because of the range of possible situations, it has also been considered that this is a matter to be agreed with the affected party, thereby not excluding the possibility of an eventual compensation for past events. In the absence of a negotiated settlement between the parties,* ***this determination is to be made by the Tribunal*** *to which the dispute has been submitted.*" (Hervorhebung durch Verfasser); anders *LG&E v. Argentina*, ICSID Case No. ARB/02/1, Decision on Liability, 3 Oktober 2006, Rdz. 264 „*(...) this Tribunal has decided that the damages suffered during the state of necessity should be borne by the investor.*".

154 Befürwortend für die Fälle des Notstandes *Hobe / Griebel*, New Protectionism – How Binding are International Economic Legal Obligations During a Global Economic Crisis?, 2 Goettingen Journal of International Law (2010), 423 (433-434) „*(...) compensation for losses that had happened during this period of time should be possible.*"; *Bjorklund*, Emergency Exceptions: State of Necessity And Force Majeure, in: *Muchlinski / Ortino / Schreuer* (Hrsg.), Oxford Handbook of International Investment Law (2008), 459 (515); *Reinisch*, Necessity in International Investment Arbitration – An Unnecessary Split of Options in Recent ICSID Cases?, 8 JWIT (2007), 191, 207-208: „*While it is true that Article 27 (b) of the ILC Articles and the accompanying ILC Commentary do not unequivocally require compensation for harm suffered by third parties, it is also clear that the ILC presumes the need for an "adjustment of losses" whereby "material loss" of innocent third parties – a concept narrower than damages elsewhere in the ILC articles – should be compensated by the State (...).*".

155 Insbesondere bei der Beurteilung der Entschädigungspflicht für Enteignungen, *Técnicas Medioambientales Tecmed, S.A. v. United Mexican States*, ICSID Case No. ARB (AF)/00/2, Award, 29. Mai 2003, Rdz. 122; *Azurix v. Argentine Republic,* ICSID Case No. ARB/01/12, Award, 14. Juli 2006, Rdz. 312.

156 Auch an den Gesichtspunkt der Zumutbarkeit sowie das internationale Interesse am Schutz der Menschenrechte wäre zu denken, *Schöbener / Herbst / Perkams,* Internationales Wirtschaftsrecht (2010), 111.

Gegenmaßnahme wehrende Staat nicht durch eine potentiell zu leistende Ausgleichspflicht an der Wahrnehmung einer solchen gegen eine Völkerrechtsverletzung gerichteten Maßnahme gehindert wird.

Dieser Gesichtspunkt weist darauf hin, dass es zweifelhaft erscheinen könnte, ob sich ein solches Verständnis von Art. 27(b) ILC Article tatsächlich mit dem Zweck von Gegenmaßnahmen im internationalen Wirtschaftsbereich vertragen würde.[157] Denn wenn es Sinn und Zweck von Gegenmaßnahmen ist, durch eigentlich völkerrechtswidrige Maßnahmen auch wirtschaftlichen Druck auf einen anderen Staat auszuüben, seinerseits bestimmte völkerrechtlichen Verpflichtungen einzuhalten, dann würde dieser Sinn und Zweck möglicherweise gerade dadurch unterlaufen, dass der Investor für seinen durch die Gegenmaßnahme entstandenen Schaden entschädigt werden müsste. Im Ergebnis zeigt sich die Qualität *eigener* Rechte des Investors in der Ausgleichspflicht des Staates, so wenn die Konstellation vorliegt, in der eine Enteignung als Gegenmaßnahme zulässig wäre. Die zukünftige Schiedspraxis wird hier die weiteren Kriterien herauszuarbeiten haben, in welcher Konstellation der jeweiligen Schiedsfälle die Zubilligung eines solchen Ausgleichsanspruchs gerechtfertigt ist.

### *IV. Zusammenfassung*

Welche *Qualität* haben völkervertragliche Rechte des Investors und welche *Grenzen* sind ihnen im Völkerrecht gezogen? Drei Schiedsentscheidungen, *Archer Daniels* (2007) wie *Corn Products* (2008) und *Cargill* (2009) setzten sich in besonderer Weise hiermit auseinander und kamen in diesen Fragen nach dem Verhältnis der Investorenrechte zu den völkerrechtlichen Beziehungen zwischen Heimat- und Gaststaat zu diametral unterschiedlichen Ansätzen. Während das Schiedsgericht *Archer Daniels* zu der Schlussfolgerung gelangte, dass die Investitionsschutz-Standards reine zwischenstaatliche Verpflichtungen blieben, die der Investor nur als abgeleitete Rechte prozessual geltend machen könne, qualifizierten die Schiedsgerichte *Corn Products* wie auch *Cargill* jene Standards als eigene Rechte des Investors. Danach könne nach *Archer Daniels* ein Staat grundsätzlich Gegenmaßnahmen ergreifen – die mangels Verhältnismäßigkeit gleichwohl nicht rechtfertigend wirkten, während sich nach *Corn Products* und *Cargill* überhaupt die Rechtfertigung einer Maßnahme als Gegenmaßnahme verbiete, da diese nicht eigene Rechte Dritter – wie der verliehenen materiellen Rechte zugunsten des Investors – verletzen dürfe.

157 Auch generell ist die Kommentierung zu Art. 27 der *Draft Articles on Responsibility of States for Internationally Wrongful Acts*, Report of the International Law Commission (2001), Official Records of the General Assembly, Fifty-sixth session, Supplement No. 10 (A/56/10), Art. 27 Rdz. 4, hinsichtlich der konkreten Ausgestaltung dieser Ausgleichspflicht zurückhaltend und könnte darauf hindeuten, dass die ILC hier das Völkerrecht weiterentwickeln wollte.

Es kommt also auf die Qualifizierung der völkerrechtlichen Stellung des Investors an. Die Auslegung gemäß Art. 31 Abs. 1 und Abs. 3 der Wiener Vertragsrechtskonvention ergibt, dass die dem Investor zugewiesenen Rechte keine vom Heimatstaat abgeleiteten (,*derivative rights*'), sondern *eigene* Rechte (,*direct rights*') des Investors darstellen. Im Unterschied zum diplomatischen Schutz zeigen sich die eigenen Rechte des Investors insbesondere in der alleinigen Kontrolle des Investors über diese Ansprüche, dem fehlenden Erfordernis einer Erschöpfung des innerstaatlichen Rechtsweges, der Bewertung des Schadens ausschließlich anhand des vom Investor erlittenen wirtschaftlichen Schadens sowie in dem Übergang des völkerrechtlichen Anspruchs des Investors auf den Heimatstaat bei Entschädigung aus einer Investitionsgarantie, was im Falle lediglich abgeleiteter Rechte gerade nicht erforderlich wäre.

Für die Frage nach den Konturen der durch Investitionsschutzverträge vermittelten Investorenrechte folgt daraus: Der Investor verfügt über *eigene* Rechte und wird zu einem partiellen Völkerrechtssubjekt aufgewertet; dies findet aber seine *Grenzen* in den völkerrechtlichen Beziehungen der jeweiligen Staaten. Denn das Verständnis eigener Rechte des Investors rechtfertigt nicht die Schlussfolgerung, dass diese Rechte ‚sakrosankt' gegenüber den rechtlichen Beziehungen der Staaten zueinander sind. Weder ist das Internationale Investitionsrecht ein ‚*self-contained regime*', noch sind die Investorenrechte repressalienfest. Eine solche Sperrwirkung gegenüber Gegenmaßnahmen ist entsprechend der Wertungsentscheidung im Recht der Staatenverantwortlichkeit allenfalls für '*fundamental human rights*' anzunehmen, Art. 50 der Articles on State Responsibility. Das Spannungsverhältnis zwischen den Verpflichtungen gegenüber dem Investor und der Berechtigung der Staaten, auf völkerrechtswidriges Handeln eines anderen Staates zu reagieren, ist innerhalb des Rechts der Gegenmaßnahmen aufzulösen.

Selbst wenn eine staatliche Handlung sich als eine zulässige Gegenmaßnahme qualifizieren lässt, rechtfertigt dies zwar die Handlung, die Rechtfertigung beseitigt aber nicht die temporäre Verletzung des weiterhin bestehenden (Investitionsschutz-)Vertrages als solche. Für eine *Ausgleichspflicht* des Staates gemäß Art. 27 (b) der Articles on State Responsibility spricht, dass der Investor nicht für die Anwendung von Gegenmaßnahmen durch den Gaststaat kollektiv mithaften und bezahlen soll. Eine solche Ausgleichspflicht wäre auch ausgewogen, da er zwar für den unmittelbar entstandenen Schaden seiner Investition (,*material loss*'), nicht jedoch auch für entgangenen Gewinn entschädigt wird. Dagegen könnte sprechen, dass der Sinn und Zweck von Gegenmaßnahmen, durch eigentlich völkerrechtswidrige Maßnahmen wirtschaftlichen Druck auf einen anderen Staat auszuüben, seinerseits bestimmte völkerrechtliche Verpflichtungen einzuhalten, möglicherweise durch eine Zahlungspflicht des die Gegenmaßnahme ergreifenden Staates unterlaufen würde. Im Ergebnis zeigt sich die Qualität *eigener* Rechte des Investors in der Ausgleichspflicht des Staates, so wenn die Konstellation vorliegt, in der eine Enteignung als Gegenmaßnahme zulässig wäre.

# Die Beteiligung von Menschenrechts-NGOs an der Rechtsgestaltung durch die UN: Muss die Frage nach der demokratischen Legitimation neu gestellt werden?

*Thomas Bernhard, Erlangen**

Seit der Gründung der Vereinten Nationen hat der Einfluss von Nichtregierungsorganisationen (non-governmental organizations, NGOs)[1] auf die Rechtsgestaltung durch die Vereinten Nationen stetig zugenommen.[2] Folgerichtig wurde die Frage nach der demokratischen Legitimation der hierbei Einfluss ausübenden NGOs sowohl in der Politik, als auch in der Wissenschaft schon häufig gestellt.[3] Der vorliegende Beitrag wird nach einer kurzen Darstellung der Rechtsgrundlagen und der vorhandenen Beteiligungsmöglichkeiten erörtern, wie die demokratische Legitimation der NGOs momentan von Wissenschaft und Politik bewertet wird. Dabei werden die Gründe, die für und gegen die Legitimation sprechen sowie die in der Literatur weitgehend anerkannten Grenzen der Legitimation aufgezeigt werden. Sodann erfolgt eine Darstellung der Beteiligung von NGOs an der Entstehung der UN-Behindertenrechtskonvention, bei der die bisher anerkannten Grenzen der Legitimation wohl überschritten wurden. Die Antwort auf die in dem Titel dieses Beitrages aufgeworfene Frage kann hier bereits vorweggenommen werden: Ja, die Frage nach der demokratischen Legitimation muss neu gestellt werden, wenn die NGOs derart großen Einfluss auf die Rechtsgestaltung durch die Vereinten Nationen nehmen, wie es bei der UN-Behindertenrechtskonvention der Fall gewesen ist. Zum Abschluss wird untersucht, ob eine solch intensive Einflussnahme tatsächlich stets wegen des Legitimationsdefizits als unzulässig zu bewerten ist oder ob sich Bedingungen und Kriterien definieren lassen, bei deren Vorliegen man die Zulässigkeit solcher Beteiligungsformen doch bejahen kann oder wegen der unbestreitbaren Vorteile für den Prozess der Rechtsgestaltung möglicherweise sogar bejahen sollte.

* Thomas Bernhard ist wissenschaftlicher Mitarbeiter am Lehrstuhl für Öffentliches Recht und Völkerrecht an der Friedrich-Alexander-Universität Erlangen-Nürnberg.

1 Zum Begriff NGO und den darunter fallenden Organisationen vgl. *Christiane Franz/Kerstin Martens*, Nichtregierungsorganisationen (NGOs), 1. Aufl. 2006, S. 21 ff.

2 Zur Entwicklung der Beziehungen zwischen NGOs und den Vereinten Nationen vgl. *Felix William Stoecker*, NGOs und die UNO, 1. Aufl. 2000, S. 64 ff.

3 *Stoecker* aaO (Fn. 2), S. 99 ff.; *Thomas Gebauer*, „ …von niemandem gewählt!" Über die demokratische Legitimation von NGO, in: Ulrich Brand/Alex Demirovic/Christoph Görg/Joachim Hirsch (Hrsg.), Nichtregierungsorganisationen in der Transformation des Staates, 1. Aufl. 2001, S. 95 ff.; *Jan Rohwerder*, „ …lead by example and shine as beacons of legitimacy" 📫 Zur internen Legitimität von Nichtregierungsorganisationen, in: Ingo Take (Hrsg.), Legitimes Regieren jenseits des Nationalstaates 📫 Unterschiedliche Formen von Global Governance im Vergleich, 1. Aufl. 2009, S. 69 ff.; *Franz/Martens* (Fn. 1), S. 123 ff.

## *I. Die Beteiligung von NGOs an der Rechtsgestaltung durch die UN*

### 1. Rechtsgrundlage

Die Rechtsgrundlage der Beteiligung von NGOs auf der Ebene der UN ist Art. 71 VN-Charta. Dieser lautet:

> Der Wirtschafts- und Sozialrat kann geeignete Abmachungen zwecks Konsultation mit nichtstaatlichen Organisationen treffen, die sich mit Angelegenheiten seiner Zuständigkeit befassen. Solche Abmachungen können mit internationalen Organisationen und, soweit angebracht, nach Konsultation des betreffenden Mitglieds der Vereinten Nationen auch mit nationalen Organisationen getroffen werden.

Dieser Artikel ist seit der Gründung der Vereinten Nationen unverändert geblieben. Für die NGOs war die Aufnahme dieses Artikels in die VN-Charta ein großer Erfolg, war hier doch erstmals die Möglichkeit vorgesehen, dass NGOs offiziell an zwischenstaatlichen Verhandlungen einer internationalen Organisation teilnehmen konnten.[4] Gleichwohl konnten die NGOs sich dabei nicht vollständig durchsetzen. Aus Art. 71 VN-Charta lassen sich nämlich auch drei bedeutsame Einschränkungen der Beteiligungsrechte von NGOs herauslesen, an denen sich die Skepsis zeigt, die die Staatenvertreter den NGOs entgegengebracht haben. Die erste Einschränkung besteht in der Beschränkung der Teilnahmerechte auf die Tätigkeit des ECOSOC. In den anderen Organen der Vereinten Nationen war und ist eine offizielle Beteiligung von NGOs durch die VN-Charta nicht vorgesehen.[5] Zudem ist nicht von Beobachter- oder gar Teilnahmerechten die Rede, sondern lediglich von der Möglichkeit zu Konsultationen.[6] Die dritte Einschränkung besteht schließlich darin, dass Konsultationen hauptsächlich mit internationalen NGOs und nur in Ausnahmefällen mit nationalen NGOs vorgesehen sind.[7]

Schon aus der Formulierung des Art. 71 VN-Charta ist also abzulesen, dass die Frage nach den zulässigen Beteiligungsformen von NGOs bereits bei der Gründung der Vereinten Nationen umstritten war. Einige Staaten haben nämlich jegliche Teilnahmerechte von NGOs abgelehnt. Letztlich wurde der Kompromiss gefunden, die Teilnahme zwar in der VN-Charta offiziell zu regeln, aber eben unter die drei gezeigten Beschränkungen zu stellen [8]

4 *Tanja Brühl,* Nichtregierungsorganisationen als Akteure internationaler Umweltverhandlungen, 1. Aufl. 2003, S. 50.

5 Vgl. dazu *Peter Willetts*, Consultative status for NGOs at the Vereinten Nationen, in: Ders. (Hrsg.), The conscience of the world: The Influence of Non-Governmental Organizations in the UN System, 1. Aufl. 1996, S. 31.

6 *Rainer Lagoni/Elene Chaitidou*, in: Bruno Simma (Hrsg.), The Charter of the Vereinten Nationen. A Commentary, Band 2, 2. Aufl. 2010, Art. 71 Rn. 1.

7 *Brühl* (Fn. 4), S. 50 f.

8 Ebd., S. 51.

Die konkrete Ausgestaltung der Zusammenarbeit zwischen dem ECOSOC und NGOs wurde durch verschiedene Resolutionen neu geregelt,[9] zuletzt im Jahr 1996 durch die Resolution 1996/31. Demnach können NGOs ihre Akkreditierung beim ECOSOC beantragen, woraufhin ihnen ein bestimmter Status (genereller Konsultativstatus, spezieller Konsultativstatus, Roster-Status) zugewiesen wird, der über die den NGOs zugebilligten Rechte entscheidet.[10]

Die Beteiligung von NGOs an der Tätigkeit anderer Organe, insbesondere der Generalversammlung und des Sicherheitsrates, ist – obwohl dies in den Beratungen zu der Resolution 1996/31 gefordert und diskutiert wurde[11] – bis heute nicht geregelt worden.

## 2. Die tatsächliche Beteiligung von NGOs an der Rechtsgestaltung durch die Vereinten Nationen

Betrachtet man ausschließlich die Rechtsgrundlagen, also Art. 71 VN-Charta und die Resolution 1996/31, müsste man folglich davon ausgehen, dass die Beteiligungsmöglichkeiten der NGOs bei den Vereinten Nationen auf den ECOSOC beschränkt sind. Da dem ECOSOC weltpolitisch eine eher sekundäre Stellung zukommt und die wesentlichen Entscheidungen in der Generalversammlung oder im Sicherheitsrat getroffen werden,[12] scheint auch die Bedeutung der NGOs auf UN-Ebene eher gering zu sein. Bei genauerer Betrachtung fällt aber auf, dass trotz der Beschränkung der offiziellen Beteiligung von NGOs auf den ECOSOC auch in anderen Gremien der UN eine erhebliche Einflussnahme möglich ist und auch tatsächlich stattfindet. Grundsätzlich ist dabei zwischen formellen und informellen Kontakten zu unterscheiden.

### a) Formelle Kontakte von NGOs zu den Vereinten Nationen

Formelle Kontakte zwischen NGOs und den UN sind auf verschiedene Weise möglich. Die engste Zusammenarbeit ermöglicht dabei der schon genannte Konsultativstatus beim ECOSOC, der auch praktisch die größte Bedeutung hat. Momentan haben 3536 NGOs Konsultativstatus beim ECOSOC.[13]

9 Zu den früheren Resolutionen vgl. ausführlich *Stoecker* (Fn. 2), S. 82 ff.
10 Vgl. *Rainer Lagoni/Elene Chaitidou*, in: Bruno Simma (Fn. 6), Art. 71 Rn. 5 ff.
11 UN-Doc. E/AC.70/1995/CRP.1, § 3.
12 *Sven Gareis/Johannes Varwick*, Die Vereinten Nationen. Aufgaben, Instrumente und Reformen, 3. Aufl. 2003, S. 59; *Stoecker* (Fn. 2), S. 164.
13 Vereinten Nationen, Department of Economic and Social Affairs, NGO Branch, http://csonet.org/index.php?menu=17 (Stand: Mai 2012) .

Zudem können NGOs formelle Kontakte durch eine Assoziierung mit der UN Hauptabteilung Presse und Information (DPI – Department of Public Information) oder durch Anschluss an das UN-Programm „Non-Governmental Liaison Service" (NGLS) herstellen.[14]

Insbesondere der Konsultativstatus beim ECOSOC ermöglicht den NGOs auch weitere formelle Mitwirkungsmöglichkeiten. Sie haben beispielsweise Zugriff auf offizielle Dokumente und können zu Sonderkomitees, Konferenzen und Sitzungen eingeladen werden.[15]

Ihre Grenzen findet die Zusammenarbeit aber bei der Tätigkeit der Generalversammlung und des Sicherheitsrates. Hier haben die NGOs keine formellen Teilnahmerechte.[16]

### b) Informelle Kontakte von NGOs zu den Vereinten Nationen

Gleichwohl können die NGOs durch informelle Kontakte auch auf diese Organe Einfluss nehmen. Die Hauptmethode der informellen Tätigkeit der NGOs ist die Lobbyarbeit, die sowohl bei Mitgliedern staatlicher Delegationen, als auch bei Vertretern bestimmter UN-Gremien betrieben wird.[17] Dabei spielt der Konsultativstatus aber ebenfalls eine entscheidende Rolle, nämlich im wahrsten Sinne des Wortes als „Türöffner" zu den Vereinten Nationen. Vertreter von NGOs mit Konsultativstatus erhalten nämlich einen Pass, mit dem sie spezielle NGO-Eingänge benutzen können. Sie müssen sich also nicht in der Besucherschlange anstellen und haben Zugang zu Bereichen, in denen sich normalerweise nur Diplomaten, Regierungsvertreter und UN-Mitarbeiter aufhalten dürfen.[18] Auf diese Weise wird der direkte Kontakt mit den Entscheidern möglich.

### c) Einflussnahme auf die Rechtsgestaltung durch die UN

Zusammenfassend lässt sich also feststellen, dass NGOs auf die Tätigkeit der UN sowohl durch formelle, als auch durch informelle Kontakte einen erheblichen Einfluss ausüben. Dabei sind sie nicht auf das Anstoßen von Themen oder auf die Mitarbeit bei der Überwachung von menschenrechtlichen Verträgen beschränkt, sondern sie wirken

14 Bundeszentrale für politische Bildung, http://www.bpb.de/files/PV153H.pdf.
15 *Kerstin Martens*, Menschenrechts-NGOs im UN-System, in: Das Parlament 2008, Nr. 46, S. 27 (S. 28 f.). .
16 *Stoecker* (Fn. 2), S. 164.
17 *Roksolana Bayko*, Die Rolle der Nichtregierungsorganisationen (NGOs) im internationalen Minderheitenschutz, 1. Aufl. 2011, S. 96.
18 *Martens* (Fn. 15), S. 29.

auch bei der Entstehung neuer menschenrechtlicher Verträge aktiv mit.[19] Die Rechtsgestaltung ist aber die ureigenste Aufgabe der Staaten, die dabei hoheitliche Gewalt ausüben und dafür jedenfalls in demokratisch organisierten Staaten einer demokratischen Legitimation bedürfen. Die Problematik des Demokratiedefizits der NGOs stellt sich daher in dem Bereich der Rechtsetzung in besonderem Maße, weshalb diese Frage in dem vorliegenden Beitrag im Vordergrund steht.

Es ist daher zu untersuchen, in welcher Weise die NGOs bei ihrer formellen und informellen Tätigkeit bei den Vereinten Nationen auch Einfluss auf die Rechtsetzung nehmen.

#### aa) Rechtsetzung durch die Vereinten Nationen

Dabei stellt sich zunächst die Frage, ob und in welcher Weise die Vereinten Nationen überhaupt Rechtsetzung betreiben.

Bindende Entscheidungen können gem. Art. 25 VN-Charta vom Sicherheitsrat getroffen werden. Dessen Aufgabenbereich ist allerdings gem. Art. 24 I VN-Charta auf die Wahrung des Weltfriedens und der internationalen Sicherheit begrenzt und somit sehr eng umrissen. Zudem handelt es sich dabei jeweils um Einzelfallentscheidungen, also nicht um eine legislative Aufgabenwahrnehmung.

Die sachliche Zuständigkeit der Generalversammlung reicht hingegen sehr weit. Gem. Art. 10 VN-Charta kann die Generalversammlung „alle Fragen und Angelegenheiten erörtern, die in den Rahmen dieser Charta fallen“. Mit Ausnahme einiger Entscheidungen über Haushaltsfragen sind die Beschlüsse der Generalversammlung aber nicht bindend. Auf dem Gebiet des Menschenrechtsschutzes etwa ist die Generalversammlung gem. Art. 13 I b) VN-Charta lediglich dazu ermächtigt, Untersuchungen und Empfehlungen abzugeben, um zur Verwirklichung der Menschenrechte beizutragen.

Folglich betreiben die Vereinten Nationen keine Rechtsetzung in dem Sinne, dass sie wie Parlamente für alle Menschen in ihrem Einflussbereich unmittelbar bindende Regelungen erlassen. Gleichwohl spielen sie unzweifelhaft eine wichtige Rolle im Prozess der internationalen Rechtserzeugung.[20] Insbesondere auf dem Gebiet des Menschenrechtsschutzes spielt dabei die Generalversammlung eine herausragende Rolle. Die meisten menschenrechtlichen Abkommen wurden von der Generalversammlung angenommen und zur Unterzeichnung aufgelegt.[21] Diese werden für die einzelnen Staaten zwar nicht durch die Annahme in der Generalversammlung bindend,

19 Ausführlich dazu *Julia Ziegler*, Die Beteiligung von Nichtregierungsorganisationen (NGOs) am Menschenrechtsschutzsystem der Vereinten Nationen, 1. Aufl. 1998.

20 *Juliane Kokott/Karl Doehring/Thomas Buergenthal*, Grundzüge des Völkerrechts, 3. Aufl. 2003, S. 42.

21 Ebd. S. 41.

sondern erst durch die Unterzeichnung und – je nach Rechtsordnung – die Ratifizierung, den Beitritt oder die formale Bestätigung. Gleichwohl ist die Konvention nach der Annahme durch die Generalversammlung einmal in der Welt und die Staaten sehen sich einem erhöhten Druck ausgesetzt, diese zu unterzeichnen. Zudem können Beschlüsse der Generalversammlung den Status des Völkergewohnheitsrechts erreichen und dann doch bindend werden, wie etwa Teile der Allgemeinen Erklärung der Menschenrechte (AEMR).[22]

Aus diesen Gründen kann man bei der Erarbeitung und Annahme menschenrechtlicher Verträge durch die Generalversammlung durchaus von Rechtsgestaltung sprechen.

#### bb) Beteiligung von NGOs an diesem Prozess

An den Verhandlungen der Generalversammlung haben NGOs, wie schon gezeigt, kein formelles Teilnahmerecht, sondern können allenfalls auf der Besuchertribüne Platz nehmen.[23] Somit können sie auch an der Abstimmung über die Annahme eines Vertragsentwurfs nicht teilnehmen.

Der Entstehungsprozess menschenrechtlicher Verträge findet allerdings ohnehin nicht in der Generalversammlung selbst statt, sondern in speziell hierfür geschaffenen Gremien, in denen die Beteiligung von NGOs dann meist sogar formell geregelt ist (z.B. die Arbeitsgruppe zur Erstellung eines Übereinkommens gegen Folter und andere grausame, unmenschliche oder erniedrigende Behandlung oder Strafe im Jahr 1975[24] oder die Arbeitsgruppe zur Frage eines Übereinkommens über die Rechte des Kindes, zu der alle NGOs mit Konsultativstatus beim ECOSOC zugelassen waren).[25] Wie diese Beispiele zeigen haben NGOs auch in der Vergangenheit in diesen Gremien einen nicht zu unterschätzenden Einfluss gehabt.[26] Die endgültige Entscheidung in der Generalversammlung wird zudem durch intensive Lobbyarbeit gezielt beeinflusst.[27]

Zusammenfassend ist also zu konstatieren, dass Menschenrechts-NGOs auf die Rechtsgestaltung durch die Vereinten Nationen entscheidend Einfluss nehmen können und von dieser Möglichkeit auch Gebrauch machen.

22 Ebd., S. 41 f.
23 Mit Ausnahme bestimmter Sitzungen der Generalversammlung, wie etwa der „Kopenhagen plus 5" –Sitzung, vgl. *Martens* (Fn. 14), S. 29.
24 *Ziegler* (Fn. 19) S. 146.
25 Ebd., S. 155 ff.
26 Vgl. für weitere Beispiele mit ausführlichen Erläuterungen zu der Beteiligung von NGOs am Entstehungsprozess internationaler Regelungen im Bereich des Minderheitenschutzes *Bayko* (Fn. 17), S. 74 ff.
27 *Ziegler* (Fn. 19) S. 155 ff.; *Bayko* (Fn. 17), S. 74 ff.

## *II. Das Legitimationsdefizit der NGOs*

Aus diesem Grund wurde auch schon häufiger die Frage aufgeworfen, ob NGOs für diese Form der Beteiligung nicht einer demokratischen Legitimation bedürfen und ob eine solche angenommen werden kann.

### 1. Notwendigkeit einer demokratischen Legitimation

Beantwortet man die Frage nach der Notwendigkeit einer demokratischen Legitimation der NGOs aus staatsrechtlicher Perspektive auf der Grundlage der vom Grundgesetz verfassten repräsentativen Demokratie, kommt es auf die konkrete Art der Einflussnahme durch die NGOs an. Nach dem Prinzip der Legitimationskette muss jeder mit der Wahrnehmung staatlicher Aufgaben betraute Amtswalter seine Legitimation aus einer ununterbrochenen, auf das Volk zurückzuführenden Legitimationskette herleiten können.[28] Dieses Prinzip der Legitimationskette sieht sich zwar einiger Kritik ausgesetzt,[29] ist aber dennoch geeignet, das Problem der fehlenden Legitimation der NGOs zu veranschaulichen: Alle an der Ausübung staatlicher Gewalt beteiligten Personen bedürfen einer Legitimation, die sich zumindest mittelbar auf das Volk zurückführen lässt. NGOs stehen aber offensichtlich außerhalb dieser Legitimationskette, da sie weder vom Volk direkt gewählt werden, noch mittelbar von Volksvertretern dazu bestimmt wurden. Ihnen fehlt nach diesem Ansatz somit jegliche demokratische Legitimation. Solange NGOs aber keine staatliche Gewalt ausüben, stellt dies auch kein Problem dar. Wenn sich die Beteiligung also auf Verbände- und Expertenanhörungen sowie Lobbyarbeit beschränkt, ist auch gar keine vom Volk abgeleitete Legitimation erforderlich.[30]

Man kann nun versuchen, das Konstrukt der Legitimationskette auf die Ebene der Vereinten Nationen zu übertragen: Hier werden die Staaten durch die im Idealfall durch innerstaatliche Wahlen demokratisch legitimierten Präsidenten, Premierminister, Kanzler, Außenminister oder durch die ständigen Vertreter bei den Vereinten Nationen vertreten. Somit sind zur Interessensvertretung auf internationaler Ebene lediglich die Staatenvertreter berufen.[31] Obwohl NGOs bei den Vereinten Nationen einen noch größeren Einfluss ausüben als auf nationaler Ebene, dürfen sie an den entscheidenden

28 *Ernst-Wolfgang Böckenförde*, Demokratie als Verfassungsprinzip, in: Josef Isensee/Paul Kirchhof (Hrsg.), Handbuch des Staatsrechts der Bundesrepublik Deutschland, Band II, 3. Aufl. 2004, § 24 Rn. 16.

29 Vgl. *Reinhold Zippelius/Thomas Würtenberger*, Deutsches Staatsrecht, 32. Aufl. 2008, S. 84..

30 Zu der Frage, ob in Kollegialorganen alle an der Entscheidung Beteiligten einer Legitimation bedürfen, oder ob es ausreicht, wenn so viele Mitglieder des Organs demokratisch legitimiert sind, dass die Entscheidung des Organs als solche eine demokratische Legitimation erhält, vgl. *Böckenförde* (Fn. 28), § 24 Rn. 18 f..

31 *Stoecker* (Fn. 2), S. 99.

Abstimmungen aber eben nicht teilnehmen; folglich üben sie keine hoheitliche Gewalt aus und bedürfen somit keiner Legitimation.[32]

Da NGOs allerdings unbestritten einen erheblichen Einfluss auf die Entscheidungen der UN-Gremien ausüben (siehe oben), wurde in Wissenschaft und Politik dennoch schon häufig und auch zu Recht hinterfragt, ob sie nicht auch für diese Art der Einflussnahme eine Legitimation benötigen.[33] Geht man von dem Erfordernis einer Legitimation aus, kann man deren Fehlen aber nicht einfach damit begründen, dass die NGOs „von niemandem gewählt"[34] wurden. Dem liegt nämlich genau der Gedanke der Legitimationskette zu Grunde, nach dem alle Mitglieder von Gremien, die hoheitliche Gewalt ausüben, ihre Legitimation zumindest mittelbar aus Wahlen herleiten müssten. NGOs üben aber eben gerade nicht unmittelbar hoheitliche Gewalt aus. Dieses staatsrechtliche Konstrukt fordert von NGOs also gar keine demokratische Legitimation und kann sie folglich auch nicht begründen.[35] Es ist daher widersprüchlich, davon auszugehen, dass NGOs – obwohl sie nicht unmittelbar hoheitliche Gewalt ausüben – eine Legitimation benötigen und deren Vorliegen dann mit dem Argument zu verneinen, dass sie diese nicht aus einer Wahlentscheidung der Bürger ableiten können. Vielmehr erfordert die Frage, ob NGOs zur Wahrnehmung von Interessen auf internationaler Ebene befugt sind, eine genaue Analyse, aus welchen anderen Faktoren als durch Wahlen NGOs ihre Legitimation herleiten können.

Der momentane Stand der Wissenschaft zu dieser Frage wird im Folgenden Kapitel zusammengefasst:

## 2. Vorliegen einer Legitimation der NGOs

### a) Unterscheidung Input-Legitimation und Output-Legitimation

Grundsätzlich ist zu unterscheiden zwischen der Input-Legitimation und der Output-Legitimation. Nach der Lehre der Input-Legitimation ist eine Entscheidung dann legitim, wenn die Beherrschten, also das Volk, ihr ex-ante zugestimmt haben. In einer repräsentativen Demokratie kann demnach die Legitimation zum Beispiel nach der Theorie der Legitimationskette daraus abgeleitet werden, dass jede Entscheidung zumindest mittelbar auf den Willen des Volkes zurückzuführen ist. Die Lehre von der Output-Legitimation stellt hingegen nicht auf den Prozess der Entscheidungsfindung ab, sondern nimmt eine ex-post- Betrachtung vor und fragt danach, ob die Entschei-

32 Vgl. *Marianne Beisheim*, Nichtregierungsorganisationen und ihre Legitimität, in: Aus Politik und Zeitgeschichte 1997, S. 21.
33 Vgl. die Nachweise in Fußnote 3.
34 So *Otto Graf Lambsdorff*, FAZ vom 31.01.2000, S. 19.
35 *Stoecker* (Fn. 2), S. 100.

dung für die Beherrschten nützlich war.[36] Insbesondere im internationalen Recht werden input-orientierte Ansätze teilweise für inadäquat gehalten, da es auf Grund der Vielzahl von Steuerungsinstumentarien- und akteuren nicht mehr möglich sei, eine klare Zuordnung der Verantwortung für eine bestimmte Entscheidung vorzunehmen.[37] Richtig daran ist zweifellos, dass man neue Wege finden muss, Entscheidungen zum Beispiel der Vereinten Nation auf ihre Legitimation hin zu untersuchen. Wie oben schon gezeigt hilft das Prinzip der Legitimationskette hier nicht weiter. Die Frage nach der Output-Legitimation lässt sich objektiv allerdings überhaupt nicht beantworten. Bei beinahe allen politischen Entscheidungen gibt es sich konträr gegenüberstehende Interessen und ein wissenschaftliches Urteil über die Qualität einer Entscheidung ist nicht möglich. Aus dem Inhalt einer Entscheidung kann man folglich auch schlecht auf die Legitimation schließen.[38] Jedenfalls für die hier zu untersuchende Frage der Legitimation der Beteiligung von NGOs hilft die Frage nach der Output-Legitimation kaum weiter.[39] Man müsste hierzu nachweisen, dass auf Grund der Beteiligung von NGOs an dem Entscheidungsprozess letztendlich eine für die Menschen bessere Entscheidung getroffen wurde als dies ohne deren Beteiligung der Fall gewesen wäre. Es stellt sich also nicht nur das Problem, dass die Qualität der Entscheidung nicht objektiv nachprüfbar ist, sondern es ist zudem eine reine Vermutung, wie ein bestimmtes Gremium in einem bestimmten Fall ohne jegliche Beeinflussung durch NGOs entschieden hätte. Waren die NGOs an den Beratungen beteiligt, mag man mit Hilfe der Protokolle hierüber noch Vermutungen anstellen können. Hat jedoch die NGO-Tätigkeit hauptsächlich aus Lobbyarbeit bestanden, sind nicht einmal mehr Vermutungen hierüber möglich. Zur Feststellung der Legitimation der Beteiligung von NGOs an Entscheidungsprozessen ist die Frage nach der Output-Legitimation also ungeeignet, weshalb im Folgenden ausschließlich der Prozess der Entstehung der Entscheidung, also die Input-Legitimation, untersucht werden soll.

36 Vgl. zu Input- und Output-Legitimation *Sebastian Müller-Franken*, Die demokratische Legitimation öffentlicher Gewalt in den Zeiten der Globalisierung. Zur unhintergehbaren Rolle des Staates in einer durch Europäisierung und Internationalisierung veränderten Welt, in: AöR 2009, S. 542, 552 ff. m.w.N.

37 *Christian Tietje*, Die Staatsrechtslehre und die Veränderung ihres Gegenstandes: Konsequenzen von Europäisierung und Internationalisierung, in: DVBl 2003, S. 1081, 1095.

38 In diesem Sinne auch *Sebastian Müller-Franken* (Fn. 34), S. 555*; Christoph Möllers,* Gewaltengliederung. Legitimation und Dogmatik im nationalen und internationalen Rechtsvergleich, 1. Aufl. 2005, S. 37 f.

39 So auch *Jochen von Bernstorff*, Nichtstaatliche Akteure in der Rechts- und Politikgestaltung. Zur Legalität und Legitimität der Beteiligung von Nichtregierungsorganisationen im Völkerrecht, Studie für die Konrad-Adenauer-Stiftung, 1. Aufl. 2008, S. 16; teilweise wird nicht nur zwischen Input- und Output-Legitimation unterschieden, sondern eine Dreiteilung der Frage vorgenommen und zusätzlich eine Throughput-Dimension untersucht, wobei z.B. auf Fragen von Transparenz, Überwachung und Sanktionierung abgestellt wird, vgl. dazu *Rohwerder* (Fn. 3), S. 75 f.; hier werden diese Kriterien mit unter die Input-Legitimation gefasst.

### b) Demokratiepotential der NGO-Beteiligung

Generell besteht auf der Ebene der Vereinten Nationen ein Demokratiedefizit. Jede Nation wird hier nur durch eine sehr geringe Anzahl an Vertretern repräsentiert, die keinesfalls umfassend alle Interessen ihres Staatsvolkes vertreten können. Selbst nach der Idealvorstellung, dass lediglich demokratisch gewählte Staatenvertreter an Entscheidungen auf UN-Ebene mitwirken, wären die Legitimationsketten so lang, dass die Einflussnahmemöglichkeiten der Bürgerinnen und Bürger nur äußerst gering wären.[40] Dazu kommt, dass Vertreter von nicht demokratisch verfassten Staaten nach demokratischen Grundsätzen ohnehin nicht legitimiert sind, in den Gremien der Vereinten Nationen aber dennoch mitwirken. Eine tatsächliche Repräsentation der Interessen der Menschen, die in solchen Staaten leben, kann auf diese Weise nicht gewährleistet werden. Zudem wirken nicht unbedingt immer Vertreter aller Staaten an den Verhandlungen mit, die einen Vertrag letztlich unterzeichnen. Es kommt also häufig vor, dass Regelungen für bestimmte Gruppen oder auch ganze Staaten gelten, die an der Entstehung dieser Regelungen nicht mitgewirkt haben, und zwar auch nicht über den Umweg der Repräsentation.[41]

Es besteht folglich ein grundsätzliches Legitimationsdefizit auf UN-Ebene. Möglicherweise könnte die Beteiligung von NGOs daher sogar dazu beitragen, die Legitimität der Entscheidungen zu erhöhen, indem in die Entscheidungsfindung auch die Interessen von Menschen einfließen, die durch die jeweiligen Staatenvertreter nicht ausreichend repräsentiert sind. Wenn NGOs also tatsächlich die (nationale, internationale oder sogar globale) Zivilgesellschaft repräsentieren könnten, dann könnten sie zu einer höheren Legitimität der Entscheidungen auf UN-Ebene beitragen (sog. externe Dimension der NGO-Legitimität). Voraussetzung dafür, dass der Prozess der Entscheidungsfindung durch die Teilnahme von NGOs demokratischer wird, ist aber, dass die NGOs auch intern legitimiert[42] sind, was zum Beispiel die Fragen betrifft, ob NGOs untereinander und die inneren Strukturen jeder einzelnen NGO so organisiert sind, dass eine Erhöhung der demokratischen Legitimation einer Entscheidung durch deren Beteiligung überhaupt möglich ist.

### c) Kriterien für die Feststellung der Legitimation

Je mehr diese interne Legitimation in Frage steht, desto weniger kann sich das eben beschriebene Demokratiepotential verwirklichen. Zu der Frage, wie diese interne Le-

40 *Rohwerder* (Fn. 3), S. 69.
41 Ebd.
42 Ausführlicher zu der Unterscheidung zwischen der externen und der internen Dimension der NGO-Legitimität *Rohwerder* (Fn. 3), S. 70 f.

gitimation zu bestimmen ist, werden verschiedene Kriterien herangezogen, die hier lediglich angerissen werden können.

Problematisch ist insbesondere, dass viele NGOs selbst keine demokratischen Strukturen haben. So hat beispielsweise Greenpeace Deutschland ca. 500 000 Förderer, aber nur 38 stimmberechtigte Mitglieder.[43] Die Führung dieser Organisationen hat also einen sehr weiten Gestaltungsspielraum und wird intern kaum kontrolliert.[44] Neben dem Entscheidungsmechanismus ist hier aber auch an die Offenheit der Organisation für die Beteiligung von Individuen und gesellschaftlichen Gruppen zu denken, die für die Repräsentativität einer NGO von großer Bedeutung ist.[45]

Ein weiterer wichtiger Indikator für die Legitimation von NGOs ist die Frage, durch wen und in welcher Weise eigentlich deren Arbeit kontrolliert wird. Zu denken ist dabei natürlich an die „Gesellschaft", die diese Aufgabe aber wohl kaum bewältigen kann.[46] In erster Linie wird die Kontrolle also durch die Mitglieder und Unterstützer der NGO zu übernehmen sein, wobei diesen durchaus wirksame Sanktionsmöglichkeiten zur Verfügung stehen. Bei Unzufriedenheit mit der Arbeit der Entscheidungsträger innerhalb der NGO können Mitglieder durch ihren Austritt und Unterstützer durch eine Verringerung oder Aufgabe von Spenden durchaus Druck ausüben. Wichtig dafür ist, dass die Mitglieder und Unterstützer überhaupt über die Vorgänge innerhalb der NGO Bescheid wissen, dass diese also transparent gestaltet sind. Dies kann zum Beispiel durch formelle Verfahren wie jährliche Tätigkeitsberichte, aber auch informell durch Newsletter oder Mitgliederzeitungen gewährleistet werden.[47]

Dazu kommt das Problem des Verhältnisses verschiedener NGOs untereinander und die Frage, welche NGOs tatsächlich dazu in der Lage sind, Einfluss zu nehmen. Es hat sich hierbei nämlich ein deutliches Nord-Süd-Gefälle herausgebildet.[48] Die allermeisten NGOs, die finanziell dazu in der Lage sind, sich an der Arbeit der Vereinten Nationen zu beteiligen, stammen aus westlichen Industrienationen, was bereits häufiger zu Konflikten geführt hat.[49] Um der Tendenz der Dominanz finanzstarker NGOs und damit einer Verringerung der Legitimation der NGOs insgesamt entgegenzuwirken, sind verschiedene Maßnahmen denkbar. So arbeiten viele NGOs in internationalen Netzwerken zusammen, sodass dann auch kleinere Organisationen international eine Stimme erhalten können, was aber natürlich neue Abhängigkeiten mit sich bringt.[50] Noch hilfreicher erscheint daher die von den UN schon häufiger praktizierte Mög-

43 *Sonja Riedinger*, Die Rolle nichtstaatlicher Organisationen bei der Entwicklung und Durchsetzung internationalen Umweltrechts, 2001, S. 283 Fn. 13.
44 Zu dem Problem der fehlenden demokratischen Strukturen auch *Gebauer* (Fn. 3), S. 100 f.
45 *Rohwerder* (Fn. 3), S. 73.
46 *Florian T. Furtak*, Nichtstaatliche Akteure in den internationalen Beziehungen, 1. Aufl. 1997, S. 37.
47 *Rohwerder* (Fn. 3), S. 75 f.
48 *Franz/Martens* (Fn. 1), S. 131.
49 Dazu *Riedinger* (Fn. 43), S. 281 f. m.w.N.
50 *Franz/Martens* (Fn. 1), S. 131.

lichkeit[51] der Einrichtung eines eigenen Fonds, der aus freiwilligen Zahlungen der Staaten finanziert wird, aus dessen Mitteln den finanzschwachen NGOs beispielsweise die Reisekosten erstattet werden können.

Abgesehen von den finanziellen Mitteln und der Teilnahmemöglichkeit stellt sich auch noch die Frage, welche NGO-Vertreter dann zur Teilnahme an Rechtssetzungsprozessen zugelassen werden. Es ist also nicht einmal eine repräsentative Vertretung der „NGO-Gemeinschaft" sichergestellt.[52]

Eine weitere Vertiefung dieser Punkte würde den Rahmen dieses Beitrags sprengen und ist für den Fortgang der Überlegungen auch nicht notwendig. Wichtiger ist es festzuhalten, dass die NGOs an den problematischen Punkten arbeiten müssen, wenn sie einen höheren Einfluss auf Entscheidungen einfordern und bekommen möchten.

### 3. Ergebnis

Der Stand der Diskussion lässt sich also kurz so zusammenfassen: NGOs nehmen nicht aktiv an Abstimmungen teil, üben also keine Herrschaftsgewalt aus und treten daher nicht in Konkurrenz mit Staatenvertretern. Ihre Legitimation kann daher nicht an den gleichen Maßstäben gemessen werden wie die von Legislative und Exekutive in Nationalstaaten. Dennoch brauchen sie für ihre Einflussnahme auf die Rechtsgestaltung eine gewisse Legitimation, für die bestimmte Kriterien erfüllt sein müssen. Je mehr Einfluss die NGOs geltend machen (möchten), desto mehr sollte auch auf ihre eigene Legitimation Wert gelegt werden.

Einigkeit besteht aber darüber, dass die Legitimation den NGOs jedenfalls dann fehlt, wenn sie an Abstimmungen teilnehmen dürfen und somit in Konkurrenz zu den Staatenvertretern treten.[53]

## *III. Neue Entwicklungen: Die Beteiligung von NGOs an der Entstehung der UN-Behindertenrechtskonvention*

Genau das ist aber bei der UN-Behindertenrechtskonvention[54] geschehen, was ein genauer Blick auf deren Entstehungsgeschichte offenlegt:

51 *Jochen von Bernstorff*, Nichtstaatliche Akteure in der Rechts- und Politikgestaltung. Zur Legalität und Legitimität der Beteiligung von Nichtregierungsorganisationen im Völkerrecht, Studie für die Konrad-Adenauer-Stiftung, 1. Aufl. 2008, S. 14.

52 *Riedinger* (Fn. 43), S. 282 f.

53 *Stoecker* (Fn. 2), S. 104 f.; *Riedinger* (Fn. 43), S. 292 f.; *Franz/Martens* (Fn. 1), S. 131.

54 Das Übereinkommen der Vereinten Nationen über die Rechte von Menschen mit Behinderungen ist ein völkerrechtlicher Vertrag, der die Menschenrechte von Menschen mit Behinderungen konkretisiert, damit auch diese Menschen vollumfänglich von den allen Menschen garantierten Menschenrechten Gebrauch machen können.

## 1. Die Entstehung der UN-Behindertenrechtskonvention

Die Generalversammlung der Vereinten Nationen hat am 19. Dezember 2001 mit der Resolution 56/168 beschlossen, einen Ad-hoc Ausschuss zu bilden, der mit der Erarbeitung eines Konventionstextes beauftragt wurde. Dieser Ad-hoc Ausschuss hat dann in seiner zweiten Sitzung im Juni 2003 eine Working Group ins Leben gerufen, die einen konkreten Formulierungsvorschlag erstellen sollte. In fünf weiteren Sitzungen des Ad-hoc Ausschusses in den Jahren 2003 bis 2006 wurde der Entwurf der Working Group dann diskutiert und überarbeitet. Am 13. Dezember 2006 stimmte letztlich die UN-Generalversammlung dem Vertrag mit der Resolution 61/106 zu.[55] In den einzelnen Staaten in Kraft getreten ist er dadurch allerdings noch nicht, sondern erst durch die Unterzeichnung durch den jeweiligen Staat sowie den Beitritt, die Ratifikation oder die formale Bestätigung. Bisher haben 153 Staaten den Vertrag unterzeichnet, in 114 Staaten ist er bisher in Kraft getreten.[56]

Auf den ersten Blick ist also keine weitergehdne Beteiligung von NGOs erkennbar als bei bisherigen Verträgen. Insbesondere wurde die Konvention von der Generalversammlung beschlossen, wobei ausschließlich Staatenvertreter stimmberechtigt waren. Zudem tritt der Vertrag erst nach der Zustimmung des jeweiligen nationalen Gesetzgebers in Kraft. In Deutschland beispielsweise stimmte der Deutsche Bundestag der Konvention durch ein Gesetz nach Art. 59 II GG am 21.12.2008 zu. Der Bundesrat hatte zuvor seine Zustimmung erklärt. Die BRK trat auf dieser Grundlage für die Bundesrepublik Deutschland am 26.3.2009 in Kraft.[57]

## 2. Die Beteiligung von NGOs an der Entstehung der UN-Behindertenrechtskonvention

Dennoch lohnt sich eine genauere Untersuchung der Intensität der Beteiligung von NGOs und deren Einflussnahmemöglichkeiten bei der Entstehung der UN-Behindertenrechtskonvention.

Schon den Anstoß für einen solchen menschenrechtlichen Vertrag hatten NGOs gegeben. Nach mehreren vergeblichen Vorstößen[58] hatten fünf der großen internatio-

55 Vgl. Ausführlich zur Entstehungsgeschichte der UN-Behindertenrechtskonvention *Lauri Philipp Rothfritz*, Die Konvention der Vereinten Nationen zum Schutz der Rechte von Menschen mit Behinderungen. Eine Analyse unter Bezugnahme auf die deutsche und europäische Rechtsebene, 1. Aufl. 2010, S. 107 ff.

56 Vereinten Nationen Treaty Collection (Stand: Mai 2012), abrufbar unter: http://treaties.un.org/Pages/ViewDetails.aspx?src=TREATY&mtdsg_no=IV-15&chapter=4&lang=en.

57 BGBl. II, 2008 Nr. 35, 1419 ff.

58 Vgl. dazu *Rothfritz* (Fn. 55), S. 104 ff.; *Theresia Degener*, Eine UN-Menschenrechtskonvention für Behinderte als Beitrag zur ethischen Globalisierung, in: Aus Politik und Zeitgeschichte 8/2003, S. 37, 38 f.

nalen nichtstaatlichen Organisationen[59] und einige nationale NGOs aus allen Teilen der Welt mit der Peking-Erklärung im März 2000 einen neuen Anlauf genommen und eine verbindliche Menschenrechtserklärung zum Schutze der Menschen mit Behinderungen gefordert.[60] Diese Forderung brachte der irische Vertreter in die jährliche Sitzung des UN-Menschenrechtsrates in Genf ein. Allerdings konnten sich die Staatenvertreter erneut nicht auf einen Konsens einigen.[61] In weiteren Expertentreffen in Stockholm im Jahr 2000[62] und in New York im Jahr 2001[63] wurde aber erneut eindringlich auf die Erforderlichkeit einer Menschenrechtskonvention für die Menschen mit Behinderungen hingewiesen. In welchem Maße diese NGO-Aktivitäten tatsächlich zu dem Entschluss der Staatengemeinschaft, eine Behindertenrechtskonvention zu erarbeiten, beigetragen haben, lässt sich nicht zweifelsfrei aufklären. Jedenfalls ist aber davon auszugehen, dass die NGO-Tätigkeit nicht ohne Einfluss geblieben ist.[64] Dies war allerdings auch schon bei früheren Menschenrechtskonventionen der Fall[65] und stellt daher noch nicht unbedingt eine neue Qualität der Einflussnahme dar.

Entscheidender ist die Beteiligung der NGOs an der darauf folgenden Erarbeitung der Behindertenrechtskonvention, die in der Gründungsresolution des Ad-hoc-Ausschusses gar nicht vorgesehen ist. Aus diesem Grund wurde bis zum 23. Juli 2001, also sechs Tage vor Beginn der ersten Sitzung des Ad-hoc Ausschusses, über die Zulassung von NGOs gestritten. Letztlich wurden die NGOs dann aber doch zugelassen und es nahmen auch tatsächlich 30 von ihnen an der ersten Sitzung des Ad-hoc Ausschusses teil.[66] Schon bei dieser ersten Sitzung konnten sich die NGOs durchaus Gehör verschaffen, was einerseits an dem Vorsitzenden des Ad-hoc Ausschusses (Luis Gallegos Chiriboga) lag, der sich den NGOs gegenüber aufgeschlossen zeigte, und andererseits an deren guten Vorbereitung und Organisation.[67]

An den weiteren Sitzungen des Ad-hoc Ausschusses nahmen bis zu 600 NGOs teil, wobei die Zulassung durch das UN Generalsekretariat sehr großzügig gehandhabt wurde. Dabei kamen die NGOs – im Unterschied zu der Praxis in anderen UN-Gremien – stets gleich nach den Staatenvertretern zu Wort, und nicht erst nach dem operativen Abschluss der jeweiligen Verhandlungsrunde. Im Anschluss an den Vortrag der NGOs fasste dann jeweils der Verhandlungsvorsitz das erzielte Zwischenergebnis zusammen, wobei stets auch die Position der NGOs mit eingeflossen ist. Aus diesem Zwischen-

59 Dies waren die folgenden fünf NGOs: Disabled People's International, Inclusion International, Rehabilitation International, die World Blind Union und die World Federation of the Deaf.

60 Beijing Declaration on the Rights of Persons with Disabilities in the New Century, abrufbar unter http://www.dinf.ne.jp/doc/japanese/intl/z00021/z0002101.html.

61 *Degener* (Fn. 58), S. 39.

62 http://www.un.org/esa/socdev/enable/stockholmnov 2000.htm.

63 http://www.un.org/esa/socdev/enable/consultnyfeb2001.htm.

64 *Rothfritz* (Fn. 55), S. 106 f.

65 Vgl. *Bayko* (Fn. 17), S. 74 ff.

66 *Degener* (Fn. 58), S. 39.

67 Ebd., S. 40.

ergebnis wurde dann häufig über Nacht durch den Vorsitz ein neuer Arbeitsentwurf entwickelt, in dem also ebenfalls auch die Position der NGOs Berücksichtigung fand.[68]

Noch deutlicher wird die neue Dimension der Beteiligung von NGOs aber bei einer genaueren Betrachtung der Working Group, die durch den Ad-hoc Ausschuss mit der Ausarbeitung eines ersten Formulierungsvorschlags beauftragt war. Diese bestand insgesamt aus 40 Mitgliedern, von denen lediglich 27 Regierungsvertreter waren. Zwölf der Mitglieder dieser Working Group waren Vertreter von Behindertenverbänden und anderen NGOs aus dem Bereich der Behindertenpolitik. Zudem war ein Vertreter einer unabhängigen nationalen Menschenrechtsorganisation (South African Human Rights Commission) anwesend. Die NGOs konnten die ihnen zustehenden zwölf Plätz dabei nach interner Abstimmung selbst besetzen. Zudem haben auch einige Staaten weitere Vertreter der betroffenen Zivilgesellschaft auf die Plätze der 27 Regierungsvertreter mandatiert.[69] Für Deutschland nahm beispielsweise Theresia Degener an den Verhandlungen teil.[70] Neben dieser Zusammensetzung ist insbesondere bemerkenswert, dass die NGO-Vertreter in dieser Working Group die gleichen Rede- und auch Stimmrechte hatten wie die Regierungsvertreter.[71]

Die NGO-Vertreter sind hier also in Konkurrenz zu den Regierungsvertretern getreten. Man mag nun einwenden, dass die Working Group keine verbindlichen Beschlüsse fasste, sondern lediglich einen Formulierungsvorschlag erarbeitete. Dieser Einwand wird aber relativiert, wenn man die Beschreibung *Jochen von Bernstorffs* über den weiteren Fortgang der Verhandlungen liest:

> „Der progressive Entwurf der Arbeitsgruppe blieb zentraler Referenzpunkt in den folgenden Verhandlungsrunden im AHC, die dann wieder im Generalversammlungsformat stattfanden. Regierungsvertreter präsentierten dort neue Vorschläge als Änderungen des Arbeitsgruppenentwurfs. Wenn über eine Änderung keine Einigung erzielt werden konnte, ging der Vorsitz auf den Ursprungsentwurf der Arbeitsgruppe zurück.“[72]

Und weiter:

> „Die Begründungslast für jeden neuen Text und jede Änderung lag nach der Annahme des ersten Entwurfs beim einbringenden Staat. Diese wurde über den Zeitfaktor insofern ständig erhöht, als mit Festsetzung eines Verhandlungsendes der Druck zunimmt nur noch Vorschläge zu unterbreiten, die eine reale Aussicht auf eine konsensuale Annahme haben und für den einbringenden Staa von vitalem Interesse sind.“[73]

68 *von Bernstorff* (Fn. 51), S. 13; *ders.*, Menschenrechte und Betroffenenrepräsentation: Entstehung und Inhalt eines UN-Antidiskriminierungsübereinkommens über die Rechte von behinderten Menschen, in: ZaöRV 2007, S. 1041, 1054.

69 *von Bernstorff* (Fn. 51), S. 13.

70 Eine komplette Liste der Mitglieder der Working Group ist abrufbar unter http://www.un.org/esa/socdev/enable/rights/ahcwg.htm.

71 *von Bernstorff* (Fn. 51), S. 13.

72 *von Bernstorff* (Fn. 51), S. 12.

73 Ebd., Fn. 24 (abgedruckt auf Seite 22).

Führt man sich dazu noch einmal die oben erwähnten Einflussnahmemöglichkeiten der NGOs in dem Ad-hoc Ausschuss vor Augen, dann wird deutlich, dass die Working Group zwar noch keine verbindliche Entscheidung getroffen hat, aber doch eine richtungsweisende und durch die Staaten danach nicht mehr leicht abwendbare.

#### 4. Ergebnis

Im Ergebnis ist zu konstatieren, dass die Beteiligung von NGOs an der Rechtsgestaltung durch die Vereinten Nationen bei der Entstehung der UN-Behindertenrechtskonvention eine neue Dimension erreicht hat, weshalb die im Titel dieses Beitrags gestellte Frage mit „ja“ beantwortet werden muss: Die Frage nach der demokratischen Legitimation von NGOs muss neu gestellt werden, wenn sie derart großen Einfluss ausüben und sogar bei Abstimmungen in Konkurrenz zu Staatenvertretern treten, wie es hier der Fall gewesen ist.

### *IV. Lösungsansätze*

Fraglich ist aber, wie diese Frage dann zu beantworten ist. Fehlt den NGOs für eine derartige Einflussnahme tatsächlich die Legitimation und ist die deshalb als unzulässig anzusehen? Oder gibt es doch Argumente, auch eine solch starke Beteiligung von NGOs zu rechtfertigen?

#### 1. Übertragung der herrschenden Meinung auf die Entstehung der UN-Behindertenrechtskonvention

Eine Durchsicht der Literatur zu dieser Frage zeigt, dass eigentlich alle Autoren eine solche Einflussnahme für unzulässig halten. Unabhängig von der demokratietheoretischen Begründung der Legitimation auf internationaler Ebene[74] wird die rote Linie, die nicht überschritten werden darf, stets da gezogen, wo NGO-Vertreter an Abstimmungen teilnehmen und dabei in Konkurrenz zu Staatenvertretern stehen.[75] Hinzuweisen ist allerdings darauf, dass keiner der zitierten Autoren tatsächlich schreibt, dass den NGOs gerade im Falle der UN-Behindertenrechtskonvention die demokratische Legitimation gefehlt hat. Die Beiträge sind entweder vor der Erarbeitung der UN-

74 Eine Analyse der Diskurstheorie von Jürgen Habermas sowie der Theorie des zivilen Ungehorsams nach John Rawls in diesem Zusammenhang findet sich bei *Stoecker* (Fn. 2), S. 112 ff. m.w.N.; vgl. zu dem Modell der deliberativen Demokratie auch *von Bernstorff* (Fn. 51), S. 19 f. m.w.N.

75 *Stoecker* (Fn. 2), S. 104 f.; *Riedinger* (Fn. 43); S. 292 f.; *Franz/Martens* (Fn. 1), S. 131.

Behindertenrechtskonvention entstanden oder nehmen keinen Bezug darauf. Überträgt man allerdings diese wohl herrschende Meinung auf die Entstehung der UN-Behindertenrechtskonvention, dann ist danach eine solche Beteiligung auch im Idealfall, also bei optimaler Erfüllung der oben genannten Kriterien zur Feststellung der Legitimation von NGOs, als Überschreitung der roten Linie und daher als nicht legitimiertes Handeln anzusehen.

### 2. Neuer Ansatz

Man kann sich allerdings durchaus fragen, ob dieses Ergebnis zwingend ist. Es beruht auf dem Gedanken der Legitimationskette: Solange die NGOs keine Macht ausüben und nicht mit Staatenvertretern konkurrieren, brauchen sie keine Legitimation i.S.d. Legitimationskette. Sobald dies aber der Fall ist, sollen an die Legitimation die gleichen Maßstäbe angelegt werden wie an die Staatenvertreter selbst, sie müssten also über eine Legitimationskette durch das Volk legitimiert sein. Da dies nicht der Fall ist, handelt es sich bei einem solchen Tätigwerden um nicht-legitime Handlungen.

Dabei wird aber verkannt, dass das Prinzip der Legitimationskette auf internationaler Ebene ohnehin nur noch sehr eingeschränkt Geltung beanspruchen kann.

Zudem erscheint es durchaus einer Überlegung wert, ob nach diesem Modell nicht die Legitimationskette auch auf die NGOs ausgedehnt werden kann: Geht man nämlich davon aus, dass die Staatenvertreter über die Legitimationskette legitimiert sind, dann können diese auch weitere Vertreter bestimmen, die dann ebenfalls über diesen Weg legitimiert sind. Diese Überlegung liegt in jedem Fall nahe, wenn ein Staat auf einen ihm zustehenden Sitz in einem Gremium einen NGO- Vertreter mandatiert, wie dies beispielswiese in der Working Group zur UN-Behindertenrechtskonvention geschehen ist, indem die Bundesrepublik Deutschland Frau Professor Theresia Degener als ihren Vertreter bestimmt hat. Doch auch bei Sitzen, die die NGO-Vertreter selbst besetzen können, kommt dieser Weg in Betracht, denn die Entscheidung, dass es ein Gremium geben soll, in dem sowohl Staatenvertreter als auch NGO-Vertreter mitwirken und abstimmen dürfen, wird stets von den Staatenvertretern alleine gefällt. Wenn sich also die über die Legitimationskette legitimierten Staatenvertreter entscheiden, in einem bestimmten Gremium ihre Macht mit NGO-Vertretern zu teilen, dann verlängert sich eben die Legitimationskette um einen Schritt und umfasst dann auch die NGO-Vertreter.

Man kann dieser Argumentation mit Recht entgegenhalten, dass die Legitimationskette in diesem Fall sehr lang und es daher nicht überzeugend ist, die Legitimation der NGO-Vertreter auf internationaler Ebene mittelbar aus der Wahlentscheidung des Volkes auf nationaler Ebene abzuleiten. Das gleiche Problem ergibt sich aber auch schon für die Staatenvertreter selbst. Im Ergebnis zeigt sich also, dass das Prinzip der

Legitimationskette hier nicht zielführend ist da sie weder die Legitimation der Staatenvertreter noch die der NGO-Vertreter überzeugend begründen kann.

Folglich ist es aber auch nicht zwingend, die rote Linie der Grenze der legitimen Beteiligung von NGOs da zu ziehen, wo NGO- und Staatenvertreter gemeinsam in einem Gremium gleichberechtigt verhandeln und abstimmen.

Richtig ist es aber zweifellos, dass in diesem Fall erhöhte Anforderungen an die Legitimation der NGOs zu stellen sind. Es erscheint aber nicht notwendig und ist praktisch auch kaum vorstellbar, dass sie diese Legitimation auf irgendeine Weise mittelbar vom Volk ableiten können. Stattdessen könnte man die oben bereits diskutierten Voraussetzungen der Legitimation der NGOs auch hier anwenden und lediglich strengere Maßstäbe ansetzen. Zum Beispiel sollte also bei der Auswahl der zugelassenen NGOs mehr auf deren demokratische Struktur und die Kontrollmöglichkeiten der Mitglieder bzw. auch der Öffentlichkeit geachtet werden. Zudem sollte für eine ausgeglichene Beteiligung von Nord- und Süd-NGOs gesorgt werden.

Bei der Entstehung der UN-Behindertenrechtskonvention wurden einige dieser Punkte bereits umgesetzt, allerdings haben sich auch viele der angesprochenen Probleme sehr deutlich gezeigt. Zum Beispiel gab es einen Topf, aus dem Mittel für Süd-NGOs zur Verfügung gestellt wurden. Trotzdem gab es hier noch ein erhebliches Ungleichgewicht und es haben sich meist die finanzstarken – und oft auch kleinen – NGOs aus westlichen Industriestaaten durchgesetzt. Auch bei der Zulassung der NGOs wurden keine besonders strengen Maßstäbe angelegt.[76]

Werden in diesem Bereich aber noch Fortschritte erzielt und entwickeln sich vor allem die NGOs auch selbst weiter, dann erscheint es durchaus möglich, auch eine derart starke Beteiligung wie bei der Entstehung der UN-Behindertenrechtskonvention noch als legitim anzusehen.

76 *von Bernstorff* (Fn. 51), S. 13.

# Verzeichnis der Autoren und Herausgeber

*Bernhard, Thomas*
Wissenschaftlicher Mitarbeiter am Lehrstuhl für Öffentliches Recht und Völkerrecht, Friedrich-Alexander-Universität Erlangen-Nürnberg

*Braun, Tillmann Rudolf*
Dr. iur., M.P.A. (Harvard), Beamter im Bundesministerium für Wirtschaft und Technologie, Berlin, Lehrbeauftragter der Humboldt-Universität Berlin sowie der Universität Köln

*Djeffal, Christian*
Wissenschaftlicher Mitarbeiter am Lehrstuhl für Öffentliches Recht, Völker- und Europarecht, Humboldt-Universität Berlin

*Grabosch, Robert*
LL.M. (Cape Town); Rechtsanwalt, Berlin

*Massoud, Sofia*
Doktorandin in der Nachwuchsgruppe »Wandel des transnationalen Arbeits- und Wirtschaftsrechts« am Exzellenzcluster »Die Herausbildung normativer Ordnungen«, Goethe-Universität Frankfurt am Main

*Nikol, Ralph*
Wirtschaftsmediator (CVM) Rechtsreferendar am Landgericht Bamberg, wissenschaftlicher Mitarbeiter am Lehrstuhl für Öffentliches Recht und Völkerrecht, Friedrich-Alexander-Universität Erlangen-Nürnberg

*Schniederjahn, Nina*
Wissenschaftliche Mitarbeiterin am Lehrstuhl für Öffentliches Recht und Völkerrecht, Friedrich-Alexander-Universität Erlangen-Nürnberg

FSC
www.fsc.org
MIX
Papier | Fördert gute Waldnutzung
FSC® C083411

Kolibri 360 GmbH
Ferdinand-Jühlke-Straße 7
99095 Erfurt, Deutschland
produktsicherheit@kolibri360.de